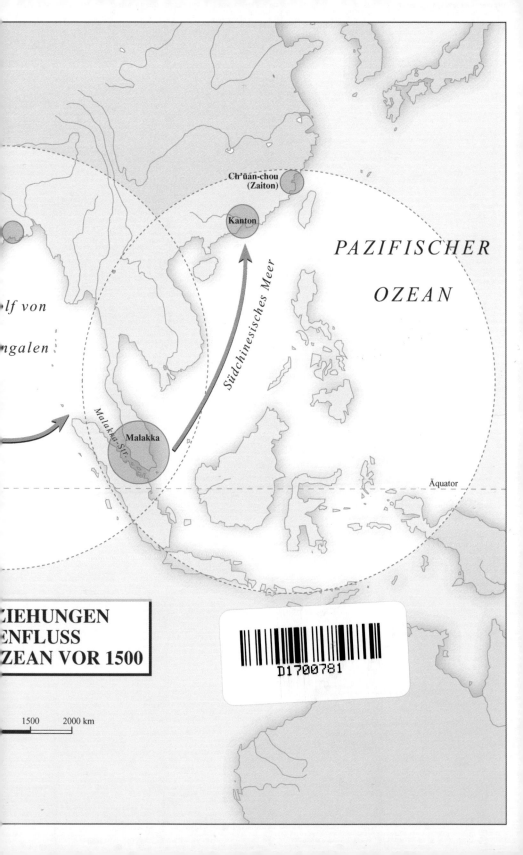

DIE PORTUGIESEN IN ASIEN
1498–1620

PETER FELDBAUER

Die Portugiesen in Asien

1498–1620

MAGNUS VERLAG

Überarbeitete Neuauflage des 2003 im Mandelbaum Verlag, Wien
erschienenen Titels:
Peter Feldbauer
Estado da India – Die Portugiesen in Asien 1498–1620
Redaktion: Wolfgang F. Stammler

© 2005 Magnus Verlag, Essen
Alle Rechte vorbehalten
Satz und Layout: Wolfgang F. Stammler, Essen
Kartographie: Peh & Schefcik
Umschlagentwurf: Hans Winkens, Wegberg
Sämtliche Abbildungen stammen aus dem Verlagsarchiv
ISBN 3-88400-435-2

INHALT

7   Einleitung

10   Vasco da Gama und der Seeweg nach Asien

18   Indien und Südostasien im 15. Jahrhundert

32   Der Innerasienhandel vor dem
Eintreffen der Portugiesen

50   Seeherrschaft und Handelsmonopol der Portugiesen

73   Entwicklung und Struktur des Estado da India

98   Die Portugiesen im Asienhandel

132   Kaproute und ›Pfefferkönig‹

167   Süd- und Südostasien:
Handelspartner Europas oder Peripherie?

197   Anmerkungen

223   Literatur

247   Register

KARTEN

11   *Die Route von Vasco da Gama*

51   *Der westliche Indische Ozean um 1500*

74   *Die Küste Keralas im 16. Jahrhundert*

EINLEITUNG

1998 feierte man in Portugal mit erheblichem Aufwand das 500-Jahr-Jubiläum der Flottenexpedition Vasco da Gamas nach Indien. Kritische Anmerkungen zu diesem Schlüsselereignis der frühneuzeitlichen europäischen Expansion nach Übersee fanden zwar durchaus Gehör, im Kern ging es aber doch darum, das Jahr 1498 als Epochenschwelle hervorzuheben und die positiven Konsequenzen des Ereignisses auf Europas Weg in die Moderne zu betonen. Es passt gut zur Jubelstimmung, dass sogar in Bezug auf Asien die mit dem portugiesischen Vorstoß einsetzende Vasco da Gama-Epoche eher als Zeitalter der Partnerschaft denn als Epoche vielfältiger Konflikte gedeutet wurde. Vor allem aber ließ man wenig Zweifel daran, dass seit dem 16. Jahrhundert eine lange Phase europäischer Dominanz im Indischen Ozean einsetzte, die zwar nicht unbedingt und ausschließlich positive Konsequenzen für die asiatischen Gesellschaften nach sich zog, fast überall aber einen tiefgreifenden Wandel der ökonomischen und politischen Entwicklung in Gang setzte.

Als Kavatam M. Panikkar 1954 sein berühmtes Buch *Asia and Western Dominance. A Survey of the Vasco da Gama Epoch of Asian History 1498–1945* publizierte, hatte er seine Analyse mit dem Satz »Vasco da Gama arrived at the port of Calicut on the south-west coast of India on 27 May 1498. Without doubt his arrival marks a turning point in the history of India and Europe« begonnen und damit die Anfänge portugiesisch-europäischer Präsenz in Indien zu einem Datum höchster welthistorischer Relevanz erklärt. Seine Position, die asiatischen Staaten und Gesellschaften im Unterschied zu den expandierenden Europäern vergleichsweise wenig Dynamik und Veränderungspotenzial zubilligte, wurde damals von vielen westlichen Wissenschaftlern geteilt und fand im Rahmen des Vasco da Gama-Jubiläums offenbar noch immer gedämpften Anklang. Allgemeiner Forschungsstand ist sie seit der in den 70er-Jahren einsetzenden Neubewertung der kolonialen Vorreiterrolle Portugals in Asien aber längst nicht mehr. Im Zuge intensiver Detailforschungen asiatischer, europäischer und amerikanischer Historiker wurde die Geschichte der Frühphase der atlantischen Expansion teilweise völlig neu gedeutet und radikal umgeschrieben. Nicht selten wird inzwischen die Überlegenheit der Portugiesen, Niederländer und

Engländer im Indischen Ozean bis zum späten 18. Jahrhundert in Frage gestellt und der europäische Einfluss auf Wirtschaft, Kultur und Politik als sehr gering oder überhaupt unerheblich veranschlagt.

Das letzte Wort ist in all diesen Fragen freilich noch lange nicht gesprochen. Dies betrifft gleichermaßen die Rolle des portugiesischen Asienimperiums für den so genannten Prozess der ›Europäisierung der Welt‹ bzw. den Aufstieg des Westens seit dem 16. Jahrhundert – anders gesehen: für die Anfänge des Europäischen Weltsystems – wie die Folgen der europäischen Präsenz für Asiens Staaten und Ökonomien. Einen Beitrag zur Klärung einiger Aspekte dieses ziemlich komplizierten Fragenkomplexes soll das vorliegende Buch leisten, das lediglich als historische Skizze der Anfänge des portugiesischen *Estado da India* im 16. Jahrhundert konzipiert wurde und sowohl Gedanken zu den iberischen Anfängen der atlantischen Expansion als auch Überlegungen zur globalgeschichtlichen Positionierung Eurasiens von 1480 bis 1620 zur Diskussion stellen soll. Angepeilt ist keine weitere, möglichst viele Themen gleichmäßig berücksichtigende, handbuchartige Monographie, sondern eine pointierten Fragestellungen verpflichtete Analyse ausgewählter wichtiger Themenkomplexe in knapper Form. Bei aller Kürze sollen zeitliche Tiefe und regionale Weite angemessen berücksichtigt und der Darstellung wissenschaftlicher Kontroversen gebührend Platz eingeräumt werden. Vor allem aber gilt es, die Gesellschaften, Ökonomien und Kulturen im Bereich des Indischen Ozeans nicht bloß als Anhängsel europäischer Geschichte zu behandeln, sondern im Rahmen eines sich verdichtenden Kommunikations- und Interaktionsprozesses zwischen Ost und West zu begreifen, was die möglichst gleichrangige Analyse verschiedener Gesellschaften, Staaten und Regionen sowie das Bemühen um eine zumindest tendenzielle Überwindung des Eurozentrismus der alten ›Weltgeschichte Europas‹ voraussetzt.

In der Folge wird die Expansion einiger missionsbegeisterter, land-, macht-, gold- und profithungriger portugiesischer Könige, Adeliger, Kaufleute und Abenteurer ab der Mitte des 15. Jahrhunderts als Teil eines die gesamte Menschheitsgeschichte und sukzessive den gesamten Erdball umfassenden Prozesses zunehmender Kontaktaufnahme und Konfrontation, vielfältiger Kommunikation sowie intensiven Kenntnistransfers in alle Richtungen gesehen. Die daraus erwachsende Aufmerksamkeit für das große Ausmaß transkontinentaler wirtschaftlicher, politischer und kultureller Interaktionsprozesse vor dem Einsetzen des europäischen Imperialismus im 19. Jahrhundert macht die als konsensfähige Lehrbuchweisheit tradierte Vorstellung obsolet, derzufolge bis in die jüngste Vergangenheit ausschließlich Europäer und der Westen das Gesetz des Handelns im Weltmaßstab bestimmt hätten.

Bis zum 15. Jahrhundert war Europa ein nicht unwesentlicher Teil, aber sicherlich nicht Zentrum jenes eurasischen Kommunikations- und Handelsnetzwerkes, das besonders zwischen 1260 und 1350 eine enorme Verdichtung im Zeichen der *Pax Mongolica* erfuhr. Bestimmend für diese Entwicklung waren die politisch-militärische Stärke der Reitervölker des zentralasiatischen Raumes – die Vormachtstellung der Mongolen sicherte den Karawanenrouten der Seidenstraße zwischen Asien und Europa Frieden, Stabilität und Prosperität – sowie die ökonomische und kulturelle Attraktivität Ostasiens und der Islamischen Welt. Portugal lag im äußersten Westen dieses – nach den Worten von Janet Abu-Lughod – vormodernen Weltsystems und spielte in diesem nur eine periphere Rolle. Die mehr als hundert Jahre später einsetzende italienisch-portugiesische Expansion stellte die bereits erprobten transkontinentalen Zusammenhänge wieder her, weitete die alten Netzwerke aus und vertiefte sie mancherorts sogar. Wieso der große Expansionsschub letztlich von Südwesteuropa und nicht etwa von China ausging, bleibt trotz vieler Forschungsanstrengungen vorerst eine der großen unbeantworteten Fragen einer wie auch immer definierten Globalgeschichte. Klar ist hingegen, dass der Sieg der Europäer in der Arena von Weltwirtschaft und Weltpolitik vor der Industriellen Revolution sicherlich nicht feststand. Und ebenso klar ist auch, dass die Bewohner Asiens – aber auch Afrikas und Amerikas – mit ihren vielfältigen Ökonomien, Kulturen, Politik- und Staatsformen sicherlich nirgends nur passive Opfer entschlossen handelnder, überlegener Europäer waren.

Dennoch erhebt sich die Frage, warum der anfänglich mehr oder weniger gleichberechtigte Kontakt mit wirtschaftlich vielfach stärkeren asiatischen Gesellschaften schlussendlich, nach drei Jahrhunderten, unterschiedliche Formen kolonialer Beherrschung und Unterordnung annahm. In der Ära der iberischen Expansion ließ sich die spätere Dominanz der nordwesteuropäischen Metropolen über Indien, China und Südostasien ja tatsächlich noch nicht erahnen. Inwieweit die portugiesischen Aktivitäten im Rahmen des Estado bereits eine folgenreiche Vorstufe für die seit dem späten 18. Jahrhundert deutlich werdenden militärischen, politischen und ökonomischen Ungleichgewichte, Abhängigkeitsstrukturen und imperialistischen Herrschaftsverhältnisse waren, ist die zentrale Frage der folgenden Ausführungen.

VASCO DA GAMA
UND DER SEEWEG NACH ASIEN

»Unmittelbar nach Vasco da Gamas Rückkehr von seiner geglückten Pionierfahrt nach Indien Ende August 1499, nahm König Manuel I. (1495–1521) etwas voreilig Titel und Würde eines ›Gebieters der Eroberungen, der Schifffahrt und des Handels in Äthiopien, Arabien, Persien und Indien‹ an. Zu diesem Zeitpunkt hielt sich allerdings kein einziges portugiesisches Schiff innerhalb von tausend Seemeilen beiderseits des Kaps der Guten Hoffnung auf. Dennoch, gegen Ende der Regentschaft König Manuels, hatten die Portugiesen ein ›Indisches Imperium‹ (*Estado da India*) als tragfähige Seeherrschaft im maritimen Asien errichtet. Im Wesentlichen umschloss es eine Kette von Küstenbefestigungen und nicht-befestigten Handelsansiedlungen – nirgendwo reichte es mehr als einige Meilen tief ins Festland hinein. Dessen ungeachtet rechtfertigte dieses maritime Handelsimperium das Hochgefühl seines zuversichtlichen Gründers, der von seinen Untertanen ›Der glückgesegnete König‹ genannt, von Franz I. hingegen spöttisch als ›Königlicher Krämer‹ tituliert wurde. Im September 1640 umfasste das Imperium um die 26 Küstenfestungen und Handelsansiedlungen, die sich von Sofala in Süd-Ost-Afrika bis Macao am Ufer des Südchinesischen Meeres erstreckten. Trotz des Verlustes von Schlüsselpositionen, wie bei Tidore und Amboina auf den Molukken an die Holländer (1605), und Hormuz an eine englisch-persische Streitmacht (1622), blieb der *Estado da India* eine wertvolle Besitzung der portugiesischen Krone.«[1]

Portugals atlantische Expansion, die im Unterschied zur primär militärisch geprägten und von feudaler Kreuzzugsbegeisterung getragenen Nordafrika-Politik viel offenkundiger einer kommerziellen Logik folg-

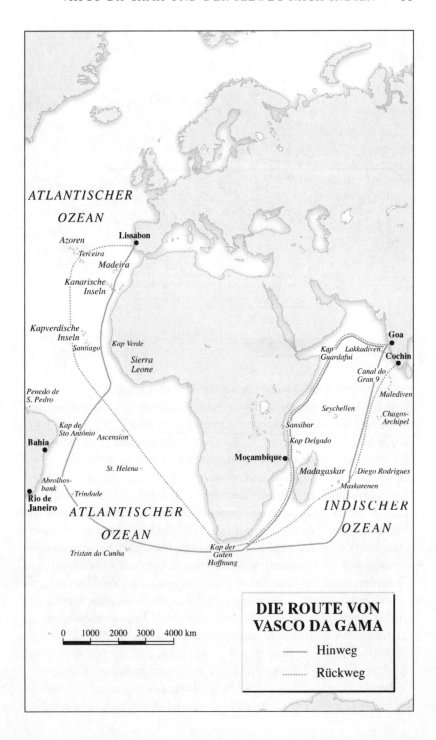

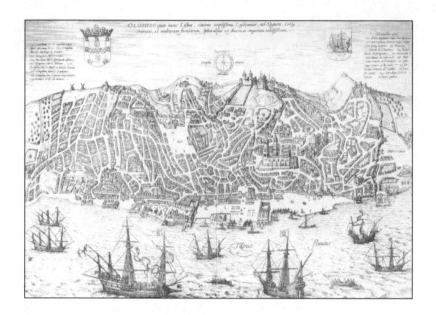

Panorama von Lissabon

te, hatte jahrzehntelang auf die westafrikanische Küste und verschiedene Inselgruppen gezielt und war insbesondere durch die Suche nach Gold, Sklaven und Massengütern motiviert gewesen.[2] Die frühen Jahrzehnte des Ausgreifens nach Übersee, in deren Verlauf es zahlreiche Kontroversen zwischen Krone, Adelsfraktionen und Kaufleuten über die politischen, religiösen und wirtschaftlichen Ziele der aufwendigen Flottenexpeditionen gab, machten Portugal zum Vorreiter der europäischen Expansion und ermöglichten die Erprobung recht unterschiedlicher kolonialer Organisationsformen. Im Maghreb entstand ein Netzwerk von Küstenfestungen, die in einem ständigen Kleinkrieg vom kampfgewohnten lusitanischen Adel verteidigt wurden, obwohl sich die Hoffnungen auf Landerwerb und Anschluss an den Transsaharahandel kaum erfüllten. Auf den Atlantikinseln kam es zu Territorialerwerb, Siedlungskolonisation und agrarischer Exportproduktion; an der Küste von Guinea errichtete man wiederum, aber diesmal weitgehend gewaltfrei, eine Kette von Stützpunkten, die ausschließlich kommerziellen Zwecken dienten und mit ganz wenig Soldaten auskamen.[3]

Erst im letzten Drittel des 15. Jahrhunderts erwachte in Lissabon das Interesse am Gewürz- und Luxusgüterhandel Asiens, und mit dem

Regierungsantritt von König Johann II. im Jahre 1481 trat die Öffnung eines Seeweges nach Indien in ihre entscheidende Phase, obwohl es über die Hauptstoßrichtung der Expansionspolitik immer noch keinen Konsens innerhalb der portugiesischen Eliten gab, da es neben dem ungebrochenen Interesse an Territorialerwerb in Nordafrika vorerst strittig blieb, ob man das maritim-merkantile Netzwerk des Atlantik bis zum Indischen Ozean ausdehnen sollte.[4] Die vorangegangenen Erfolge in Übersee hatten die notwendigen Edelmetalle für eine Geschäftsverbindung mit Asien gesichert, die portugiesischen Kapitäne waren durch jahrzehntelange Afrikaexpeditionen für die neue Aufgabe trainiert, Schiffsmaterial und Navigationsinstrumente waren ständig verbessert und die geographischen Kenntnisse beträchtlich erweitert worden. Im Jahr 1472 lag der südlichste Punkt, den die Portugiesen erreicht hatten, noch vor der Küste des heutigen Nigeria, 1483 liefen sie Angola an. 1488 hatte Bartolomeu Días das Kap umschifft, war ein Stück an der ostafrikanischen Küste entlang gesegelt und vermutlich in der Massel-Bay gelandet. Die Bezwingung des südlichen Atlantik war, entgegen der Meinung von Américo Vespucci, eine größere navigatorische Leistung als die Fahrt des Kolumbus. Sie war allerdings mit enormen Strapazen verbunden, sodass Días schließlich von seiner Mannschaft zur Umkehr gezwungen wurde. Fast gleichzeitig war der als Kaufmann verkleidete Pero de Covilhã über Alexandrien und Aden bis nach Calicut, dem Zentrum des indischen Pfeffergeschäftes gelangt, über Persien nach Kairo zurückgekehrt und hatte von dort aus König Johann über seine Erfahrungen berichtet, bevor er nach Abessinien aufbrach, wo man ihn auf Lebenszeit festhielt.[5]

Trotz dieser Erfolge verstrichen noch neun Jahre, bis der entscheidende Vorstoß nach Indien unternommen wurde. Erst König Manuel I., der 1495 die Regierung antrat, krönte die Expansionspolitik seines Vorgängers. Wieso die Flotte Vasco da Gamas erst ein Jahrzehnt nach dem Erfolg von Bartolomeu Días in See stach, ist nicht restlos geklärt. Tatsache ist, dass zuverlässige Informationen über die kommerziellen Verhältnisse im westlichen Indischen Ozean in Portugal um 1490 fehlten, was den Eifer für eine Kapumrundung vermutlich dämpfte. Wahrscheinlich haben aber vor allem wichtige Veränderungen in Portugal und seinen überseeischen Besitzungen verzögernd gewirkt: In Marokko tobten seit 1487 heftige Kämpfe; der Thronfolger starb 1491 nach einem Sturz vom Pferd, was delikate innenpolitische Manöver von Krone und Adelsfraktionen zur Unterstützung des Cousins oder aber des illegitimen Sohnes des Regenten auslöste; die Massenflucht der aus Spanien vertriebenen Juden nach Portugal 1492 stellte das lusitanische Königreich ebenfalls vor große Probleme. Möglicherweise bremste auch der Erfolg von Kolumbus den Elan, da die Rechtslage mit Spanien geklärt werden musste, was 1494 durch den seither berühmten Vertrag von Tordesillas geschah. Und schließlich dürfte es einflussreiche Gruppen in Portugal gegeben haben, die die Idee eines direkten Asienhandels ablehnten, weil sie Ruhm und Plünderungschancen der Marokkozüge bzw. die günstige Kosten-Nutzen-Relation der Atlantikaktivitäten vorzogen oder eine Stärkung der Krone durch Erfolge im Indischen Ozean befürchteten. Alles zusammen mag dazu geführt haben, dass König Johann II. seine ambitionierten Expansionspläne in seinen letzten Lebensjahren nicht weiter energisch vorantrieb.[6] Dass die Vorbereitungen für die aufwendigen Indien-Expeditionen unter den teilweise dramatischen Ereignissen litten, scheint plausibel. Sie wurden aber nicht völlig in den Hintergrund gedrängt, was die bereits 1493 beginnende Zusammenstellung einer geeigneten Flotte ebenso belegt wie die vielfältigen Aktivitäten einheimisch-jüdischer und ausländischer Kaufleute in Lissabon.[7]

Der plötzliche Tod Königs Johann II. 1495 verursachte zwar Spannungen zwischen den mächtigen Adelsfamilien und Unruhe in der Bevölkerung, verstärkte aber sogar Portugals Expansionspolitik nach dem Osten, da sich Manuel I. gleich nach seinem Amtsantritt für das Indien-Programm des Vorgängers entschied, das sich gut mit seinem antiislamischen Messianismus verbinden ließ. Manuel musste zwar wie sein Vorgänger mit erheblicher Opposition rechnen, konnte andererseits aber auch auf Unterstützung durch die Anhänger der Kreuzzugsidee sowie das an Pfeffer und Gewürzen interessierte Kaufmannskapital Lissabons zählen. Die Interessen dieser Gruppen und die des Königs konvergierten insofern, als sich die in Portugal tätigen Kaufleute – darunter nicht wenige italienische Konkurrenten Venedigs – von der Ausschaltung des Levantehandels dauerhafte Gewinne versprachen, während die kreuzzugsbegeisterten Adeligen das Mamlukenreich ökonomisch blockieren und schließlich, als Etappe nach Jerusalem, erobern wollten. Es ist gut möglich, dass auch König Manuel die Öffnung der Kaproute zunächst als zeitlich begrenzte Strategie im Kampf gegen den Islam begriff.[8] Zu Manuels ersten Handlungen gehörten die Vervollständigung bzw. Ausrüstung der Indienflotte sowie die Vertreibung der Juden aus Portugal. Nach spanischem Vorbild sollte der jüdische Einfluss in der portugiesischen Ökonomie zugunsten der Krone

Vasco da Gama in einer Darstellung aus dem Jahr 1595

gebrochen werden, die sich auf diese Weise einen Teil des für die Flotte notwendigen Kapitals und Kredits gesichert haben dürfte. Die wichtigsten Geldgeber waren mutmaßlich Großkaufleute aus Florenz, denen die Ausweisung der Juden sehr zustatten kam. Wahrscheinlich zeigten auch oberdeutsche Bank- und Handelshäuser, die im Gewürzgeschäft seit langem von Venedig abhängig waren, mehr als gelegentliches Interesse am Gang der Ereignisse in Lissabon.[9]

Nachdem sich Manuel trotz der geschilderten Probleme und trotz der Erfolge von Kolumbus gegen die ablehnende Position vieler Ratgeber endgültig für die Ostroute nach Indien entschieden hatte, bestellte er eher überraschend den ziemlich unbekannten Vasco da Gama, der zur adeligen Oppositionspartei zählte, zum Oberbefehlshaber der Expedition. Die Wahl eines obskuren Kommandanten sowie die geringe Größe der Flotte lassen das Unternehmen recht ambivalent erscheinen. Möglicherweise wollte der König das persönliche Risiko gering halten und der überstimmten Mehrheit des Kronrats einen Kompromiss anbieten.[10] Wie dem auch gewesen sein mag, im Juli 1497 segelten vier Schiffe unter dem Kommando von Vasco da Gama von Lissabon ab. Der Kapitän führte zwei königliche Briefe mit sich, von denen einer, in Einklang mit den religiösen Absichtserklärungen der Krone, an den Priester Johannes von Äthiopien gerichtet war, während im zweiten der Herrscher von Calicut, auf arabisch, sehr höflich um gegenseitigen Handel gebeten wurde.[11] Die Fahrt Vasco da Gamas folgte den bewährten Orientierungslinien und verlief, gemessen an den zu bewältigenden Problemen, sehr erfolgreich. Im Gegensatz zu den bisherigen portugiesischen Unternehmungen ist sie relativ gut dokumentiert und in der Sekundärliteratur bis in die kleinsten Details, die in diesem Zusammenhang nicht weiter interessieren, beschrieben.[12] Bereits einen Monat nach der Umschiffung des Kaps der Guten Hoffnung erreichten da Gamas Schiffe bei der Sambesi-Mündung die Einflussgrenze arabischer Kaufleute, in gewisser Weise also bekanntes Terrain. Über die Handelsstädte Moçambique und Mombasa, wo es die ersten Konflikte gab, gelangten die Portugiesen nach Malindi. Hier erlangte Vasco da Gama die Hilfe eines arabischen Navigators, der sicherlich nicht der berühmte Ahmed Ibn Majid war, wie es eine spätere romantisch-orientalistische Legendenbildung glauben machen wollte. Unter dessen Leitung und infolge des bereits wehenden Südwest-Monsuns gelang die Weiterfahrt nach Calicut, wo die portugiesische Flotte im Mai 1498 ohne größere Probleme eintraf.[13]

Längst vor dem Auftauchen der Europäer war der Indische Ozean von einem dichten Netz an Seewegen durchzogen, deren Bewältigung jahrhundertealter Erfahrung einheimischer, insbesondere islamischer Seeleute geschuldet war. Diese Erfahrung machten sich die Portugiesen zunutze, indem sie anfänglich für jede Überfahrt arabische Navigatoren in Dienst stellten, bis sie sich nach etwa zwanzig Jahren die Kenntnisse der asiatischen Kollegen für ihr Navigationssystem angeeignet hatten.[14]

Die Begegnung Vasco da Gamas mit dem König von Calicut, dem Zamorin, gestaltete sich schwierig und für die stolzen Europäer teilweise sogar demütigend. Die längerfristigen Folgen waren nach Meinung von Ronald Daus aber dennoch beachtlich: »Seit nunmehr fast fünfhundert Jahren wundern sich die Geschichtsschreiber darüber, wie ärmlich und ängstlich Vasco da Gamas erstes Auftreten in Calicut war. Aber dabei wird übersehen, dass er selbst noch nicht so sehr das neue Eingreifen Europas in das Leben Asiens repräsentierte, als vielmehr den Abschluss einer Epoche der Vorbereitung. Vasco da Gamas Funktion war, zu beweisen, dass alles das, was man sich über die Aussichten, Indien zu öffnen, vorgestellt hatte, den Tatsachen entsprach ... Vasco da Gama brauchte den König von Calicut gar nicht allzusehr zu beeindrucken ... Das passende Verhalten und die angemessenen Waren würden andere präsentieren. Die ›Entdeckung des Seewegs nach Indien‹ durch Vasco da Gama war schon ein wichtiges historisches Ereignis, aber nicht dadurch, dass er als erster wirklich völlig Unbekanntes ausfindig gemacht hatte, sondern dadurch, dass er einer größeren Öffentlichkeit zu Hause plakativ die Chance vor Augen führte, sich etwas Neues aneignen zu können.«[15]

Dass den Portugiesen, im Anschluss an den Erfolg der Flotte Vasco da Gamas, in relativ kurzer Zeit die Etablierung einer Flottenvormacht im Indischen Ozean und der Aufbau eines ausgedehnten Kolonialsystems in Form von Flotten- und Handelsstützpunkten gelang, erklärt sich natürlich nicht so ohne weiteres aus dem Impuls eines geglückten Experimentes. Der rasche Erfolg wirft die Frage nach den portugiesischen Stärken auf. Des Weiteren bedarf die im Vergleich zu Spanisch-Amerika ganz andere Struktur des portugiesischen Kolonialreiches der Deutung. Und schließlich ist der These nachzugehen, derzufolge die Portugiesen Indien zu einem für sie äußerst günstigen Zeitpunkt erreichten.[16] Die Beantwortung dieser Fragen erfordert zunächst eine Skizze des Entwicklungsstandes der Gesellschaften Asiens vor dem Eintreffen der Portugiesen.

INDIEN UND SÜDOSTASIEN
IM 15. JAHRHUNDERT

Eine umfassende Einschätzung der asiatischen Gesellschaftsformationen in vorkolonialer Zeit, d. h. vor der »Vasco da Gama Epoche«, wie der indische Historiker Panikkar die vier Jahrhunderte europäischer Flottenvormacht in Asiens Geschichte überaus unzutreffend und ›eurozentrisch‹ benannt hat[17], sowie die Darstellung der soziopolitischen und ökonomischen Entwicklung in den außereuropäischen Weltreichen China, Japan und Indien zwischen 1450 und 1620 kann und muss an dieser Stelle nicht geleistet werden. Hier geht es vorrangig um die Analyse des portugiesischen Kolonialsystems in Asien, also um Entstehung, Struktur und Funktionieren des Estado da India, wie er seit dem dritten Viertel des 16. Jahrhunderts hieß, sowie um die Auswirkungen der portugiesischen Präsenz auf die betroffenen Gebiete. Dieser spezifische und, isoliert genommen, eurozentrische Zugriff erfordert einleitend aber immerhin eine knappe Skizze der politischen und wirtschaftlichen Situation des indischen Subkontinents und Südostasiens im 15. Jahrhundert. Besonderes Augenmerk verdienen jene Küsten- und Inselregionen, die von der portugiesischen Expansion, die auf die begehrten Waren des Levantehandels, nicht jedoch auf umfangreichen Territorialerwerb zielte, schon früh unmittelbar erfasst und teilweise auch deformiert wurden. Es sind genau jene Regionen, über die ein gebildeter Europäer des 16. Jahrhunderts infolge viel gelesener Reiseberichte und Tagebuchaufzeichnungen schon relativ gut informiert sein konnte.[18]

Die Welt zwischen dem Kap der Guten Hoffnung und Japan, auf die die Portugiesen trafen und in der sie ihr Kolonialsystem aus Faktoreien und Militärstützpunkten aufzubauen begannen, war vielfältig und keinesfalls statisch. Der Wandel, bisweilen nahezu unmerklich und dann wieder selbst für Zeitgenossen klar erkennbar, betraf Wirtschaft, Gesellschaft und politische Institutionen gleichermaßen, wenn auch in verschiedenem Rhythmus. Die portugiesischen Aktivitäten mussten dieser Dynamik auf vielfältige Weise Rechnung tragen. Besonders augenfällig ist dies in Bezug auf die Entwicklung der Bevölkerung, die auf dem gesamten Erdteil im 16. Jahrhundert von etwa 200 auf 300 Millionen Einwohner gewachsen sein dürfte. Die Epoche sah aber auch das Wachstum großer Städte wie Delhi, Agra, Kyoto und Atjeh, die hinsichtlich Größe und Komplexität der sozioökonomischen Strukturen den Metropolen Westeuropas und des Mittelmeerraumes nicht nachstanden. Der Wandel beschränkte sich aber nicht nur auf den urbanen Bereich: Das bebaute Land vergrößerte sich, die gewerbliche Produktion dehnte sich aus, der Handel expandierte, Monetarisierung, d. h. Geldwirtschaft, und Agrarkommerzialisierung nahmen zu.[19] Die Portugiesen operierten demnach unter sich ständig verändernden Rahmenbedingungen, die überdies an ihren Hauptwirkungsstätten im indischen und südostasiatischen Raum erhebliche Unterschiede aufwiesen.

Unabhängig von der wechselnden staatlichen Gliederung setzte sich der indische Subkontinent grob aus drei Großregionen zusammen, die sich nicht nur geographisch und ökologisch, sondern vor 1500 auch politisch, kulturell und wirtschaftlich deutlich unterschieden. Nordindien, dessen Charakter durch die großen Ebenen der Flüsse Ganges und Indus bestimmt wird und wo heftige Regenfälle eine intensive Reiskultur begünstigten, ist immer die zentrale Zone indischer Staatsbildung gewesen.[20] Seit dem siebten Jahrhundert hatte ein Prozess islamischer Invasionen und Eroberungen über den Indischen Ozean und vom Nordwesten eingesetzt, der bis zur Etablierung des Mogulreiches 1526, nahezu ein Jahrtausend lang, immer neue Territorien des hinduistisch-buddhistischen Kulturgebietes erfasste. Die einander ablösenden Staatsgebilde der Eroberer aus Zentralasiens Steppen waren in der Regel stärker zentralisiert als die vorgefundenen politischen Einheiten.

Im 15. Jahrhundert war der gesamte Norden, abgesehen von Rajasthan, den islamischen Eroberern unterworfen und wurde von deren Nachkommen in mächtigen Fürstentümern, etwa Delhi, Bengalen, Gujarat, regiert.[21] Die ökonomische Basis dieser Sultanate war die Landwirtschaft, ein Hauptaugenmerk der islamischen Fürsten galt der möglichst intensiven Abschöpfung des agrarischen Mehrprodukts im Dienste des Herrschaftsapparates und der großen Verwaltungsmittelpunkte. Schon lange vor dem Eintreffen der Portugiesen an Indiens

Westküste hatten die Sultane begonnen, anstelle von Agrarprodukten Geldabgaben einzutreiben, was die Etablierung eines überregionalen Währungssystems auf Silberbasis voraussetzte, wahrscheinlich aber auch zum Aufstieg der gewerblichen Produktion und zur Zunahme kommerzieller Aktivitäten beitrug.[22] Die Masse der Bevölkerung stellten weiterhin die Hindus des flachen Landes, aber auch der Städte.[23] Die Hauptstädte dieser um 1500 bestehenden nordindischen Sultanate blickten zum Teil nur auf eine kurze Geschichte zurück, da sie ihr Dasein in hohem Maß dem Herrscher verdankten, der die agrarische Überschussproduktion an sich zu ziehen vermochte und seinen Administrationsapparat in der Residenz konzentrierte. Der Aufstieg neuer Dynastien war daher oft gleichbedeutend mit dem Niedergang alter Hauptstädte.[24]

Die Eroberung und vorübergehende Integration großer Teile Südindiens in das Sultanat von Delhi, bis zu dessen Schwächung infolge der turko-mongolischen Invasion unter Timur im Jahre 1398, stellte einen ersten Höhepunkt islamischer Macht auf dem indischen Subkontinent dar. Das Reich war allerdings viel zu groß, als dass es sich von dem weit im Norden, im Zentrum der militärischen und ökonomischen Macht liegenden Delhi aus angemessen regieren ließ.[25] Die Begründer des Mogulreiches im 16. Jahrhundert waren die Erben dieser vitalen Tradition von Eroberung, Staatsbildung und systematischer Abschöpfung eines beachtlichen Agrargewinns.[26] Die ersten Jahrzehnte der portugiesischen Präsenz an Indiens Westküste waren allerdings eine Phase relativer Schwäche des nordindischen Zentralraumes, da die Großmoguln ihre mit Hilfe der neu übernommenen Feldartillerie eroberten riesigen Territorien in der ersten Hälfte des 16. Jahrhunderts erst allmählich zu konsolidieren vermochten. Die Blütezeit setzte dann ab 1556 mit dem Regierungsantritt von Akbar ein. Unter dessen Herrschaft wurde das Mogulreich zu einem komplexen politischen System mit einer differenzierten Ökonomie, deren Gewerbe und Handelsdynamik infolge der historiographischen Konzentration auf die Agrarproduktion und deren Besteuerung oft unterschätzt wird.[27]

Das durch ausgedehnte Gebirgsregionen von der nordindischen Ebene getrennte Hochland des Dekkan im Süden des Subkontinents zerfiel in der Niedergangsphase des Sultanats von Delhi nach 1400 in mehrere islamische Fürstentümer. Daneben hatte sich als Gegengewicht zur islamischen Expansion des Nordens seit etwa 150 Jahren das Hindureich Vijayanagar etabliert.[28] Es galt lange als erwiesen, dass mit der politischen Stabilisierung dieses Staatsgebildes kein nennenswerter ökonomischer Wandel einherging. Inzwischen haben aber insbesondere die Arbeiten von Sanjay Subrahmanyam eine durchaus dynamische Wirtschaft skizziert, die im Spannungsfeld von Staat, Agrar- und Gewerbeproduktion sowie externem Handel im 15. und 16. Jahrhundert vielfältige Differenzierungs-, Kommerzialisierungs- und Monetarisierungsprozesse durchlief, wobei die Durchlässigkeit zwischen sozialen Gruppen und Wirtschaftsbranchen dem alten Konzept einer statischen Gesellschaft absolut widerspricht. Mit Blick auf die Portugiesen verdient vor allem das schon im 15. Jahrhundert erwachte Interesse am maritimen Handel Aufmerksamkeit.[29]

Unter der Herrschaft einer neuen Elite hinduistischer Krieger aus nördlichen Regionen blieb die Zentralisierung im Vergleich zu islamischen Sultanaten etwas geringer, sodass bisweilen von Formen ›feudaler Zersplitterung‹, ähnlich Westeuropa, gesprochen wird. Ob solche Vergleiche sonderlich aufschlussreich sind, ist in diesem Zusammenhang eher unerheblich, und auch die Debatte um Burton Steins Konzept des segmentären südindischen Staates kann ausgespart bleiben. Es verdient aber Beachtung, dass die Struktur dieses zum Zeitpunkt der Landung Vasco da Gamas mächtigsten indischen Staates durch zwei Faktoren wesentlich bestimmt wurde: einerseits durch hunderte, über das ganze Land verstreute lokale Militärführer; andererseits durch ein umfangreiches System von Befestigungen, meist unter dem Kommando von Brahmanen. Der größte König Vijayanagars, Krishnadeva (1509– 1529), modifizierte dieses System durch Steigerung der Zentralgewalt dann erheblich.[30]

Unter dem Eindruck schneller, weitausgreifender Kavallerieoffensiven des Sultanats von Delhi, die im 14. Jahrhundert bis tief in den Süden vorangetragen wurden, hatten sich auch die Militäreliten Vijayanagars auf die neue Art der Kriegsführung umgestellt. Dies erforderte massive Pferdeimporte aus arabischen Ländern, da die Zucht von heimischen Reitpferden auf Schwierigkeiten stieß. Der entsprechende Fernhandel lag fast ausnahmslos in den Händen arabischer und anderer islamischer Kaufleute, die auch Feuerwaffen sowie verschiedene Luxusgüter lieferten und überall im Land respektiert wurden. Naturgemäß waren die Herrscher von Vijayanagar primär an diesen Importen, etwas weniger dagegen an Exporten interessiert. Die einheimischen Hindu-Kaufleute partizipierten entgegen einem weitverbreiteten Vorurteil ebenfalls am Überseehandel, nicht selten als Mittelsmänner zwischen Küste und Hochland. Dass sie vor allem die Regionalmärkte, meist Tempelplätze und Verwaltungsmittelpunkte, dominierten, und dass sie sich besonders dem Vertrieb eigener Gewerbeprodukte widmeten, steht dazu in keinem Widerspruch. Ergänzt wurde dieses Geschäft durch den einträglichen Verkauf von Sakralspeisen und Rechten zur Durchführung ritueller Handlungen.[31]

Indiens Küstengebiete, die dritte Großregion des Subkontinents, unterscheiden sich deutlich von den Flusslandschaften im Norden und dem Hochplateau des Südens. Die Küstenzone des Ostens reicht, besonders im Gebiet der Deltamündung größerer Flüsse, relativ tief ins Landesinnere, wo sie von den Ost-Ghats begrenzt wird. Es gab daher ausreichend Platz für politische Machtkonzentrationen, die aber zum Zeitpunkt des Eintreffens der Portugiesen ihren Höhepunkt längst überschritten hatten und daher kein militärisches Gegengewicht zu den Eindringlingen darstellten. Die Westküste bot, als vielfach unterteilter, wenige Kilometer breiter Landstreifen am Fuß der schroffen Abhänge der West-Ghats, keinen Platz für größere regionale Staatsbildungen. Im 15. Jahrhundert waren die Küstenregionen von Malabar, Kanara und Konkan unter eine Vielzahl kleiner, aber unabhängiger Hindu-Rajas aufgeteilt, unter denen der Zamorin von Calicut am mächtigsten war. Von allen Regionen des Subkontinents wiesen die Städte Malabars wahrscheinlich die intensivsten Außenkontakte auf, was sie später als Ziel der portugiesischen Expansion geradezu prädestinierte. Der gesamte Küstensaum war eine der wichtigsten Produktions- und Exportzonen von Pfeffer und Ingwer. Eine Kette blühender Hafenstädte mit erfolgreichen muslimischen und hinduistischen Händlergruppen erlangte, ebenso wie die Umschlagplätze im nördlichen Gujarat und an der südöstlichen Koromandelküste, zentrale Bedeutung in Asiens Fernhandel.[32] Spezifisch für Indiens Stapelhäfen war ihre relative Unabhängigkeit von den großen Binnenreichen, die sich vorwiegend auf ihre Landmacht konzentrierten, in der Regel aber keine oder nur kleine Kriegs- und Handelsflotten unterhielten.

Sowohl den hinduistischen Fürsten und Aristokraten des Südens als auch den islamischen Herrschern im Norden, deren Kriegstüchtigkeit außer Debatte steht, ging es infolge des Binnenlandcharakters ihrer Reiche zumeist etwas mehr um Macht über Land und Leute als um die Kontrolle des Meeres- und Fernhandels – ein Tatbestand, der später Portugals friedliche Koexistenz mit Vijayanagar und dem Mogulreich ebenso erklären hilft wie die portugiesischen Expansionserfolge an der Küste von Gujarat.³³ Selbst die Machthaber der Hafenstädte haben kaum einmal versucht, den Handel mit Waffengewalt zu beeinflussen, da die Kaufleute im Rahmen des gut funktionierenden ›Freihandelssystems‹ des Indischen Ozeans einfach ausgewichen wären. Eingriffe beschränkten sich in aller Regel auf positive Maßnahmen zur Erleichterung und zum Schutz der Handelsgeschäfte in den Häfen, wofür maßvolle Zoll- und Steuerabgaben eingetrieben wurden. Ein florierender, möglichst ungehinderter Fernhandel war der sicherste Garant für den Wohlstand lokaler Potentaten. Sie erkannten diesen Zusammenhang so klar, dass sie über fremde Kaufleute nicht einmal Recht sprachen, sondern die Jurisdiktion deren Selbstverwaltung überließen.³⁴ Die Vorgehensweise der portugiesischen Kapitäne bedeutete diesbezüglich eine weitgehende und zunächst unverständliche Missachtung bisheriger Gepflogenheiten und erst der gezielte Einsatz von Gewalt durch die Portugiesen führte in Einzelfällen zur Militarisierung von Küstenstädten und Händlergruppen.³⁵

Die Meerabgewandtheit der indischen Sultanate und Königreiche bedeutete allerdings nicht, dass sie aus der Verbesserung der Effizienz, Sicherheit und Kapazität des Fernhandels, der immer größere Warenmengen zu erstaunlich geringen Kosten bewältigte, keinen Nutzen gezogen hätten. Infolge der günstigen geographischen Lage und der entwickelten Gewerbe- und Gewürzproduktion einiger Regionen wurde Indien zu einem Zentrum des Asienhandels, wovon im 15. Jahrhundert der gesamte Norden und Süden – naturgemäß insbesondere die küstennahen Gebiete – profitierten, was John F. Richards zu einer überaus positiven, möglicherweise etwas überzogenen und sicherlich einseitigen Gesamteinschätzung bewog:

»Der Gewinn weit verstreuter Gruppen indischer Händler, der Profit aus der Verrechnung von Serviceleistungen aus Umschlags-, Zwischenlager- und Verteilungsgeschäften der wichtigsten indischen Häfen sowie die Selbstversorgung aus indischer Produktion und ein weltweiter Markt für indische Textilien, Edelsteine, Gewürze u. a. versetzten den Subkontinent in die Lage, über große und fortwährende Überschüsse zu verfügen. Die spärlichen historischen Quellen erlauben die Annahme, dass kontinuierlich Gold und Silber in Barren oder als Münzen nach Indien flossen. Die islamische Expansion in Indien und der sie begleitende Druck sowie Anreiz zur Erweiterung von Produktion und Handel profitierten gleichermaßen von der Mittlerrolle Indiens im aufstrebenden Welthandel zur See, zu der sie ihrerseits beitrugen.«[36]

Vom indischen Subkontinent etwa gleich weit entfernt wie Arabien und Ostafrika liegt die Indonesische Inselwelt in der Überschneidungszone von Indischem Ozean und Chinesischem Meer. Die Entfernungen in der Region entsprechen denen von ganz Europa und die größten der mehr als 13 000 Inseln, Kalimantan (Borneo) und Sumatra, übertreffen flächenmäßig Staaten wie Frankreich oder Spanien.[37] Höchst unterschiedliche naturräumliche Voraussetzungen zwischen und auch auf den einzelnen Inseln, enorme Distanzen zwischen den zentralen Ballungsräumen und peripheren Gebieten sowie jahrhundertealte, vielfältige Kultureinflüsse aus China und Indien bewirkten im 15. Jahrhundert eine bemerkenswerte Vielfalt gesellschaftlicher, kultureller und ökonomischer Strukturen. Selbst das relativ kleinräumig-zersplitterte spätmittelalterliche westliche Europa dürfte etwas einheitlicher gewesen sein.[38]

Mit der geographischen, ethnischen und sprachlichen Vielfalt der indonesischen Inselwelt im 15. Jahrhundert korrespondierten unterschiedliche Produktions- und Wirtschaftsverhältnisse, mehrere Typen von Gesellschafts- und Herrschaftssystemen und stark voneinander abweichende Religionen und Kulte. In den dichter bevölkerten Zentralräumen, insbesondere auf Java, hatte sich seit Jahrhunderten ein effizientes System des Bewässerungs-Reisanbaues in Form der Saweh-Anbaukultur entwickelt. Auf der Basis der anfallenden landwirtschaftlichen Überschussproduktion konnten sich schon Jahrhunderte vor Ankunft der Portugiesen starke Zentralgewalten in Form von Königtümern entwickeln, die durch Ausbau der Bewässerungssysteme, Kolonisierung und Fronarbeit den Agrargewinn erheblich zu steigern vermochten.[39] Damit verbunden waren Bevölkerungswachstum, das im asiatischen Vergleich allerdings relativ gering ausfiel, und fortschreitende Klassendifferenzierung. Dies band unter anderem die Dörfer etwas stärker in größere politische und ökonomische Zusammenhänge ein und verschärfte die sozialen Unterschiede in diesen Dörfern, die nie weitgehend unabhängige Inseln harmonischen, gleichberechtigten Zusammenlebens ihrer Bewohner waren.[40]

Über die Charakterisierung dieser Königreiche als nichtfeudale,

»orientalische Despotien«, über das ideologische historische Konstrukt des »statischen, urdemokratischen Dorfes«, über die Problematik der strikten Abgrenzung der buddhistischen, agrarisch geprägten Binnenkönigreiche von früh islamisierten, handelsorientierten Hafenfürstentümern ist insbesondere von Marxisten viel diskutiert worden, was die Einschätzung vorkolonialer Gesellschafts-, Wirtschafts- und Staatsstrukturen wesentlich präzisierte.[41] Hier soll nur daran erinnert werden, dass selbst auf Java, wo im 15. Jahrhundert etwa drei Millionen Menschen gelebt haben, die Bevölkerungsdichte verhältnismäßig gering war, die Kommunikation zwischen den einzelnen Regionen am besten und zeitweilig überhaupt nur auf Flüssen funktionierte und die lokalen Bevölkerungsgruppen wirksame Widerstandsformen gegen exzessive Forderungen der Elite entwickelten, sodass der Grad der politischen Integration eher gering blieb.[42]

Dies alles gilt für Majapahit in Ostjava, das um 1400 der größte vorislamische Territorialstaat des Archipels war. Das ›Binnenkönigtum‹ war Ende des 13. Jahrhunderts auf den Trümmern eines älteren javanischen Reiches entstanden, beherrschte einige Jahrzehnte später fast die gesamte Insel und brachte große Teile der indonesischen Inselwelt in lose Abhängigkeit.[43] Diese erstaunliche Ausdehnung von Majapahit schlug sich in einer wachsenden Ökonomie, vielfältigen Handelsbeziehungen – besonders lukrativ gestaltete sich das transkontinentale Geschäft mit Pfeffer und Gewürzen –, gelegentlichen Flottenexpeditionen sowie einer kultisch untermauerten Stärkung der Zentralgewalt nieder. Dieser gelang es freilich nur vorübergehend, das überdehnte Reich gegenüber internem Wandel und externer Konkurrenz zu behaupten, wie der rasche Machtverfall im 15. Jahrhundert nahe legt.[44] Zum Zeitpunkt des portugiesischen Eintreffens im indonesischen Raum war das javanische Hindu-Königtum in raschem Niedergang begriffen und bereits auf das Innere Ost- und Zentraljavas reduziert. Der Aufstieg des moslemischen Reiches Mataram, der das endgültige Ende von Majapahit einleitete, stand zwar noch bevor, der Islam breitete sich aber rasch auf Java und andere Regionen des Archipels aus.[45]

Als Hauptursache des Abstiegs von Majapahit kommt der Islam, entgegen weitverbreiteter Meinung, nicht in Frage. Einige Angehörige der javanischen Elite des Königreiches bekannten sich bereits zum Islam, als das hinduistisch-buddhistische Majapahit in voller Blüte stand, noch vor der Bekehrung der Bevölkerungsmassen auf dem Festland und parallel zur Verbreitung der neuen Religion in den nördlichen Küstenstädten. Die häufigen Kriege dieser ›Hafenfürstentümer‹ gegen den König des Landesinneren, dessen Oberhoheit sie seit 1400 abgeschüttelt hatten, waren keine Religionskonflikte, sondern hatten handfeste politische und ökonomische Gründe.[46]

Die für das 15. Jahrhundert charakteristischen Interessenkonflikte zwischen der javanischen Zentralmacht Majapahit und den Handelsstädten der Nordküste lassen sich nicht ausreichend aus dem Gegensatz zwischen einer auf Bewässerungs-Reisanbau basierenden, agrarische Überschüsse exportierenden, ›hydraulisch-orientalischen Despotie‹ und einer urbanen Kaufleutegesellschaft erklären. Auch der Islam war eher Symptom als Ursache der Spannungen: Die Häfen Nordjavas waren relativ junge, in geringem Ausmaß ins hinduistische Kultursystem integrierte Handelszentren, die als Umschlagplätze zwischen den Gewürzinseln und dem Westen des Archipels sowie als Reisexporteure für das fruchtbare Hinterland fungierten. Zumindest in den Anfängen war auch die Landwirtschaft eine ökonomische Basis der Hafenfürstentümer. Die Herrscher verdankten ihre Macht der Zentralisierung des agrarischen Surplus, versuchten aber auch Handelsmonopole zu errichten. Nur Malakka gelang der Aufstieg ohne starke Agrarbasis.[47] Allgemein stieg die Prosperität der Stapelhäfen mit zunehmender Einbindung in Asiens Fernhandelsnetz, die zunächst unter der Schirmherrschaft des Königs von Majapahit erfolgt sein dürfte. Die interkontinentalen Handelskontakte reichten von der Levante bis zu den Molukken und wurden von islamischen Kaufleuten dominiert. Nicht selten waren die Eliten der Hafenorte Araber, Inder oder Chinesen, die bereits als Moslems zugewandert waren.[48] »Nach Van Leur tendierten diese neuen, vergleichsweise reichen Kaufleute, deren Kapitalakkumulation sich in Relation mit den Möglichkeiten in China und Indien gleichwohl in eher bescheidenen Grenzen bewegte, zu keiner autonomen Entwicklung, sondern strebten ein gewisses Maß soziokultureller Assimilation an die Aristokratie an«.[49]

Die ständigen Kontakte der malaiischen und javanischen Händler mit islamischen Partnern und ihre gemeinsamen Interessen lassen den Übertritt zum neuen Glauben plausibel erscheinen, erklären aber nicht den genauen Zeitpunkt der Massenkonversion, die schließlich auch die Bauern des Landesinneren erfasste. Mit wachsender ökonomischer Stärke waren weder die einheimischen noch die zugezogenen Kaufleute länger bereit, an einen Staat im Landesinneren Steuern zu zahlen, der lediglich eine sekundäre Reisquelle und ein marginaler Markt für einige Luxusgüter war und dessen Macht ganz offensichtlich schwand, was der Abfall vormals tributpflichtiger Regionen ebenso belegte wie das Vordringen chinesischer Schiffe in südliche, indonesische Gewässer.[50]

Trotz der großen wirtschaftlichen und politischen Erfolge wurde keiner der Häfen Nordjavas zum zentralen Stapelplatz des Indonesischen Archipels, sondern das auf der malaiischen Halbinsel gelegene, die Meerenge zwischen dem Festland und Sumatra kontrollierende Malakka.[51] Die Gründung von Stadt und Fürstentum soll um 1380 durch eine Piratengruppe aus Sumatra unter Führung eines gegen Majapahit rebellierenden Prinzen von Srivijaya erfolgt sein, dessen Kampfgefährten die Elite des neuen Reiches in Armee und Verwaltung stellten. Zu Beginn des 15. Jahrhunderts befand sich Malakka bereits in raschem Aufstieg, der die günstige geographische Lage zwar voraussetzte, aber nicht nur dieser geschuldet war. Wichtige Bedingungen für den außergewöhnlichen Erfolg waren auch der Machtverfall von Majapahit, die guten Beziehungen zur Ming-Dynastie in China, flexibles Taktieren gegenüber mächtigeren Nachbarn sowie eine politisch und kommerziell nutzbringende Konversion zum Islam. Selbstverständlich spielte die allgemeine Entwicklung des Asienhandels eine wichtige Rolle: Ein umfangreicher und regelmäßiger Geschäftsverkehr zwischen Indonesien, Indien und China erforderte einen zentralen Stapelhafen vom Typ Aden oder Cambay im westlichen Indischen Ozean, eine Rolle, die auch von Häfen im Norden Sumatras oder Javas hätte erfüllt werden können. Die Kombination aus günstigen Umständen, politischer Klugheit und wirtschaftlichem Geschick machte Malakka zum wichtigsten Umschlagplatz im gesamten Fernhandel Asiens. Von herausragender Bedeutung für den außergewöhnlichen Aufstieg des Stapelhafens stellte sich die gleichsam monopolistische Kontrolle der Seestraße zwischen Malaya und Sumatra sowie die Lage in der Überschneidungszone von chinesischen und indischen Handelsaktivitäten und Kultureinflüssen heraus, eine Lage, die allerdings mit einigen indonesischen Küstenstädten geteilt wurde, gegen die sich die Bewohner Malakkas aber in erstaunlich kurzer Zeit durchzusetzen vermochten.[52]

»Begegnung von China und Indien: China ermutigte seit ungefähr dreißig Jahren seine Seefahrer zu ihren erstaunlichen Expansionsbestrebungen in die Javasee und in den Indischen Ozean. Indien hatte dies sogar noch früher in Angriff genommen. Gegen Ende des 14. Jahrhunderts, mit der Expansion des islamischen Indien und des Delhi Sultanates, erreichte eine Welle indischer Kaufleute und Frachtführer, Bewohner Bengalens, der Koromandelküste und Gujarats Hinterindien. Eine direkte Konsequenz der Expansion des indischen Handels war der steigende Wohlstand Malakkas. Aus gutem Grund. Indische Händler brachten Sumatra ein wichtiges Geschenk: die Pfefferstaude. Allerorts begann sich eine Marktwirtschaft von jenen Stellen aus, die im Kontakt mit Malakka standen, auszubreiten und das zu ersetzen, was früher als primitives und weitgehend selbstversorgendes System vorherrschte. Das wohl bemerkenswerteste Phänomen bei all dem war die notgedrungene Einführung einer *lingua franca* zu Handelszwecken, basierend auf dem Malayisch, das im Zentralort des Handels, Malakka, gesprochen wurde«.[53]

Malakka wurde das typischste Beispiel eines nach außen orientierten Stapelhafens, der keine nennenswerte eigene Produktion aufwies, mehr oder minder vom indischen, chinesischen und javanischen Kaufmannskapital beherrscht wurde und in der Nahrungsmittelversorgung auf Java, Siam und andere Exportgebiete angewiesen war. Die Eroberung benachbarter Gebiete auf der malaiischen Halbinsel, die vormals vom thailändischen Ayuthaya abhängig gewesen waren, sowie des jenseits der Meerenge liegenden Küstenstreifens von Sumatra verbesserte die Situation etwas, da in den kontrollierten Regionen Zinn, Gold, Pfeffer und auch Nahrungsmittel produziert wurden. Die zeitweise sehr prekäre Importabhängigkeit blieb aber bestehen und nahm infolge des sprunghaften Bevölkerungswachstums sogar wieder zu.[54]

Dennoch war Malakka um 1500 zum reichsten und mächtigsten Sultanat der malaiischen Halbinsel, zum wichtigsten Markt für die Gewürze der Molukken und zur Drehscheibe des Handels zwischen Indischem Ozean und Ostasien geworden. Am Vorabend der portugiesischen Eroberung soll die Stadt mehr als 100 000 Einwohner gezählt haben. Mag die herausragende Position Malakkas durch einseitige portugiesische Quellen auch übertrieben überliefert sein, besteht doch kein Zweifel am weitreichenden Einfluss seines Zwischen- und Stapelhandels. Einige Gebiete dürften durch Malakkas Aufstieg geschwächt worden sein, viele profitierten jedoch von Dynamik und Stabilität seiner Wirtschaft. Dies galt besonders für die Häfen Nordjavas sowie fernerer Küstenorte bis hin zu den Philippinen. Sie alle begannen in

Malakka eigene Produkte zu verkaufen und die notwendigen Importwaren zu erwerben. Erst die Eroberung durch Portugiesen im Jahr 1511 änderte und beeinträchtigte diese Situation allmählich.[55] Die zeitgenössischen Chronisten hinterließen der Nachwelt den Eindruck eines extrem diversifizierten und kostbaren Seehandels, an dem Kaufleute aus ganz Asien praktisch uneingeschränkt teilnehmen konnten. Die islamischen Herrscher hatten die delikate Position gegenüber dem hinduistischen Majapahit verbessert, die guten Beziehungen zu China bewahrt, alle Angriffe von Konkurrenten gemeistert und günstige Voraussetzungen für die internationale Gemeinde ansässiger und reisender Händler geschaffen. Während der monatelangen Märkte waren Chinesen und hinduistische Kaufleute von der Koromandelküste oder Bengalen ebenso willkommen wie die Moslems von Gujarat, Malabar, Java und Sumatra, in deren Geschäfte der Sultan nicht intervenierte und die das Privileg eigener Rechtsprechung besaßen. Die Qualität und Menge der umgesetzten Luxusgüter und Massenwaren beeindruckten europäische Beobachter so sehr, dass Malakka knapp vor der Eroberung durch die Portugiesen als die florierendste Handelsstadt der Welt gepriesen wurde.[56] »Beweis der expansionistischen Stärke Malakkas war die Verbreitung seiner ›lingua franca‹. Hervorgerufen wurde sie jedoch, ähnlich dem Aufstieg Antwerpens im 16. Jahrhundert, im Wesentlichen durch externe Faktoren. Die Stadt hat zwar – neben einem wertvollen Code von Seegesetzen – Unterkünfte, Marktplätze, Warenhäuser und institutionalisierte Protektion, ihr Handel wurde jedoch durch fremde Schiffe, Händler und Waren angetrieben.«[57]

Verglichen mit den zentralen Gebieten des Indonesischen Archipels auf Java, Sumatra, Kalimantan und der malaiischen Halbinsel herrschten auf den äußeren und meist kleineren Inseln ganz andere, eigenständige gesellschaftliche, kulturelle und wirtschaftliche Verhältnisse. Die Landwirtschaft der ›peripheren‹ Gesellschaften des Indonesischen Archipels war geprägt durch Brandrodung bzw. durch die Ladang-Anbaukultur, bei der Reis ohne künstliche Bewässerung auf trockenen Feldern gezogen wurde. Es ist einsichtig, dass sich mit Hilfe solcher Produktionsmethoden keine großen Agrarüberschüsse erzielen ließen und dass sich daher keine größeren staatlichen Verbände vom Typus der Königreiche auf Java entwickeln konnten. Die kurz vor der Ankunft der Portugiesen auf Timor und den Gewürzinseln herrschenden sozioökonomischen Verhältnisse belegen aber, dass die so genannten peripheren Gesellschaften, deren politische Ordnung ursprünglich mit den Verwandtschaftsstrukturen identisch war und keine herausragende Herrschaftsgewalt aufwies, trotz ihrer beschränkten materiellen Grundlagen nicht in jahrhundertelanger Statik verharrten.[58]

Langfristig folgenreiche Prozesse von politischer Zentralisierung und Klassendifferenzierung wurden vor dem Beginn der europäischen Kolonialherrschaft allerdings nur auf Inseln eingeleitet, die als Exporteure von Luxusgütern am asiatischen Fernhandel teilnahmen und die erforderlichen Nahrungsmittel in zunehmendem Maß importierten. Dies gilt für die Molukken, Ambon und die Bandainseln mit ihren wertvollen Gewürzen und abgewandelt auch für Timor, dessen Sandelholz von chinesischen, indischen und javanischen Händlern gegen Gold und Silber eingetauscht wurde. Die Einbindung der Peripherie Timor in den Handel der asiatischen Metropolen – seit dem 13. Jahrhundert ist in chinesischen Texten wiederholt vom begehrten Sandelholz die Rede – förderte den sozialen Wandel auf der Insel und führte bei den Wehali, die das Sandelholzgeschäft kontrollierten, zu politischer Zentralisierung und zu Hegemonieansprüchen gegenüber anderen Stämmen.[59]

Auf den Gewürzinseln war der ertragreiche Exporthandel ebenfalls Motor der Staatsbildung, die im Falle von Ternate und Tidore um 1500 weit über das Gebiet der jeweiligen Insel hinausreichte. Jeder der beiden Herrscher kontrollierte ein großes Hoheitsgebiet und kassierte Tribute mit Hilfe schlagkräftiger Flotten, wobei insbesondere Schiffe vom Galeerentypus zur Kampfkraft beigetragen haben sollen. Der Gewürzhandel der oftmals nur lose abhängigen, entfernteren Inseln befand sich in den Händen der lokalen Oberschichten. Auf Ambon und Banda war dies eine kleine sklavenbesitzende Gruppe, die über den Großteil der produzierten Gewürze verfügte. Fast alle Gewürzinseln befanden sich in engem kommerziellen Kontakt mit Java, der durch kontinuierliche Migration und vielfältige Verwandtschaftsbeziehungen noch vertieft wurde. Wahrscheinlich hing auch die seit Beginn des 16. Jahrhunderts rasch voranschreitende Islamisierung der meisten Gewürzinseln mit dem Naheverhältnis zu den politischen und ökonomischen Eliten Javas zusammen, die, ebenso wie manche lokalen Potentaten, die neue Religion als Bollwerk gegen den portugiesischen Einfluss benutzen wollten.[60]

Abgesehen von handelsmäßig unerschlossenen, völlig isolierten Inseln und Regionen wies der Indonesische Archipel um 1500 ebenso leistungsfähige wie differenzierte Gesellschafts-, Wirtschafts- und

Kultursysteme auf, die sich mit der europäischen Entwicklung natürlich nicht unmittelbar vergleichen lassen, dieser aber sicherlich nicht generell unterlegen waren.[61] Als die Portugiesen und Spanier auftraten, befand sich ganz Südostasien in einer Phase vielfältigen Wandels, hervorgerufen durch die Fortschritte des Islam, den Niedergang von Majapahit, den Aufstieg Malakkas und den allgemeinen Aufschwung des Fernhandels. Malakka war innerhalb weniger Jahrzehnte zu einem Schwerpunkt ökonomischer und auch politischer Macht geworden, die Molukken bildeten einen zweiten, und Java blieb, trotz des vorübergehenden Machtverfalls, das dritte und langfristig wichtigste Zentrum des gesamten Raumes. Wie sich zeigen wird, mussten die Portugiesen – wie später auch die Holländer – bei ihren Handels- und Kolonialaktivitäten diesen Tatsachen Rechnung tragen.[62]

DER INNERASIENHANDEL
VOR DEM EINTREFFEN DER PORTUGIESEN

Jenseits der arabischen Länder des Mashrak, östlich vom Roten Meer und Persischen Golf, verbanden reges Handelsleben sowie intensive Kulturkontakte die Welt des Indischen Ozeans mit dem Subkontinent Indien, und, vermittelt durch die Inseln und Hafenstädte des Indonesischen Archipels, mit Japan und den Landmassen Chinas. Fest eingebunden in diesen riesigen Wirtschaftsraum, nach Fernand Braudel die größte ›Weltökonomie‹ vor der Entstehung des neuzeitlichen Europäischen Weltsystems, zumindest aber ein wahrhaft globales Handels- und Interaktionsnetz,[63] war auch die Küste Ostafrikas. Offenbar war der gesamte eurasisch-afrikanische Raum schon vor dem Vorstoß der Portugiesen nach Indien intensiv verklammert. Mehr als dreißig politisch autonome arabische bzw. persische Handelsstützpunkte ermöglichten regelmäßige Wirtschaftsbeziehungen zwischen dem ostafrikanischen Binnenland, Indien und dem Nahen Osten, wovon auch der Mittelmeerraum profitierte. Knapp vor 1500 betrug der jährliche Goldexport aus dem Raum Zimbabwe in das kommerzielle System des Indischen Ozeans durchschnittlich eine Tonne. Europa war von dieser riesigen ›asiatischen Weltökonomie‹ keineswegs abgeschnitten, da der Mittelmeerraum, das Arabische Meer, Osteuropa und Zentralasien mittels einer Vielzahl von Karawanenrouten intensiv miteinander verbunden waren.[64]

Arabische und persische Kaufleute segelten seit dem 13. Jahrhundert, wie schon vor der Jahrtausendwende, über Ostafrika und Indien hinaus auch wieder bis China, dessen Dschunken umgekehrt die Koromandel- und Malabarküste erreichten und im ersten Drittel des 15. Jahrhunderts mit sieben großen Flottenexpeditionen bis Aden, Ormuz, Malindi und Sofala vorstießen. Die chinesischen Flotten sollen hundert und mehr, vielfach mit Kanonen ausgestattete Schiffe umfasst haben und kommerziell ein großer Erfolg gewesen sein. Ihr

Rückzug aus dem Indischen Ozean nach 1433 ergab große Freiräume, die umgehend vor allem von Indern genutzt wurden.[65] Die Hauptachse des Asien-Fernhandels war sowohl auf den Karawanenrouten als auch auf dem Meer bis ins 14. Jahrhundert von Osten nach Westen verlaufen. Ab etwa 1400 verschob sich der Handel stärker in nord-südliche Richtung. Indiens kommerzielle Kontakte mit Südostasien und Ostafrika verdichteten sich ebenso wie jene zwischen China und dem malaiisch-indonesischen Raum.[66] In dieser Phase entwickelten und stabilisierten sich auch die Hafenfürstentümer des Indonesischen Archipels als Pole der asiatischen Weltökonomie – zunächst Malakka, in weiterer Folge Bantam und Atjeh. Die weitreichende Autonomie dieser Städte, unter anderem ein Resultat ihrer vergleichsweise geringen Einbindung in größere politische Einheiten, erleichterte den ungestörten Verlauf monatelanger, dem Rhythmus des Monsun entsprechender Märkte, die allmählich zum wichtigsten Scharnier des Fernhandels zwischen Indischem Ozean und Ostasien wurden.[67]

Als Spezifikum der Entwicklung des asiatischen Handels in der vorkolonialen Ära darf gelten, dass das Handelsvolumen im Indischen Ozean im 15. Jahrhundert erheblich anwuchs, dass insbesondere der Nahe Osten, aber auch Ostasien zunehmend von Exporten aus dieser Region abhingen und dass Indien, relativ unabhängig von den wechselnden Geschicken des islamischen Westens und chinesischen Ostens, fast durchgehend eine vermittelnde, privilegierte Position in den Handelsbeziehungen des unermesslichen Kontinents einnahm. Es profitierte daher von den allmählichen Verbesserungen der Effizienz, Sicherheit und Kapazität des vom Mittelmeerraum bis Japan und China reichenden Fernhandels.[68] Und es profitierte sicherlich auch davon, dass seit dem späten 15. Jahrhundert die Händlergemeinden Indiens – Muslime, Hindus und andere – immer größere Teile des Asiengeschäftes übernahmen.[69]

»Das Verhältnis zwischen diesen riesigen Gebieten beiderseits des zentral gelegenen indischen Subkontinents war das Ergebnis einer Folge von Pendelbewegungen mit mehr oder weniger starker Wirkung. Ein Ausschlag hatte zuerst den Osten, dann den Westen mit Umverteilung von Macht und politischem oder ökonomischem Fortschritt begünstigt. In all diesen Wechselfällen verteidigte Indien seine zentrale Position: Seine Kaufherren in Gujarat und an den Küsten von Malabar oder Koromandel behielten für Jahrhunderte und gegen zahlreiche Konkurrenz – arabische Händler aus dem Roten Meer, persische Kaufleute der Golfregion, oder der malayischen See vertraute chinesische Kaufleute – die Oberhand.«[70]

Im 15. Jahrhundert zog Indien großen Nutzen daraus, dass die Chinesische See und der Indische Ozean eine von internationalen Rivalitäten weitgehend freie, gleichsam ökumenische Zone des Handels darstellte. Die riesige Region wurde weder von einer politischen Vormacht beherrscht noch von einer verbindenden Kultur bestimmt. Vielmehr handelte es sich um ein vielgesichtiges Handelssystem in der Überschneidungszone von vier bis fünf großen Zivilisationen, wo ein halbes Dutzend großer Stapelhäfen einerseits die Geschäftsbeziehungen zwischen etwa fünfzig kleineren Küstenstädten vermittelte und anderseits die Kontakte zu den landeinwärts gelegenen Drehscheiben des Binnen- und Karawanenhandels herstellte.[71] In allen Häfen gab es für die verschiedenen Händlergruppen, gegen relativ geringe Schutzgebühren, sichere Lagerplätze für die Waren, Finanzinstitutionen und Marktinformationen. Meist gab es auch ortsansässige Landsleute, die Quartier gewährten und bei den Geschäftsabschlüssen mit Händlern anderer Nationalität halfen. Die wichtigsten Stapelhäfen waren entweder Stadtstaaten wie Aden und Malakka, kleine aber unabhängige indische und indonesische Hafenfürstentümer wie beispielsweise Calicut oder auch Atjeh, Metropolen eines starken Regionalfürstentums wie Cambay in Gujarat oder, relativ selten, Küstenorte eines großen Reiches, wie Kanton in China. Sie waren die Säulen und Scharniere einer Weltökonomie, die, nach den Aufzeichnungen von Tomé Pires, nicht weniger als fünfunddreißig, nach ökonomischen Funktionen und politischen Verhältnissen hierarchisch gestufte Subregionen umschloss.[72]

»Europa, China und der indische Subkontinent erscheinen hier als Kernzonen, gekennzeichnet durch mächtige und hinlänglich stabile Staatensysteme. Diese drei, und nur diese drei allein, erzeugten und exportierten gewerbsmäßig Güter wie Textilien, Waffen, Porzellan, Glas und Metallgegenstände. Unter gewissen Gesichtspunkten könnte der muslimische Mittlere Osten als schwacher Vierter in diese Liste aufgenommen werden. – Auf der zweiten Ebene wirtschaftlicher Multifunktionalität folgten Regionen, die nicht produzierten oder Gewerbeprodukte expor-

Geldwechsler in Cambay

tierten. Südostasien würde, trotz seiner Vielschichtigkeit, in diese Kategorie gehören ... angesichts des Umfangs seiner wirtschaftlichen Bedeutung, befand es sich andererseits fast auf demselben Niveau wie Indien. Einige Teilregionen Südostasiens jedoch gehörten in eine dritte Kategorie, die ökonomisch weniger stark diversifiziert und politisch stärker fragmentiert blieb. Borneo ist eine solche Region, die einen übergeordneten Markt mit Wachs, Honig, Sago, Reis, Kampfer und Gold im Tausch für Manufakturware versorgte. – Schließlich, auf vierter und niedrigster Ebene, gab es die hochspezialisierten Territorien der Hirtennomaden, die wenig zu verkaufen hatten, aber tierische Produkte oder ›Schutzdienste‹ für jene anboten, die Schwierigkeiten vermeiden wollten. Innerarabien, Beludschistan würden in diese Kategorie passen, dazu denkbar sind auch einige Piratennester in Südostasien. Welcher Natur auch ihre Art von Warentausch war, all diese Regionen und Unterregionen bildeten Teile eines internationalen Geldsystems, das auf Gold und Silber basierte, wobei Kupfer und Cowrie-Schnecken von Zeit zu Zeit eine unterstützende Rolle spielten.«[73]

Der asiatische Seehandel vor dem Eintreffen der Portugiesen wird manchmal als Emporienhandel charakterisiert, da die Waren nicht direkt vom Erzeuger- ins Abnehmerland gelangten, sondern erst nach Zwischenschaltung von Stapelhäfen an die Verbraucher geliefert wurden. Mit Emporien sind Handelsplätze gemeint, die von Seefahrern vieler Völker aufgesucht wurden, kontinuierlich eine Vielfalt zwischengelagerter Waren boten, mit einem Minimum politischer Reglementierung auskamen, zumeist eine multinationale Einwohnerschaft aufwiesen und über eine breite Palette kommerzieller Makler, Agenten und Dienstleistungen – Transport, Versicherung, Geldwechsel und Kredit – verfügten. Die Etablierung eines von China bis zum Roten Meer reichenden Emporienhandels hatte sich seit der Jahrtausendwende infolge vielfältiger politischer und ökonomischer Wandlungen in Ostasien, Indien und im islamischen Orient vollzogen und bis 1498 keinen gravierenden Rückschlag erlitten. Der Seehandel wurde durch niemanden systematisch behindert. Die Ausrüstung von großen Kriegsmarinen durch südindische und indonesische Herrscher im 11. Jahrhundert blieb wie die Expeditionen des chinesischen Admirals Cheng Ho vor 1433 kurze Episoden, die keine Kontrolle der Handelsschiffahrt nach sich zogen. Wären die Portugiesen vorrangig Händler gewesen, so hätten sie sich vermutlich in den wichtigsten Emporien Asiens niedergelassen und möglichst gewaltfrei ins bestehende Handelsnetz eingefügt. Da sie aber im Dienst der Krone die Suche nach Gewürzen mit dem Kampf gegen den Islam verbanden, erwiesen sie sich umgehend als Pioniere der bewaffneten Intervention.[74]

Als die Portugiesen in den Indischen Ozean und bis zur Westküste Indiens vordrangen, war der Höhepunkt des Einflusses arabischer oder persischer Händler in dieser Weltökonomie bereits überschritten. Schon seit dem Ende des 13. Jahrhunderts, als sich Nordindiens Wirtschaft von den islamischen Invasionen zu erholen begann, was Produktions- und Produktivitätssteigerungen ermöglichte, verloren arabische und persische Seefahrer gegenüber ihren indischen Konkurrenten an Boden. Diese Aufsteiger waren vielfach ebenfalls Muslime, umfassten aber auch Hindus, Juden oder sogar Christen, wie das Beispiel der Küstenorte von Gujarat oder – in geringerem Maß – auch von Malabar zeigt.[75]

»Im fünfzehnten Jahrhundert wurde Gujarat zum Hauptprofiteur von Nordindiens steigendem Wohlstand, es wurde zum

Herzland der wichtigsten Händlerdiaspora des Indischen Ozeans ... Von den Häfen an der Westküste Gujarats, speziell von Cambay, konnten die Herzländer der Indus- und Gangesebene wirkungsvoll angezapft werden. Das Wachstum der indischen Wirtschaft ebnete den Weg für den Aufstieg der Schifffahrt der Gujaratis im Indischen Ozean.«[76]

Der Wandel der Händlergruppen wird zwar durch die portugiesische Praxis, alle Mohammedaner von Marokko bis Indonesien als Mauren zu bezeichnen, etwas verdunkelt. Die starke Position arabisch-persischer Schiffe und Kaufleute war aber um 1500 auf den meisten Routen zwischen Ormuz und Kanton schon erheblich eingeschränkt.[77] Bei der Analyse des Asienhandels aus europäischer Perspektive wird traditionellerweise den Gewürzen, d. h. der Malabarküste mit Calicut, den Molukken und Bandainseln, den arabischen Händlern, dem Mamlukenreich, und Venedigs Erfolgen auf der Levanteroute besondere Aufmerksamkeit geschenkt. Gewürze waren aber im 15. Jahrhundert nicht die wichtigsten Handelswaren Asiens und die Araber nicht die wichtigsten Händler. In der westlichen Hälfte des Indischen Ozeans dürften sie zwar weiterhin zwischen Aden und Calicut sowie auf dem ersten Abschnitt der Aden-Malakka-Route – zwischen Rotem Meer und Gujarat – eine prominente Rolle im Handelsverkehr gespielt haben. Ansonsten dominierten westlich von Malakka, neben Persern und Osmanen, vor allem indische Moslems der Küstenstädte von Gujarat, Malabar, Koromandel und Bengalen, neben denen aber auch Hindu-Kaufleute ihren Platz fanden. Nichtislamische Gujaratis hatten insbesondere im Geschäft mit Ostafrika eine größere Bedeutung und die hinduistischen Tamilen (Kling) von Ceylon und der Koromandelküste, im 12. Jahrhundert die wichtigsten Exporteure chinesischer Güter, behaupteten mit ihren Schiffen einen regen Textilientransport nach Malakka. Nicht wenige Hindu-Kaufleute blieben meist an Land, um ihre Güter auf islamischen Schiffen zu verfrachten. Des Öfteren verbanden sie ihr Engagement im Fernhandel mit komplementären Geschäften im Küsten-, Binnen- oder Überlandhandel.[78]

Islamische Kaufleute aus Gujarat waren auch östlich von Malakka seit dem 14. Jahrhundert zu einer der wichtigsten Händlergruppen geworden, da ja die gesteigerte kommerzielle Aktivität chinesischer Dschunken ein Intermezzo blieb. Die vielfältige Präsenz nichtmuslimischer Kaufleute auf den meisten Ostrouten lässt allerdings die oft vertretene Idee eines bis zum Eintreffen der Portugiesen nahezu total von Muslimen beherrschten Indischen Ozeans stark überzogen erscheinen,[79] wenngleich der plötzliche Rückzug der Chinesen 1433/34 tatsächlich viel Freiraum geschaffen hatte. Die Beamten der späten Ming-Dynastie versuchten damals sogar, jegliche Partizipation von Chinesen am Überseehandel zu verbieten. Dieses Vorhaben, das mit dem Aufkommen einer tendenziell fremdenfeindlichen, antikommerziellen Strömung korrespondiert haben dürfte, beendete zwar die Ära machtvoller staatlicher Flottenpolitik, keineswegs aber die weitreichenden Aktivitäten chinesischer Kaufleute. Zu Beginn des 16. Jahrhunderts waren es vor allem Überseechinesen, die den Regionalhandel sowie viele Hafenplätze der Südchinesischen See dominierten – meist ohne Billigung der Heimat, die sie fast immer illegal verlassen hatten, aber vielfach mit großem Erfolg.[80]

Die indonesischen und malaiischen Schiffe brachten die Produkte des Archipels meist nur zu den nächstgelegenen Umschlagplätzen – möglicherweise ein Zeichen der kommerziellen Unterlegenheit südostasiatischer Händler gegenüber den Konkurrenten aus Indien, China und dem Nahen Osten, vielleicht aber auch ein Hinweis auf das äußerst dichte Binnenhandelsnetz innerhalb der im Schnittpunkt mehrerer Fernhandelsrouten liegenden extrem fragmentierten malaiisch-indonesischen Welt.[81] Der Aufstieg der Gujaratis vor dem Auftauchen portugiesischer Karacken und Karavellen ergibt sich eindrucksvoll aus ihrer starken Präsenz in Malakka, der um 1500 wichtigsten Drehscheibe des überregionalen Handels im Indischen Ozean. Nicht weniger als tausend Händler aus Gujarat sollen ständig in Malakka gelebt und weitere drei- bis viertausend regelmäßig zwischen Nordwestindien und dem Stapelhafen verkehrt haben. Daneben erlangten auch die Tamilen der Koromandelküste sowie Kaufleute aus Bengalen und Java einen erheblichen Stellenwert im kommerziellen Leben Malakkas, wohingegen der Einfluss der Chinesen schrumpfte.[82]

»Man muss daher die schon lange bestehende Überzeugung ablegen, nach welcher die Araber und Chinesen den Handel im Indischen Ozean während dieses halben Jahrtausends beherrschten, ohne aber ihre Wichtigkeit im Seehandel dieser Gewässer zu negieren. Trotz der großen Rolle, welche zu bestimmten Zeiten die persischen, arabischen und die anderen Händler spielten – wie die Chinesen im westlichen Indischen Ozean –, befand sich der Handel in diesem Teil der Welt grundsätzlich in den Händen indischer Kaufleute.«[83]

Wie im Fall der Händlergruppen bedürfen auch manche Vorstellungen über Warenströme und Warenstruktur des asiatischen Fernhandels der Revision. Zu stark ist in älteren Standardwerken der Luxusfernhandel gegenüber den Massentransporten betont worden – wenngleich auch die neuere Forschung die Bedeutung des Pfeffer- und Gewürzhandels durchaus anerkennt. Gerade die zentralen Handelsrouten zeichneten sich durch die Tätigkeit von Händlern verschiedener Herkunft, durch differenzierte Geschäftspraktiken und eine vielfältige Warenpalette aus, die viele Massen- und Alltagsgüter umfasste.

Die wichtigsten innerasiatischen Handelsverbindungen um 1500 führten östlich von Malakka nach China, zu den indonesischen Exporthäfen und auch nach Japan; westlich von Malakka nach Bengalen, an die Koromandel- und Malabarküste und insbesondere nach Gujarat. Von Gujarat, mit Cambay als wichtigstem Hafen, und ebenso von der Malabarküste aus herrschte reger Verkehr mit Aden (Rotes Meer) und Ormuz (Persischer Golf), aber auch mit Ostafrika. Nicht wenige Schiffe hielten direkten Kontakt zwischen dem Roten Meer und Malakka. Weiter nach Osten führte die Reise normalerweise nicht. Kleinere, aber ebenfalls regelmäßig frequentierte Routen verbanden Aden mit Ormuz; die Malabarküste mit Ceylon, Koromandel und Bengalen; die großen indonesischen Inseln untereinander und mit den Molukken, den Bandainseln und China.[84]

Der Transport von hochwertigen Gütern geringen Volumens spielte auf den meisten dieser Handelswege eine wichtige, aber keineswegs die wichtigste Rolle. Spätestens seit dem 13. Jahrhundert traten Massengüter, insbesondere Gewerbeprodukte – vor allem Textilien und Eisenwaren –, Pferde, Rohstoffe wie Holz und große Mengen von Nahrungsmitteln in den Vordergrund. Die Ergänzung der Luxusgüter durch Massenwaren bedeutete eine enorme Steigerung der beförderten Quantitäten, ermöglicht durch verbesserte Schiffstechnologien.[85] Philip D. Curtin fasst bequem zusammen:

»Die Dhaus, welche im Indischen Ozean segelten, nahmen an Größe zu, sodass 100 bis 400 Tonnen Fracht geladen werden konnten. Ein großes Exemplar konnte zusammen mit der Schiffscrew und Passagieren bis zu 70 Schlachtrösser und hundert Kriegsleute befördern. Viele Dhaus aus der Arabischen See wurden mit Teakholz aus westindischen Wäldern gebaut. Der beeindruckendste Schiffstyp dieser Zeit war jedoch die Entwicklung der chinesischen Dschunke ... Diese Boote waren größer und seetüchtiger als alles andere davor und neue technische Mittel wie Magnetkompasse kamen bei ihnen in Verwendung ...«[86]

Die lange Zeit einseitige Charakterisierung des asiatischen Fernhandels durch Luxusgüter wie Pfeffer, Gewürze, Drogen, Seide etc. korrespondierte mit den spezifischen Interessen der Portugiesen, die bereits nach wenigen Flottenexpeditionen ein relativ klares Bild der wichtigsten Märkte, Handelsströme und Produktionszonen der begehrten Gewürze entwarfen, Massengütern wie Reis aber weniger Aufmerksamkeit schenkten.[87] Die dementsprechend einseitige Quellenlage verleitete bisweilen dazu, den Stellenwert kostbarer ›exotischer‹ Waren für den asiatischen Fernhandel über Gebühr zu betonen.[88]

Von den hochwertigen Luxusprodukten war Pfeffer schon im 15. Jahrhundert sowohl für die asiatischen Märkte – insbesondere für Ostasien und den arabisch-persischen Raum – als auch für den Export nach Europa via die Levanterouten am wichtigsten. Rein mengenmäßig übertraf Pfeffer alle anderen Gewürze. Die bekanntesten Produktionszonen konzentrierten sich auf einen schmalen Küstensaum im Westen Indiens von Cannanore im Norden bis Kap Komorin im Süden, mit Calicut als wichtigstem Exporthafen der Malabarküste, sowie auf den Nordwesten Sumatras.[89] Die Gesamtproduktion aller Regionen soll um 1512/1515 über sechstausend Tonnen betragen haben – davon etwa drei Fünftel von der Malabarküste und zwei Fünftel aus Südostasien –, was auch für die Zeit von 1500 als Richtwert dienen kann. Teurer als Pfeffer, aber in ungleich geringeren Mengen, wurde Ingwer gehandelt. Er kam von der Malabarküste, von Bengalen und Ostafrika. Zimt stammte hauptsächlich von Ceylon; Gewürznelken, Muskatblüten und Muskatnuss von den Gewürzinseln (Ambon, Molukken, Bandainseln). Wesentlich kostspieliger als diese ›Massengewürze‹, deren Bedeutung für die Nahrungsgewohnheiten vieler Menschen jener von Salz nahe kam, waren einzelne Drogen und Duftstoffe, wie Amber, Kampfer und Opium, aber auch das begehrte Sandelholz der Insel Timor.[90]

Asiens Gewürzproduktion um 1515/1520 [91]

Pfeffer	6600 bis 7400 t
Ingwer	ca. 300 t
Zimt	ca. 150 t
Muskatblüten	100 bis 125 t
Muskatnuss	1200 bis 1400 t
Gewürznelken	1000 bis 1400 t
Insgesamt	9 350 bis 10 775 t

Obwohl Gewürze das Rückgrat des Levantehandels bildeten, gelangte nur ein Bruchteil der asiatischen Produktion nach Europa – vermutlich nicht einmal ein Viertel und im Fall von Pfeffer noch erheblich weniger. Die Tauschmittel der europäischen bzw. der vermittelnden islamischen, jüdischen oder auch armenischen Kaufleute, die natürlich auch alle anderen Luxusgüter wie chinesisches Porzellan, indische Textilien und persische Seide auf der Karawanenroute in den Nahen Osten oder noch weiter in den Mittelmeerraum transportierten, waren insbesondere Edelmetalle, Gold- und Silbermünzen, aber auch Brokat, Wolle, Korallen, Rosenwasser etc. Der wichtigste Abnehmer von Pfeffer war China. Der Großteil der für den überregionalen Markt bestimmten Produktion ging dorthin; andere Gewürze wurden allerdings weniger nachgefragt. Marco Polo schätzte, dass in Alexandrien nur etwa 10 Prozent der in China verkauften Menge umgesetzt wurden. Im 15. Jahrhundert dürfte China etwa 75 Prozent der indonesischen und mindestens 30 Prozent der Produktion Malabars gekauft haben. Seinerseits brachte es Seide, Porzellan und verschiedene Erzeugnisse des Luxusgewerbes in Umlauf.[92] Abgerundet wurde das Angebot kostspieliger Güter im Asienhandel durch arabische bzw. indonesische Duftstoffe, Diamanten und Edelsteine aus Indien, Perlen von Ceylon und vom Persischen Golf, Gold aus Sumatra und Ostafrika sowie Elfenbein und Sklaven. Eine genaue Aufzählung wäre endlos.[93]

Sowohl dem Umfang als auch dem Wert nach übertraf der Transport schwerer Massengüter den Luxusgüterfernhandel Asiens bei weitem. Stark nachgefragt wurde beispielsweise Kupfer, ein traditionelles Exportgut der Levanteroute, aber auch Zinn von der Malaiischen Halbinsel und Sumatra, das entweder nach Westen oder nach China ging. Eisen kam insbesondere vom Dekkan und von Orissa, Schiffsbauholz wurde von Südindiens Westküste in arabisch-persische Gebiete, aber auch nach Gujarat verfrachtet. Teakholz aus Burma und einzelnen indonesischen Regionen wurde nicht nur massenhaft nach Malakka transportiert, sondern gelangte bis an die Koromandelküste. Nicht selten wurden auch fertige Dschunken geliefert. Im Gegensatz zum regelmäßigen Elefantenexport von Burma und Ceylon an Indiens Ost- und Westküste, der sich trotz der offensichtlichen Überlegenheit von Kavallerieeinheiten fortsetzte, liegen für die Verschiffung von Pferden aus Arabien, Persien und Somalia sogar brauchbare Zahlen vor: Allein über Ormuz sollen jährlich etwa drei- bis viertausend Pferde an die Küstenstädte Gujarats und Kanaras und weiter zu den islamischen Sultanaten des Dekkan bzw. ins südindische Hindureich Vijayanagar geliefert worden sein. Der Aufschwung der Kavallerie im indischen Militärwesen seit dem 13. Jahrhundert hatte einen der blühendsten Handelszweige des Indischen Ozeans geschaffen. Er bewirkte überdies eine stärkere Integration zwischen Übersee- und Binnenhandel, da die militärische Schlagkraft der indischen Großreiche neben der Einfuhr von Elefanten zunehmend von reibungslosen Pferdeimporten abhing.[94] Die enorme Bedeutung des Überseehandels mit kriegstauglichen Pferden zeigt sich auch im Fall von China, dessen Importnetz im 15. Jahrhundert neben Zentralasien und Korea große Teile des Indischen Ozeans umspannte, bevor mit dem Ende der großen Flottenexpeditionen im Jahr 1433 auch ein allmählicher Niedergang der entsprechenden Importe einsetzte.[95]

Der massenhafte Transport der genannten schweren und voluminösen Güter wurde durch eine rege Beförderung von Sklaven und Passagieren ergänzt, vor allem aber durch den Fernhandel mit Nahrungsmitteln. Die Großregionen Binnenasiens, wie China und Indien, waren diesbezüglich relativ unabhängig. Viele Küstenstädte, aber auch die exportorientierten Gewürzinseln mussten alle im unmittelbaren Hinterland nicht greifbaren Basisgüter, insbesondere Nahrung, vom überregionalen Handel beziehen. Dies gilt für Aden und Ormuz ebenso wie für die islamischen Städte Ostafrikas, für manche Küstenorte Ceylons, die Reis von der Koromandel- und Malabarküste bezogen, für die Gewürzregionen auf Ambon, den Molukken und den Bandainseln, die in hohem Maß von der Überschussproduktion der ertragreichen Bewässerungs-Reiskulturen Javas abhingen, und ganz augenscheinlich für Malakka mit seinen 40 000 Einwohnern, das große Mengen an Nahrungsmitteln, insbesondere Reis, von Burma, Java, Siam und sogar Bengalen bezog.

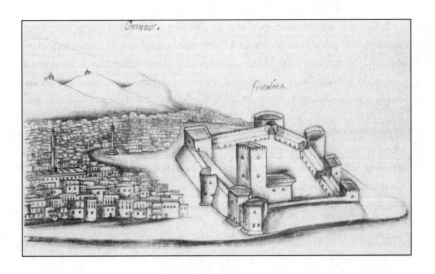

Panorama von Ormuz

Mit ausgedehnten Reis-, Zuckerrohr- und Baumwollpflanzungen, großen Pferde-, Kuh- und Schafherden und dem ertragreichen Fischfang, war das fruchtbare Bengalen überhaupt einer der wichtigsten Nahrungsmittelexporteure Asiens. Den Zuckerausfuhren dieser Region standen die Importe islamischer Händler kaum nach, die den begehrten Süßstoff aus dem Mittelmeerraum über Ormuz und Aden in den Indischen Ozean brachten. Von Ormuz aus wurden auch große Salzblöcke an Indiens Küsten verfrachtet – nicht selten als Ballast für unausgelastete Gewürzschiffe, aber nichtsdestoweniger von beträchtlichem Wert.[96]

In engem Zusammenhang mit dem Handel von Reis und anderen Nahrungsmitteln vollzog sich auch der Export von indischen Textilien, die von mehreren traditionsreichen Produktionszonen im Osten und Westen des Subkontinents – Bengalen, Koromandel, Gujarat – nach West-, Südost- und sogar Ostasien gelangten. Die berühmten Baumwollprodukte Bengalens und der Koromandelküste gingen in wachsendem Umfang nach Indonesien und Indochina, die Waren der bis heute allseits bekannten Textilstädte Gujarats wurden darüber hinaus auch im arabischen Raum und in Ostafrika stark nachgefragt.[97] Sowohl das Geschäft mit Getreide als auch jenes mit Textilien verklammerte Binnen-, Küsten- und Überseehandel auf vielfältige Weise, was wiederum die gesamte Ökonomie stimulierte.

Trotz der prominenten Rolle des Gewürz-, Pfeffer- und sonstigen Luxusgüterhandels hatte das Geschäft mit alltäglichen und kriegswichtigen Massengütern im Asienhandel vor Eintreffen der Portugiesen zweifellos die größere Bedeutung, wie Archibald Lewis schon früh betonte: »Kurz und gut: man muss die Meinung korrigieren, nach welcher im Laufe der Jahrhunderte der Handel im Indischen Ozean aus Gütern geringen Volumens und großen Wertes bestanden habe. Wie es scheint, war dies ganz im Gegenteil ein Gebiet des Seehandels mit einer Vielfalt und einem Umfang, welcher dem des Mittelmeeres oder der nordischen und atlantischen Meere in Europa vergleichbar ist; Waren von großem Umfang, Passagiere und Sklaven spielten eine bedeutende Rolle.«[98]

Die Betonung des Massengüterhandels macht die Frage nach den dahinterstehenden kommerziellen Organisationsformen unabweisbar. Van Leurs Charakterisierung des internationalen Asienhandels als *peddling trade* (Hausierhandel) ist nicht nur zum Topos, sondern auch zur Ursache heftiger Kontroversen geworden.[99] Sein hauptsächlich aus indonesischem Material gewonnenes Bild dutzender, ja hunderter Händler, die mit überschaubaren Mengen wertvoller Produkte in ganz Südostasien ausschwärmten, sich nach langen Land- und Seereisen an den wichtigen Stapelplätzen trafen und unabhängig in Kompanien oder auf Kontraktbasis – ähnlich der mediterranen *commenda* – operierten, wurde im Wesentlichen von Steensgaard bestätigt und auf ganz Asien ausgedehnt:

> »Hausierhandel: Kauf und Verkauf geringer Mengen von Marktplatz zu Marktplatz in fortgesetzter Geschäftsreise. Jedoch ... ein ambulantes Handelssystem, das hochentwickelte Organisationsformen gebrauchte wie *commenda*, ›Bodmerei‹, Partnerschaften und kombinierte Kredit- und Transferaktionen mittels Wechselbriefen. Dennoch, der durchschnittliche Unternehmer handelt auf dem Niveau des ›Hausierers‹, und nichts in den Quellen deutet auf die Existenz umfassend koordinierter Organisationsformen – einer armenischen, türkischen oder persischen Version der Fugger – hin.«[100]

Im Kern besagt die von Steensgaard weiterentwickelte These Van Leurs, dass viele asiatische Kaufleute ihre Waren begleiteten und auf Märkten verkauften, deren Angebot- und Nachfragespiel schwer vorhersehbar war und enorme Preisschwankungen hervorrief. Die Kaufleute vermieden daher eine allzu enge Spezialisierung, sondern handelten mit jenen Gütern, die gerade hohen Profit abwarfen. Die häufig eingeschränkte Markttransparenz motivierte den Kaufmann dazu, als ›Hausierer‹ mit den Waren selbst unterwegs zu sein, um gegebenenfalls der jeweiligen Marktsituation angepasste Einkaufs- und Verkaufsentscheidungen treffen zu können.[101]

Da Van Leur die Komplexität der mit dem Peddling-Handel verbundenen Organisationsformen betonte, auf viele Parallelen im spätmittelalterlichen und frühneuzeitlichen Wirtschaftsleben Westeuropas verwies und eine komplementäre Funktion des von reichen Kaufleuten, landbesitzenden Eliten und staatlichen Amtsträgern finanzierten und betriebenen Großhandels postulierte[102], dürfte ein Teil der Kritikpunkte von Meilink-Roelofsz zu weit gehen, wenngleich sie andere Facetten der Charakterisierung des Asienhandels durch Van Leur – Dominanz von Luxusgütern, Statik, Rechtsunsicherheit infolge Herrscherwillkür – sicherlich zu Recht zurückweist.[103] Etwas anders liegen die Dinge im Fall der Kritik von Braudel. Seine Vorbehalte gegen den Begriff *pedlar* und sein Insistieren auf dem kapitalistischen Charakter des asiatischen Fernhandels bedeuten tatsächlich Gegenpositionen zu Van Leur und Steensgaard. Dass neben den ambulanten Kleinhändlern die etablierten Großkaufleute eine bedeutende Rolle spielten, dass es im 15. Jahrhundert bereits differenzierte Finanzierungs- und Beteiligungspraktiken gab, dass nur ein Teil von Asiens Händlern auf eigene Rechnung arbeitete, dass die Geschäftsreisen oft von großer Dauer waren und über enorme Distanzen führten, dass es bereits Wechselgeschäfte und, zumindest regional, ein funktionierendes Kreditsystem gab, hätte aber auch Braudel den von ihm ›korrigierten‹ älteren Analysen entnehmen können.[104]

Van Leurs Bild des »Peddling-Handels«, das sich überdies nicht auf den gesamten Asienhandel bezieht, reicht zur Einschätzung der kommerziellen Situation im Indischen Ozean um 1500 sicherlich nicht aus, da inzwischen klar ist, dass viele islamische und nichtmuslimische Großkaufleute Indiens oder des malaiisch-indonesischen Raumes über enorme Kapitalkraft, weitverzweigte Handelsnetzwerke und erheblichen politischen Einfluss verfügten.[105]

Ein Teil der keineswegs abgeschlossenen Kontroverse um Charakteristik und Entwicklungsstand des Asien-Fernhandels entpuppt sich allerdings als Streit um Worte, und die Gegensätze verlieren durch eine präzise Unterscheidung von lokalem und internationalem Kommerz an Schärfe.[106] Beispielsweise erfolgte die Nahrungsmittelversorgung von Städten wie Aden, Ormuz und Malakka teilweise durch Kaufleute geringer Finanzkraft auf kleinen Booten.[107] Dies steht nicht unbedingt im Widerspruch zu den erwähnten Reis- und Getreidelieferungen über große Distanzen, zu denen auch finanzstarke Fernhändler mit Dutzenden eigener Schiffe beitrugen, von deren Abwicklung und Finanzierung aber nur wenig bekannt ist. Eine strikte Interpretation des gesamten Nahrungsmittelgeschäftes als »Peddling-Handel« ist fragwürdig, die radikale Zurückweisung des am Wort *pedlar* aufgehängten Gesamtkonzeptes aber ebenfalls unbegründet.

Die Forschungsergebnisse der in die Diskussion verwickelten Historiker, besonders aber die Aufzeichnungen des armenischen Kaufmannes Hovhannes, dessen zwölfjährige Handelsreise von Isfahan nach Indien und bis Tibet[108] zunächst von Steensgaard, dann von Braudel und inzwischen immer wieder als wichtiges Zeugnis für ihre je unterschiedlichen Folgerungen gedeutet wurde[109], belegen generell die Vielfalt und Komplexität der Organisationsformen und kommerziellen Praktiken des Asienhandels. Neben dem individuell kalkulierenden Kaufmann, der Einzelverträge mit Schiffskapitänen (aber auch Karawanenführern und Kameltreibern) abschloss, um die mit eigenem Kapital erworbenen Waren auf ferne Märkte zu bringen und an Ort und Stelle über ihren Verkauf und den Ankauf neuer Waren zu entscheiden, gab es verschiedenste Kontrakt- und Beteiligungssysteme, die das Risiko verteilten, dem ansässigen Großhändler den Einsatz von Waren und Kapital in Übersee ermöglichten sowie seinem reisenden Partner trotz geringer Finanzkraft beträchtliche Gewinne erlaubten. Des Öfteren formierten sich weitverzweigte Händlerassoziationen, die als Gruppe oder über besonders prominente Einzelkaufleute bisweilen über erheblichen politischen Einfluss verfügten. Sie machten sogar über Religionsgrenzen hinweg gemeinsame Geschäfte für günstige Finanzierungs- und Absatzmöglichkeiten, trafen Preisabsprachen und hatten in allen wichtigen Häfen ihre Agenten: Neben den berühmten Karimi aus Kairo gab es im 15. Jahrhundert die leistungsfähigsten Kaufmannsgesellschaften in Gujarat und Malakka. In fast allen anderen Küstenregionen Indiens und Indonesiens bestanden ebenfalls Assoziationen, teilweise mit jahrhundertelanger Tradition.[110]

Die von Wolfgang Reinhard im ersten Band seiner Gesamtgeschichte der Europäischen Expansion vertretene Meinung, dass alle asiatischen Kaufleute, ob Araber oder Gujaratis, höchstens in der losen Organisationsform von Familienverbänden, im Unterschied zu europäischen Gewohnheiten aber nie in größeren Gesellschaften operierten, entbehrt der Grundlage.[111] Richtig ist nur, dass diese Kaufleute fast nie unter ›staatlicher‹ Kontrolle standen, die Herrscher der verschiedenen Länder am Indischen Ozean jedoch an Zolleinnahmen interessiert gewesen sein dürften.[112] Die daraus abgeleitete Idee einer generellen Distanz zwischen an Kommerz völlig desinteressierten Potentaten und ihren handeltreibenden Untertanen scheint durch neuere Forschungen aber ebenfalls widerlegt.[113]

Abgesehen von der auf vielen asiatischen Märkten wahrscheinlich wirklich etwas geringeren Markttransparenz und den daraus resultierenden Einschränkungen von kommerzieller Kalkulation und langfristiger Planung – man sollte allerdings auch große Teile des spätmittelalterlichen Europa in dieser Hinsicht nicht überschätzen – wich die Situation im Fernhandel Asiens nicht allzusehr von mediterranen und westeuropäischen Verhältnissen des 15. und 16. Jahrhunderts ab. Die erfahrenen asiatischen Kaufleute und Seefahrer unterhielten ein Handelsnetz, das zumindest teilweise bereits weit über das Stadium spekulativen Hausierens hinaus war. Zweifellos partizipierten viele kleine Kaufleute, die ihre Waren als Passagiere auf den Schiffen finanzkräftiger Schiffseigner begleiteten, am Asienhandel, sie bestimmten aber nicht seine Gesamtstruktur. »Gewiss erlaubte der Freihandel des Indischen Ozeans es nur in seltenen Fällen, dass wenige Großkaufleute den Markt beherrschen und Preisschwankungen weitgehend ausschließen konnten, aber das war ja auch in Europa nur den Monopolgesellschaften möglich.«[114]

Allerdings gibt es bisher tatsächlich keine Hinweise auf Unternehmungen, die im Organisationsgrad und hinsichtlich ihrer kommerziellen Techniken den größten oberitalienischen und oberdeutschen Bank- und Handelshäusern gleichkamen.[115] Ein Grund dafür könnte das außerhalb Chinas, gemessen an Westeuropa, nur rudimentär entwickelte Bank- und Kreditsystem gewesen sein – sofern sich dieser ›Rückstand‹ nicht schlicht als Forschungslücke erweist.[116]

In Summe gab es mehr Parallelen als Unterschiede zwischen Mittelmeer und Indischem Ozean, wie zuletzt Sanjay Subrahmanyam überzeugend dargelegt hat:

»Die Handelswelt im westlichen Indischen Ozean sollte aus portugiesischer Sichtweise nicht gänzlich unverständlich gewesen sein. Hier, wie schon im Mittelmeer, wurden Staaten vorgefunden, die, auf unterschiedlicher Stufenleiter, in geringerem oder höherem Einklang mit den Interessen der Händlergemeinde agierten. Religiöse Zugehörigkeit spielte eine gewisse Rolle für die Natur der Netzwerke und Gemeinwesen, war aber keinesfalls der einzige Faktor, der hierbei in Erwägung gezogen werden muss. Wenn die im Mittelmeer operierenden ›christlichen‹ Mächte unfähig waren, in gemeinsamer Abstimmung den Mamluken Ägyptens entgegenzutreten, dann war auch der Islam im Indischen Ozean keine Bindekraft, die vollständig die kommerziellen oder politischen Strategien bestimmte. Weitere Rivalen und deren Versuche, Einflusssphären aufzubauen, durchschnitten die scheinbaren Konturen der Solidarität und ermöglichten Verwerfungen, welche die Portugiesen zeitweise ausnutzen konnten, falls sie nicht selbst intern zu zerstritten waren.«[117]

Als folgenreicher sollte sich ein anderer, gut dokumentierter Unterschied zu Europa herausstellen: der im wesentlichen friedliche Charakter der Handelsschifffahrt im Indischen Ozean. Abgesehen von der auch militärisch schlagkräftigen chinesischen Flotte unter den Ming, wurden im gesamten Indischen Ozean nach 1300 nur vereinzelt bewaffnete Schiffe – meist zur Bekämpfung küstennaher Piraten – eingesetzt. Anders als die Hanseaten in Nordeuropa oder die Venezianer und Genuesen im Mittelmeerraum, segelten die Schiffe arabischer, persischer, jüdischer, indischer und indonesischer Händler in asiatischen Gewässern oft unbewaffnet und ohne Begleitschutz.[118] Die in der Regel friedliche Natur der Händler aus Gujarat und in Südindien schien portugiesischen Chronisten durchaus erwähnenswert.[119] Diese Situation erklärt sich nicht aus dem oft fälschlich unterstellten strukturellen Desinteresse der großen binnenasiatischen Reiche an Handelsfragen oder einer technologisch-organisatorischen Unfähigkeit, Kriegsschiffe auszurüsten. Vereinzelte Beispiele zeigen, dass es um 1500 im Indischen Ozean durchaus Ansätze für den Einsatz staatlich-militärischer Macht zur See gab.[120] Das Fehlen schlagkräftiger, staatlicher Kriegsflotten erklärt sich offenbar aus den herrschenden geopolitischen, strategischen und kommerziellen Verhältnissen bzw. Praktiken jener Ära. Sogar China hatte nach einem kurzen maritimen Zwischenspiel alle Aktivitäten eingestellt, die indischen Großreiche blieben meerabgewandt – die erfolgreichen Flottenoffensiven des überaus kriegstüchtigen Küstenimperiums Chola lagen Jahrhunderte zurück – und selbst die einstmals berühmten Kriegsgaleeren der Mamluken befanden sich im Niedergang und konnten ihre volle Stärke nur im Roten Meer und Persischen Golf ausspielen.[121] Nur die Osmanen sowie Japan verfügten über starke Kriegsflotten, operierten aber lediglich an den Rändern des Indischen Ozeans. Die Tradition eines militärisch gestützten Seehandels, wie sie sich in Europa jahrhundertelang und in China zumindest vorübergehend entwickelt hatte, fehlte in Asien am Ende des 15. Jahrhunderts fast völlig:

»Kurz gesagt, der Seefahrer und der Kaufmann des Indischen Ozeans stützten sich eher auf die Verträge, welche durch die lokale oder internationale Kaufleutegemeinschaft abgeschlossen worden waren, oder auf die Gruppe, zu der sie gehörten, um ihre Interessen zu wahren, als auf die Kraft ihrer eigenen Hände. Dieser Mangel einer kriegerischen Tradition zur See führt zur Erklärung, warum die Europäer, die aus Gegenden kamen, wo der militarisierte Handel alltäglich und normal war, ihre Gewalt in einer dermaßen wirksamen Art einsetzen konnten, dass sie Meere beherrschten und eine neue Ära im Indischen Ozean einleiteten.«[122]

SEEHERRSCHAFT UND HANDELSMONOPOL DER PORTUGIESEN

Der Vorstoß Vasco da Gamas in die Gewässer des Indischen Ozeans erfolgte zu einem für Portugal sehr günstigen Zeitpunkt. Trotz jahrhundertelanger Seefahrertradition und hochentwickelter Schiffstechnologie gab es infolge der spezifischen Gesellschafts-, Staats- und Handelsstrukturen um 1500 keine ozeantüchtigen bewaffneten Schiffe in Asien. Vijayanagar und die nordindischen Sultanate unterhielten überhaupt keine Kriegsflotten, die Galeeren des krisengeschüttelten Mamlukenreiches waren im Mittelmeer konzentriert und außerdem nur im Roten Meer bzw. Persischen Golf in Verbindung mit Landtruppen kampfstark, und das zum Isolationismus zurückgekehrte China ließ seine gefürchteten Dschunken verrotten. Sogar Ormuz, Cambay und Malakka, deren Prosperität als Stapelhäfen den ungestörten Handel zur See voraussetzte, unterhielten nur ausnahmsweise schlecht bewaffnete Kriegsschiffe, und dasselbe gilt für die Häfen Javas, deren leistungsfähige Schiffsindustrie sich an friedlichem Kommerz orientierte. Die Handelsflotten der Gujaratis, Perser, Araber und Indonesier umfassten sowohl ozeantüchtige Fahrzeuge als auch kleine Küstenboote, aber in den ersten Jahren portugiesischer Konkurrenz waren nicht einmal die größten Schiffe mit Artillerie ausgestattet. Ihre Rumpfkonstruktion hätte das Abfeuern schwerer Kanonen meist auch gar nicht zugelassen, da, anders als bei den chinesischen und manchen südostasiatischen Dschunken, nur ausnahmsweise Eisennägel zur Verbindung der Planken verwendet wurden.[123]

Gegen die im Verlauf der atlantischen Expansion kontinuierlich verbesserten Rundschiffe der Portugiesen, insbesondere Karavellen und Karacken – durchwegs mit leichter Artillerie für Defensiv- und Offensivzwecke bestückt – waren die verschiedenen asiatischen Schiffe, trotz eines kontinuierlichen Technologietransfers im Verlauf des 16. Jahrhunderts, im Konfliktfall stark unterlegen. So behinderte die For-

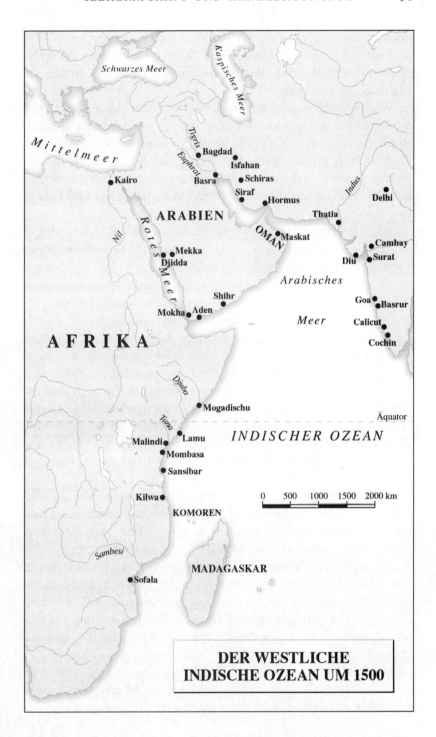

mierung einer mit allen vorhandenen Feuerwaffen ausgestatteten Flotte durch den Herrscher von Calicut Vasco da Gama zwar auf seiner zweiten Asienexpedition, konnte die Portugiesen aber nicht von der Malabarküste fernhalten.[124]

Wie zahlreich und wirkungsvoll die Geschütze der großen portugiesischen Flottenverbände zu Beginn des 16. Jahrhunderts tatsächlich waren, ist umstritten. Während Cipolla Portugals rasche Erfolge im Indischen Ozean vorrangig von dem überlegenen Schiffs- und Geschützmaterial ableitet, vertritt Parry die Meinung, dass die Bombardierung indischer Hafenplätze durch die Flotten Vasco da Gamas und Cabrals fast wirkungslos geblieben sei.[125]

Wie diese offene Frage auch entschieden werden mag: die Portugiesen besaßen eine überlegene, effizient bewaffnete Kriegsflotte, deren Logistik sich über einen langen Zeitraum entwickelt hatte. Und sie waren es gewohnt, einen militärgestützten Seehandel zu betreiben. Es lag daher nahe, den rasch erkennbaren Vorsprung an Kriegskompetenz im Indischen Ozean systematisch und konsequent einzusetzen.[126]

Eine lineare Herleitung des portugiesischen Asienimperiums aus waffentechnologischen Vorteilen vereinfacht die Anfänge der europäischen Expansion in Asien sicherlich in unzulässigem Maß. Gesichert ist lediglich, dass die islamischen Herrscher Ägyptens und der indischen Küstensultanate trotz großer Anstrengungen keine Flotten aufzubauen vermochten, die der portugiesischen Herausforderung gewachsen waren. Das Festhalten an der Konstruktion von Kriegsgaleeren, die prinzipiell für Binnenmeere konzipiert waren, Probleme bei der Holzbeschaffung, der Rückstand in der Produktion leichter Geschütze, unzulängliche Erfahrungen für die Kriegsführung auf offener See – all diese Faktoren trugen zu den Niederlagen islamischer bzw. indischer Flotten bei und erleichterten Portugal die Erringung einer klaren Vormachtstellung am Meer.[127]

Veranlasst durch eine Reihe spektakulärer Siege, meist gegen zahlenmäßig überlegene Gegner errungen, haben zeitgenössische Chronisten und in ihrem Gefolge viele Historiker die unbestreitbare Überlegenheit portugiesischer Waffen ebenso überzeichnet wie den ›unbändigen‹ Siegesdrang der Europäer. Neben Schilderungen des enormen Wagemuts portugiesischer Soldaten liefern die Quellen aber auch viele Hinweise auf geringe Kampfmoral, und trotz der hervorragenden Schiffe ließen sich mehrmals schwere Schlappen nicht vermeiden. Die Relativierung der militärischen Stärke der Portugiesen gilt natürlich noch viel mehr für das Festland, wo sie numerisch rettungslos unterlegen waren und über keine ›Wunderwaffen‹ verfügten. Lediglich der Aufbau einer schlagkräftigen Kavallerie konnte die prekäre Lage der Landtruppen in einigen Fällen erheblich verbessern: Wenn die Gegner entweder über keine Reiterei verfügten oder ihr Pferdenachschub, für den sie auf Überseeimporte angewiesen waren, ins Stocken geriet.[128]

Die militärischen Vorteile der Portugiesen auf offener See waren zweifellos Voraussetzungen des Erfolges, da die erste Konfrontation indischer und südostasiatischer Potentaten und Kauffahrer mit einer waffenstarrenden portugiesischen Karacke in aller Regel ein enormer Schock gewesen sein wird. Mindestens ebenso wichtig waren aber die Uneinigkeit der Opponenten sowie die allgemeine politische und ökonomische Situation der großen Reiche Indiens, Indonesiens und Ostasiens. Sowohl im gesamten Küstensaum des Indischen Ozeans als auch im Bereich des Indonesischen Archipels gab es zu Beginn des 16. Jahrhunderts vielfältige interne und zwischenstaatliche Rivalitäten, die zwar den internationalen Fernhandel kaum behinderten, den Aufbau des portugiesischen See- und Handelsimperiums aber wesentlich erleichterten.

Die Portugiesen erkannten sehr rasch den Vorteil, den die Friktionen zwischen Hindus und Moslems, zwischen sunnitischen Osmanen und schiitischen Persern, zwischen lokalen Potentaten an der Malabarküste, auf Ceylon und auf den Gewürzinseln, für ihre Pläne boten. Bereits in Ostafrika hatten sie die Sultane von Malindi gegen die mächtigen Herrscher von Mombasa unterstützt und auf diese Weise Bundesgenossen gewonnen. An der Malabarküste stärkten sie den Raja von Cochin gegen den Zamorin von Calicut, der die Oberherrschaft über die gesamte Region beanspruchte und zusammen mit islamischen Händlern seiner Stadt – vor allem die Gruppe der Mappilas militarisierte sich dauerhaft – gegen die portugiesischen Übergriffe erbitterten Widerstand leistete. Der Statthalter des wichtigen Hafens Diu in Gujarat zeigte sich schon im Jahre 1508 bereit, die von den Mamluken ins Leben gerufene islamische Abwehrliga zu verlassen und mit den Portugiesen zum eigenen Vorteil zusammenzuarbeiten. Sowohl bei der Eroberung von Goa als auch von Malakka verfügten die portugiesischen Angreifer über Bundesgenossen in der Stadt, die nicht nur Informationen lieferten, sondern sogar kämpfend eingriffen. Die Festsetzung auf den Gewürzinseln wäre ohne die traditionelle Rivalität zwischen den Sultanen von Ternate und Tidore wesentlich schwieriger gewesen und die ständigen Konflikte zwischen Tamilen und Singhalesen auf Ceylon waren der Anlass für die portugiesische Intervention, die eine jahrhundertelange Kolonialherrschaft durch Europäer einleitete.[129]

Die Vorherrschaft auf dem Meer und die sehr gelegen kommenden Rivalitäten potenzieller Gegner erleichterten es den portugiesischen Kapitänen, Gouverneuren und Vizekönigen, ein Kolonialsystem an den Rändern der Großreiche Asiens aufzubauen. Eine Voraussetzung des Erfolges war das Fehlen von Interessengegensätzen zu Vijayanagar, zu den großen nordindischen Sultanaten, zu China und in weiterer Folge sogar zu Persien und zum aufstrebenden Mogulreich. Die Konzentration der Portugiesen auf Schifffahrt und Handel und ihr realistischer Verzicht auf größeren Territorialerwerb machten die friedliche Koexistenz mit militärisch übermächtigen Binnenreichen möglich, deren Potentaten und Eliten an den Geschäften der Fernkaufleute und Seefahrer zwar durchaus interessiert waren, in diese aber nur wenig eingriffen, da sie sich stärker auf die Erwerbung von Land, die Ausbeutung der Bauern, die Abschöpfung des agrarischen Mehrwerts sowie das Funktionieren von Binnenhandel und Gewerbe konzentrierten.[130]

Sowohl Indien als auch China hatten mit ihren Landmassen soviel politisches und wirtschaftliches Eigengewicht, dass die Ansiedlung von Ausländern an ihren Küsten zunächst nur marginale negative oder auch positive ökonomische und geringfügige soziopolitische Konsequenzen hatte, sie aber weder im Lebensnerv treffen noch einen raschen sozioökonomischen Wandel einleiten konnte. Noch peripherer blieben die kulturellen Folgen. Selbst die islamischen Mogul-Kaiser, die nach 1526 den größten Teil Indiens eroberten, schonten die vielen kleinen portugiesischen Besitzungen. Akbar (1556–1605), dessen Macht von Afghanistan bis ins Innere Südindiens reichte, erzielte durch die Menge seiner Untertanen ein gewaltiges Steueraufkommen und tolerierte relativ unbeschwert die portugiesischen Einkünfte am Rande seines Reiches. Der zur völligen Vertreibung der Europäer notwendige Bau einer Flotte hätte in keiner Relation zum erzielbaren Nutzen gestanden und überdies gut etablierte Formen von Zusammenarbeit mit den kommerziell interessanten, politisch aber eher unbedeutenden Portugiesen zerstört.

Auch aus der Sicht Chinas waren die Portugiesen peripher: räumlich, weil sie weit entfernt von Peking lebten, und ökonomisch, weil auch für China die internen Wirtschaftsbeziehungen sowie die kontinuierlich fließenden Tribute der Nachbarvölker größere Bedeutung hatten als Import- und Exportgeschäfte, die man Anfang des 16. Jahrhunderts eher einzuschränken suchte. Bezeichnenderweise erlangten portugiesische Kaufleute und Funktionäre erst in der zweiten Hälfte des 16. Jahrhunderts einen stark eingeschränkten Zugriff auf den größten Markt der Welt. Der chinesische Binnenhandel soll zu jener Zeit größer als das gesamte Volumen des Handels in Europa gewesen sein. Wie im Fall von Indien und China mangelte es den großen, militärisch starken asiatischen Reichen – abgesehen vielleicht von Japan – an Motiven, die Portugiesen aus Indischem Ozean und Chinesischer See zu vertreiben.[131]

Während die Abschottung Chinas gegenüber Fremdeinflüssen die in diesem Fall militärisch hilflosen Portugiesen vor Probleme stellen sollte, erwies es sich als überaus günstig, dass es mit den indischen Reichen nicht nur wenige Konfliktpunkte, sondern sogar gemeinsame Interessen gab. Ein besonderer Glücksfall war diesbezüglich der Herrscherwechsel in Vijayanagar im Jahr 1509. Der tatkräftige König Krishnadeva band mit seiner Expansionspolitik die Kräfte der Nachbarfürstentümer, darunter auch Bijapur, zu dessen Territorium der Hafen Goa gehörte. Das Hauptinteresse Krishnadevas galt der fruchtbaren Ostküste; die portugiesischen Aktivitäten an der Westküste tangierten ihn dagegen kaum. Allein der Import von Pferden aus Persien und Arabien für seine umfangreiche Kavallerie lenkte sein Augenmerk auf die westlichen Stapelhäfen, und in dieser Hinsicht sollten die Portugiesen für ihn bald wertvolle Partner werden.[132] Dies auch aus einem weiteren Grund: Da eine effiziente Besteuerung der Landwirtschaft durch die indischen Potentaten den kontinuierlichen Zufluss von Edelmetallen voraussetzte, waren die Herrscher von Vijayanagar, die Sultane des Dekkan und insbesondere die Großmoguln an florierendem Handel mit dem Ausland interessiert. Es konnte ihnen aber eher gleichgültig sein, wer diesen betrieb.[133]

Das ›niedrige Profil‹, das die Portugiesen den Großmächten in Süd- und Ostasien präsentierten, öffnete ihnen die notwendigen Freiräume. Abgesehen von den Mamluken und später den Osmanen, für die der Indische Ozean aber nur ein Nebenkriegsschauplatz war, bekämpften sie keine großen Reiche, sondern lokale Fürsten und Händlergruppen wie den Zamorin von Calicut und die Mappilas von Malabar. Solange die portugiesischen Forderungen in Grenzen blieben, erwies sich für Letztere die Kooperation oft als vorteilhafter als eine risiko- und

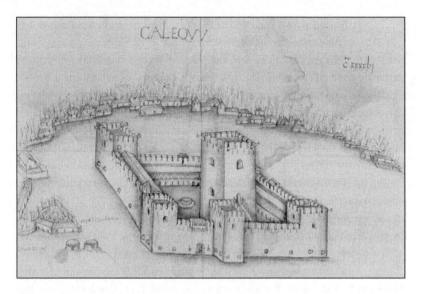

Calicut

kostenreiche Konfrontation, die kommerziell immer ein Verlustgeschäft blieb.

Unter den geschilderten Umständen überrascht es nicht, dass die Portugiesen ihre Handels- und Missionsziele, besonders im Westen des Indischen Ozeans, von Anfang an auch mit gewaltsamen Methoden anstrebten. In den Instruktionen der portugiesischen Könige für ihre Flottenkommandanten finden sich zwar durchaus Hinweise auf den Aufbau friedlicher Handelsbeziehungen und auf die Absicht einer unblutigen Verbreitung des Glaubens, sie lassen aber gleichzeitig keinen Zweifel daran, dass man den wirtschaftlichen, politischen und ideologischen Forderungen gegebenenfalls mit Kanonen den nötigen Nachdruck verleihen sollte. Bereits Vasco da Gama und Cabral kamen zu dem Schluss, dass die Zusammenarbeit zwischen islamischen Händlern und Schiffsbesitzern, reichen Hindukaufleuten und Rajas am raschesten durch Gewalt aufzubrechen sein würde. Die Expeditionen der folgenden Jahre trugen dieser Erkenntnis mit einer Kette von Gräueltaten Rechnung.[134]

Dass der gezielte Terror der portugiesischen Flotten als Kreuzzug gegen den Islam interpretiert werden kann, ist umstritten, aber durchaus wahrscheinlich. Der Messianismus und die politischen Konzepte König Manuels legen diese Deutung jedenfalls nahe.[135] Wie dem auch sei: An handfesten politischen und materiellen Interessen fehlte es bei der Bombardierung von Küstenstädten, bei der Kaperung von Handelsschiffen und bei der Ermordung von Schiffsbesatzungen, Kauffahrern oder Pilgern jedenfalls nicht. Es ist gut möglich, dass die zeitgenössischen Berichterstatter die ›Heldentaten‹ der Portugiesen in apologetischer Absicht übertrieben und dadurch der Nachwelt ein verfälschtes, die alltägliche Brutalität kolonialer Expansion übersteigerndes Bild überlieferten. Spätestens seit der Rückkehr der zweiten Flotte unter Cabral ist aber am nicht bloß habituellen, sondern planvollen Gewaltcharakter der von Lissabon gegen den traditionellen Asien- und Levantehandel dirigierten Aktionen, entgegen der von Boxer in einem älteren Werk vertretenen und später revidierten Meinung, nicht zu zweifeln[136].

Die Flotte Cabrals, die Lissabon im März 1500 verließ, bestand aus dreizehn bewaffneten Schiffen mit einer Besatzung von 1200–1500 Männern, in der Mehrzahl gut ausgebildete Soldaten, von denen viele schon vorher durch die Schule der außergewöhnlich grausamen Kriege in Marokko gegangen waren. Nach dem Willen König Manuels wurde Malindi weiterhin freundschaftlich behandelt, in Calicut dagegen vernichtende Macht demonstriert. Wieder in Lissabon, löste Cabrals Bericht eine Grundsatzdebatte aus, in der König Manuel die Fortsetzung der antiislamischen Indienpolitik durchsetzte und die Idee friedlichen Handels zugunsten eines mit Flottengewalt erzwungenen Monopolanspruchs aufgegeben wurde. Prophylaktischer Terror war demgemäß das Prinzip der nächsten Expedition. Vasco da Gama zögerte daher keinen Augenblick, die zivilen Passagiere eines aufgebrachten islamischen Schiffes mit der gesamten Fracht zu verbrennen, nachdem er zwanzig Kinder zum Zwecke der Taufe aussortiert hatte.[137]

Mit dem massiven Einsatz von Gewalt waren alle nur denkbaren Formen der Plünderung verbunden. Besonders in der ersten Phase portugiesischer Präsenz war unverhüllter Raub, an dem sich Kapitäne, Mannschaften und Soldaten beteiligten und der auch vor den Tempeln befreundeter indischer Herrscher nicht Halt machte, auf der Tagesordnung. Beutezüge zur See und auf den Land mussten nicht unbedingt einem strikten politischen, religiösen oder wirtschaftlichen Konzept der Krone entsprechen. Sie erlaubten den *fidalgos*, d. h. den an den Asienfahrten teilnehmenden Mitgliedern des niederen Adels, ihre Einkünfte auf gewohnte Weise wie in Nordafrika oder am Atlantik aufzubessern, was letztlich die Kasse des Königs in Lissabon schonte. Später rückten Tributforderungen immer mehr in den Vordergrund: Wie man in Marokko Getreide eingetrieben hatte, verlangte man nun Perlen in Ormuz und Zimt auf Ceylon.[138]

Langfristig ging es allerdings nicht um den Aufbau eines Plünderungs- und Tributsystems im Stile der Wikinger, sondern um die Errichtung eines Handelsmonopols auf Kosten der etablierten asiatischen Kaufleute und der Levanteroute. Dieses Ziel konnte aber infolge des unzulänglichen Entwicklungsstandes von Portugals Wirtschaft nicht oder nur mit Mühe durch militärisch gestützten kommerziellen Wettbewerb angestrebt werden, etwa nach dem Muster von Venedig und Genua in der Levante. Die politische Kontrolle von Angebot und Nachfrage, die Blockade von Häfen und Meeresrouten, die Forderung hoher Abgaben und die dadurch bewirkte Erhöhung der Schutzkosten sollten Araber, Perser, Gujaratis und andere asiatische Händler aus dem Luxusgütergeschäft drängen. Der Aufbau eines Pfeffer- und Gewürzmonopols und die Blockade der Levanterouten – ein bereits aus dem Mittelalter stammendes genuesisches Konzept, das Kreuzzug und Profit ideal verband – erforderten zwar hohe Systemkosten, versprachen aber auch große Gewinne, trafen sowohl die Mamluken als auch deren venezianische Partner und waren ganz nach dem Geschmack adeliger Abenteurer.[139] Dies alles war auf friedlichem Weg kaum zu erreichen, sondern setzte systematische Gewalt voraus. Was man in Rom als Kreuzzug gegen den Islam anpries, war zugleich ein Kreuzzug um Pfeffer und Gewürze.

Nachdem Vasco da Gamas Rückkehr nach Lissabon die Idee einer erfolgversprechenden Gewürzroute ums Kap der Guten Hoffnung bestätigt und Cabrals Expedition die Ansprüche Portugals drastisch demonstriert hatte, setzte mit dem Auslaufen der bisher größten Flotte im Jahre 1502, erneut unter dem Kommando von da Gama, die eigentliche Ära portugiesischer Machtentfaltung im Indischen Ozean ein. Diese vollzog sich mit einiger Skrupellosigkeit, enormer Geschwindigkeit und großem Erfolg. Obwohl sowohl der König und seine Ratgeber als auch die Konquistadoren anfänglich nur über allgemeine, teilweise recht vage Konzepte verfügten, gelang es in relativ kurzer Zeit, eine Vormachtstellung zur See zu erringen, ein ›Kolonialreich‹ aus Festungen und Handelsniederlassungen aufzubauen und regelmäßig Gewürztransporte nach Europa zu organisieren. Die Realisierung der mehrfach revidierten portugiesischen Pläne vollzog sich zunächst in drei Etappen in den Jahren 1502 bis 1515. Dies ist gut dokumentiert und in allen Standardwerken ausführlich dargestellt.[140] Einige Hinweise scheinen aber dennoch angebracht.

In einer ersten Etappe bis zum Jahr 1505 sicherten alljährlich auslaufende, mit Soldaten und Kriegsmaterial vollgestopfte große Flotten die seit Cabral etablierten Positionen in Ostafrika und an der Malabarküste. Der wichtige Stützpunkt in Cochin, über den die Portugiesen seit Abschluss eines Freundschafts- und Handelsvertrages mit dem Raja verfügten, wurde erfolgreich gegen Angriffe des Zamorin von Calicut verteidigt und dessen zäher Widerstand fürs Erste gebrochen. Die schroffe Vorgehensweise gegen den Zamorin, der lediglich zu Kompromissen, nicht aber zur Unterwerfung bereit war, sollte offenbar den Kooperationswillen anderer Fürsten der Malabarküste erhöhen, was im Fall des wichtigen Pfefferhafens Cannanore tatsächlich gelang.[141]

Portugals Strategie in dieser ersten Phase, während der der Schiffsverkehr auf der Kaproute sprunghaft anstieg, war relativ einfach. Wo immer dies möglich war, wollte man friedlichen gewinnbringenden Handel treiben – falls erforderlich, sollte Zwang eingesetzt oder Krieg geführt werden. Dies erforderte Flexibilität, rasch wechselnde Allianzen mit einheimischen Fürsten und Eliten sowie vielfältige organisatorische und räumliche Adaptionen. Die kommerzielle Achse Lissabon–Malabar musste fast umgehend um Ostafrika erweitert werden, wo man für Textilien aus Gujarat jenes Gold bekam, das man zum Ankauf des begehrten Pfeffers dringend brauchte. Erste Faktoreien in Cochin und Cannanore wurden bald durch Festungen ergänzt.[142]

Seit 1504 setzte sich in Lissabon die Ansicht durch, dass die Sicherung des Pfefferhandels und die möglichst lückenlose Blockierung der Levanteroute ein umfangreiches Stützpunktsystem, die ständige Präsenz von zwei Kriegsflotten in asiatischen Gewässern sowie ein Mindestmaß schlagkräftiger Landstreitkräfte erfordere. Im März 1505 brach Francisco de Almeida, der da Gamas Fraktion nahe stand, als erster Vizekönig nach Indien auf, um diese in seinen Anweisungen aufgelisteten Ziele zu verwirklichen. In seiner Amtszeit, die trotz mancher Fortschritte bisweilen als Phase relativer Inaktivität gilt, wurde Portugals Flottenmacht an Ostafrikas Küste endgültig gesichert, die Kontrolle der Malabarküste verstärkt und die Blockade des Roten Meeres mit wechselndem Erfolg begonnen. Der Abschluss eines Bündnisses mit Vijayanagar, von dessen Herrscher angebahnt, wurde von Almeida verabsäumt. Nach Klagen von Zeitgenossen soll er sich von seinem

Hauptquartier in Cochin aus mehr für Handelsfragen als für politische Allianzen interessiert haben.[143]

Nach der Niederlage eines portugiesischen Geschwaders gegen die nach mehrjähriger Rüstung kampfbereite ägyptische Flotte bei Chaul im Jahre 1508, bei der Almeidas Sohn ums Leben kam, gelang dem Vizekönig 1509 der entscheidende Sieg in der Seeschlacht vor Diu, in deren Verlauf die zahlenmäßig überlegene islamische Flotte der Mamluken und indischen Küstenfürsten völlig vernichtet wurde. Die versteckte venezianische Hilfe für die islamischen Verbände konnte die waffentechnologisch-strategische Überlegenheit der Portugiesen nicht wettmachen. Kairo gab nach der Niederlage nicht auf, wurde aber beim Bau einer neuen Flotte empfindlich durch die Johanniter behindert und musste sich bald darauf völlig auf die Abwehr der expandierenden Osmanen konzentrieren.[144] Dies bedeutete einerseits eine jahrzehntelang fast uneingeschränkte Seeherrschaft der Portugiesen im westlichen Indischen Ozean, da bis zum Auftauchen schlagkräftiger osmanischer Flotten mehr als ein Vierteljahrhundert verstrich. Andererseits verstärkte sich in der Folge auch der portugiesische Druck auf die Hafenstädte von Gujarat, deren Kommandanten und Händler Konflikte möglichst vermieden, da sie ihr an maritimen Problemen uninteressierter Sultan nicht unterstützte.[145]

Im Süden bereitete Almeida eher halbherzig die spätere Invasion Ceylons vor, was von erheblicher strategischer und ökonomischer Bedeutung war, obwohl die von Lissabon angeordnete Errichtung eines Forts unterblieb. Für eine effiziente Blockade des Roten Meeres fehlten, trotz ständiger Kaperfahrten und der Eroberung der vorgelagerten Insel Sokotra, die Voraussetzungen, da Aden in islamischer Hand blieb. Die Kontrolle des Persischen Golfes wurde noch nicht ernsthaft angestrebt, ein eher zufälliger Angriff auf Ormuz unter Leitung von Albuquerque schlug fehl. Die königliche Anweisung, Malakka einzunehmen, wurde von Almeida entweder in ihrer Bedeutung nicht erkannt, infolge mangelnder Ressourcen nicht befolgt oder gar nicht ernsthaft erwogen. Der Vizekönig hatte bei seinem Amtsantritt als verlässlicher Anwalt königlicher Pläne gegolten, die unter anderem die Etablierung eines Festungsgürtels von Arabien bis Südostasien vorsahen. In Malabar angekommen, änderte er jedoch allmählich seine Meinung, um schließlich 1508 an König Manuel zu schreiben: »Je mehr Festungen Sie errichten, umso schwächer werden Sie sein ...«. Trotz der aufgezählten Mängel brachten die Amtsjahre Almeidas eine weitere Festigung der portugiesischen Position im Indischen Ozean. Den Asiaten der Küstengebiete war klar geworden, dass die Portugiesen nicht vereinzelte Plünderungs- und Handelsfahrten unternahmen, sondern eine dauerhafte Seeherrschaft und ein striktes Handelsmonopol aufbauen wollten. Sie bekamen auch die Konsequenzen der ›Gesetze‹ des Königs im fernen Lissabon zu spüren, wonach Schiffsverkehr und Pfefferhandel künftig ausnahmslos an seine Erlaubnis gebunden sein sollten.[146]

Zu einem stabilen und effizienten Kolonialsystem, das erst im 17. Jahrhundert durch die Angriffe der Niederländer in große Probleme geriet, wurde Portugiesisch-Indien in den Jahren 1509 bis 1515 unter dem Gouverneur Afonso Albuquerque. Als neuer Typ des ›Kolonialpioniers‹, der vier Jahre lang die Kreuzfahrten und Terroraktionen einer Flotteneinheit kommandiert hatte, und als treuergebener Funktionär seines Königs, orientierte er seine Aktionen hauptsächlich an den Bedürfnissen des Estado da India, dessen innere Konsolidierung sein Lebensziel war.[147]

Tatsächlich fallen in Albuquerques Amtszeit die langfristig wichtigsten Eroberungen und organisatorischen Maßnahmen, sodass er neben Vasco da Gama als der große Held des portugiesischen Vorstoßes nach Asien gilt. Im Unterschied zu Vasco da Gama präsentierte sich Albuquerque jedoch als Anhänger der universalistisch-messianischen Ideen König Manuels und suchte den Zentralismus der Krone in den Indischen Ozean zu verpflanzen. Da Ägypten blockiert und Mekka zerstört werden sollten, galt es Allianzen mit christlichen Herrschern zu suchen, den königlichen Gewürzhandel – vorrangig auf Schiffen der Krone und ohne allzugroße Privatbeteiligung – durch ein militärisch durchgesetztes Monopol zu befördern und ein dichtes Netz von Festungen sowie Faktoreien aufzubauen. Albuquerque wollte sich vor allem auf persönliche, teilweise italienische Ratgeber stützen und die weitgehend autonomen königlichen Funktionäre der portugiesischen Stützpunkte möglichst zurückdrängen, was ebenso zu massiver Opposition führte wie die Beschneidung des Privathandels. Diese pragmatischen Ideen Albuquerques gingen weit über die Instruktionen Lissabons hinaus, obwohl er der Krone absolut ergeben war. Sie resultierten vor allem aus der Einsicht, dass der Kampf gegen den Islam eine starke Position in Indien erforderte und dass der Innerasienhandel mittelfristig höhere Profite versprach als die Kaproute.[148]

Auf der Suche nach einer Hauptstadt wurde bereits 1510, auf Anraten eines Hindu-Korsaren, Goa dem Sultan von Bijapur entrissen. Das

›goldene Goa‹ ersetzte bald Calicut als wichtigsten Handelshafen zwischen Cambay und Kap Komorin. Sein Hafen erwies sich auch als überaus günstiger Umschlagplatz für die Lieferung arabischer und persischer Pferde in die Dekkan-Sultanate und auch nach Vijayanagar, dessen Versorgung durch Bhatkal aber wahrscheinlich nicht gänzlich unterbunden werden konnte. Ein Jahr später gelang die Eroberung von Malakka, dessen Sultan ins Hinterland floh. Damit befand sich der wichtigste Gewürzmarkt Südostasiens, aber auch die Kontrolle der Meerenge zwischen Indischem Ozean und Chinesischem Meer in portugiesischer Hand. Eine analoge, gegen Aden gerichtete Aktion im Westen verlief 1513 ergebnislos und auch Diu konnte nicht eingenommen werden. Knapp vor seinem Tod gelang Albuquerque noch die Festsetzung in Ormuz, dessen portugiesische Festung aber nicht den Persischen Golf sperren, sondern nach einer eventuellen Einnahme von Aden einen gänzlich umgelenkten Levantehandel schützen und besteuern sollte. An der Malabarküste schloss Albuquerque Frieden mit Calicut, der zwar nur einige Jahre hielt – der Zamorin und die islamischen Kaufleute der Stadt blieben immer unversöhnliche Gegner der Portugiesen und aller nachfolgenden Europäer –, zusammen mit der Förderung Goas aber doch einen merklichen Bedeutungsverlust von Cannanore und Cochin einleitete. Neben diesen Erfolgen, die sowohl von der rastlosen Tatkraft des Gouverneurs als auch von der konsequenten Realisierung grandioser Pläne und Konzepte Zeugnis ablegen, gelangen den Portugiesen ab 1511 die ersten Erkundungsfahrten zu den Gewürzinseln und bereits 1513 erreichte der erste von Albuquerque nach China entsandte Botschafter Kanton.[149]

Abgesehen von Aden hatte das portugiesische Stützpunktsystem beim Tode von Albuquerque die von König Manuel und seinem loyalen Gouverneur erträumte Gestalt zumindest im Kern angenommen: eine nicht allzugroße Zahl von Festungen, ergänzt durch eine Reihe befestigter und unbefestigter Faktoreien, von denen Cochin an Indiens Westküste die bekannteste war. Dazu kam – ganz unterschiedlich zur spanischen Kolonialpolitik etwa auf den Philippinen – ein maßvoller Territorialbesitz, zunächst im Hinterland von Goa. In der Folge wurden noch zahlreiche Festungen und Handelsniederlassungen angelegt und weitere Territorien gewonnen, ein erster Rahmen des Estado da India war aber seit Albuquerque abgesteckt. Das Ziel der strategisch wohlüberlegten Stützpunkt- und Eroberungspolitik war die Lenkung des vorgefundenen Asienhandels zum Zwecke von Besteuerung und teilweiser Beherrschung. Die kontrollierten Hafenplätze wurden demgemäß keineswegs zufällig annektiert, sondern erfüllten spezifische Funktionen. Sofala war als Stapelplatz für ostafrikanisches Gold wichtig, Ormuz ermöglichte unter anderem den Anschluss an Zentralasiens Märkte und war überdies ein hervorragender Mautplatz, Goa vermittelte zwischen den Dekkan-Sultanaten und dem Nahen Osten, Cochin erschloss den Malabarpfeffer, Malakka lieferte ganz offensichtlich den Schlüssel zu Südostasiens Märkten. Die spätere Erwerbung von Diu und Colombo orientierte sich an Gujarats Baumwoll- und Seidentextilien bzw. an Ceylons Zimtvorkommen. In den genannten Fällen handelte es sich fast durchwegs um primäre Knotenpunkte der Fernhandelsrouten des Indischen Ozeans und dies trifft auch für alle bis zum Ende des 16. Jahrhunderts noch hinzukommenden Forts, Faktoreien und Häfen zu.[150]

»Großteils waren die weiteren Erwerbungen das Ergebnis von Initiativen der großen Gouverneure (beispielsweise aus Diu), oder sie lagen innerhalb der von Albuquerque etablierten Einflusslinien portugiesischer Streitkräfte (zum Beispiel Ceylon, entlang der Hauptkommunikationslinie zwischen Goa, Cochin und Malakka). Sogar die portugiesischen Stützpunkte im malaiischen Inselarchipel waren das Ergebnis von Erkundungsunternehmungen, wie jene Expedition, die 1511 von Malakka ausgesandt wurde. Andererseits wurden die Posten in China und Japan durch weitgereiste Händler und Männer der Kirche gegründet und waren kein Ergebnis königlicher oder vize-königlicher Initiativen. Sie waren auch nicht Zentren portugiesischer Macht.«[151]

Dies bedeutet freilich nicht, dass damit die Ausformung eines in der Folge nur noch wenig veränderten portugiesischen Handels- und Kolonialsystems, später Estado da India genannt, im Wesentlichen abgeschlossen war. Im gesamten 16. Jahrhundert wurden neue Stützpunkte erobert und die regionalen Schwerpunkte immer wieder modifiziert. Zu diesen geographischen Verschiebungen gesellte sich ein kontinuierlicher Wandel der Administrations- und Handelsstrukturen. Der Estado war weder strategisch noch monolithisch. Er war kein frühes territoriales Kolonialreich, sondern ein Stützpunktsystem, das weniger der Erbeutung oder Produktion von Gütern als deren

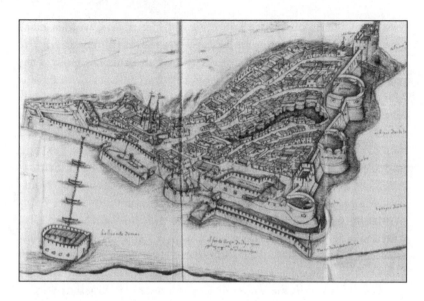

Ansicht der Stadt und Festung Diu

gewinnbringender Distribution diente, was vielfältige Beziehungen zu verschiedensten Gesellschaften erforderte. Diese Kontakte unterlagen ständigen Modifikationen infolge wechselnder ökonomischer Erfordernisse, kolonialpolitischer Konzepte sowie auf Grund heftiger Fraktionskämpfe innerhalb des Estado. All dies wurde begleitet von folgenreichen Veränderungen in Portugal selbst sowie in den Staaten und Gesellschaften in der Welt des Indischen Ozean. Albuquerques Erfolge für die Krone werden dadurch nicht bestritten, wohl jedoch in ihren langfristigen Folgen relativiert.[152]

Portugals militärische Anstrengungen, die in recht kurzer Zeit zum Erfolg geführt hatten, sicherten nicht automatisch die angestrebten ökonomischen Vorteile, obwohl sich der Handel auf der Kaproute seit der zweiten großen Indienflotte als recht profitabel erwies. Hauptziel der Flottenexpeditionen in den Indischen Ozean und der Festsetzung an den wichtigsten Küstenplätzen war es ja, den Pfeffer- und Gewürzhandel Asiens zum Nachteil der etablierten einheimischen Kaufleute zu monopolisieren, den Karawanenhandel durch die Levante durch die Forcierung der Kaproute abzuwürgen und die Zwischenhandelsgewinne der Gujaratis, Perser, Araber, Venezianer etc. in Monopolprofite für Lissabon zu verwandeln.

Diese Pläne hätten eine lückenlose Kontrolle aller wichtigen Produktionsgebiete, Marktplätze, Umschlaghäfen und Seewege, aber auch die ständige Überwachung der eigenen Funktionäre erfordert, was im gesamten 16. Jahrhundert unerreichbar blieb bzw. immer klarer als Illusion erkannt wurde. Die energischsten Schritte zur Durchsetzung der Monopolansprüche wurden in den ersten Jahrzehnten portugiesischer Präsenz im Westteil des Indischen Ozeans gesetzt, indem man mit einer Mischung von Terror und Verhandlungsstrategie den in Lissabon oder auch an Ort und Stelle ersonnenen Reglementierungen Geltung verschaffen wollte. Die Grundzüge der portugiesischen Monopolpolitik sind in einem Dekret König Manuels aus dem Jahre 1520 besonders prägnant formuliert, in dem lapidar festgehalten wird, dass es allen Kapitänen und Funktionären Portugals ebenso wie allen muslimischen und christlichen Kaufleuten oder Frächtern der Region strikt untersagt ist, mit Pfeffer, Ingwer, Zimt, Muskat oder Seide Handel zu treiben oder diese und weitere Luxusgüter auch nur zu transportieren.[153]

Es handelt sich im Wesentlichen um die Zusammenfassung der Verbote von zwanzig Jahren. Deren unaufhörliche Wiederholung im weiteren Verlauf des Jahrhunderts belegt, wie weit man von der Befolgung der königlichen Anordnungen und Gesetze entfernt blieb und wie unrealistisch man in Lissabon die Lage in Asien einschätzte. Im Vorgriff auf Erstrebtes nannte sich König Manuel schon seit 1499 »Herrscher über Guinea und die Eroberungen der Schifffahrt und des Handels von Äthiopien, Arabien, Persien und Indien«, und knapp nach der Jahrhundertwende hatte er die Gewässer der Kaproute und Asiens zum »Mare Claustrum«, zum geschlossenen Meer, erklärt, das nur Portugal benützen dürfe. Die in solchen Handlungen zum Ausdruck kommenden, übersteigerten Ansprüche konnten nie erfüllt werden, galten aber als Rechtsgrundlage für unzählige Plünderungsaktionen und den Aufbau eines umfassenden Besteuerungs- bzw. Tributsystems.[154]

Die Durchsetzung eines von Lissabon angestrebten weitgehenden Monopols auf den Märkten und Seerouten Asiens scheiterte nicht vorrangig an bewaffnetem Widerstand und zu geringen portugiesischen Machtmitteln, um diesem zu begegnen, sondern an der Größe des zu kontrollierenden Raumes, der fehlenden kommerziellen Überlegenheit und den Interessengegensätzen zwischen Mutterland und Estado, zwischen Staat und Privatleuten.

Selbst die ausgezeichnete Flotte der Portugiesen konnte den etablierten Handel, der Ägypten, Persien, das Osmanische Reich und die europäischen Länder mit den Gütern Indiens und Südostasiens versorgte, nicht langfristig unterbinden. Im Kernbereich portugiesischer Macht blieb die Blockade des Roten Meeres unvollständig; eine effiziente Kontrolle der Küste von Gujarat verschlang zuviel Geld und beschwor ab 1520 osmanische Interventionen geradezu herauf, sodass Diu schon bald nach 1509 wieder Pfeffer und Gewürze zum Roten Meer lieferte. Eine insbesondere Persien treffende Sperre des Persischen Golfes mit Hilfe der Festung in Ormuz kam aus politischen Gründen nicht in Frage, da man Persien als Verbündeten gegen die Mamluken und später gegen die Osmanen gewinnen wollte.[155] Sogar in der Blütephase portugiesischer Macht war es nicht allzu schwer, die portugiesischen Kontrollen zu umgehen, wie ein Beispiel zeigt: Im Jahre 1513 wurde der König informiert, dass der Kupferpreis in Indien enorm gestiegen sei, da es fast keinen Nachschub auf der Levanteroute gebe. Nur ein Jahr später herrschte in Diu Überfluss an billigem Kupfer. Gleich mehrere Schiffe hatten mit der begehrten Fracht das Rote Meer passiert und waren unbehelligt nach Gujarat gelangt.[156]

In den Gewässern östlich von Kap Komorin an Indiens Südspitze und im Bereich des Indonesischen Archipels waren nur unregelmäßige Patrouillenfahrten, die Verteidigung von Malakka sowie die Erwerbung von Stützpunkten oder Faktoreien auf den wichtigsten Gewürzinseln möglich. Portugiesische Festungen waren in dieser Region eine rare Ausnahme. Wahrscheinlich verfolgte man im Ostteil des Indischen Ozeans in realistischer Einschätzung der Verhältnisse keine anspruchsvollen militärischen Ziele.[157]

Die Expansion nach China und Japan schließlich, die in der zweiten Hälfte des 16. Jahrhunderts ökonomisch äußerst bedeutsam wurde, erforderte den Verzicht auf wie immer geartete Monopolansprüche, da die Portugiesen froh sein mussten, an den Küstenplätzen der ostasiatischen Reiche überhaupt geduldet zu werden.[158] Bei den ersten Vorstößen portugiesischer Schiffe von Malakka zur südchinesischen Küste war man seit 1514 auf eine friedliche Agrarbevölkerung gestoßen, die eine ähnliche Vorgehensweise wie in Afrika oder Indien zu erlauben schien. Während eine Delegation in die Hauptstadt aufbrach, begann eine andere Gruppe mit der Errichtung eines Forts, erhob Monopolforderungen und bestand auf Zwangsarbeit. Die anfänglich freundliche chinesische Zentralregierung reagierte heftig. Die Portugiesen wurden aus dem Land gejagt und ihre Flotte erlitt in den Jahren 1521 und 1522 empfindliche Niederlagen gegen völlig unterschätzte Küstengeschwader alter Kriegsdschunken.[159] Erst auf friedlichem Weg und nach Vorarbeit von Privathändlern gelang es den Portugiesen später, regelmäßige Handelskontakte mit China und Japan aufzubauen.

Die Blockade bzw. Kontrolle von Seewegen und Stapelhäfen, die im Fall der Malabarküste sowie des asiatischen Direkthandels zwischen Malakka und dem Roten Meer seit etwa 1510/13 mit Nachdruck betrieben wurde, lag im Interesse des königlichen Pfeffer- und Gewürzmonopols auf der Kaproute, entsprach aber nur sehr beschränkt den Bedürfnissen der Verwaltung des Estado da India und behinderte viele in Asien ansässige Portugiesen bei ihren, nach dem Maßstab Lissabons, illegalen Handelsaktivitäten. Die Ausnahmen, die die Krone gelegentlich für den Pfeffer- und Gewürzhandel von Privatleuten sowie für Schiffsbesatzungen und Funktionäre des Estado aussprach, betrafen nur kleine Mengen. Seit der Amtsführung von Albuquerque (1509–1515), der seine Landsleute einem harten Regime unterworfen hatte, entwickelten die in Asien befindlichen portugiesischen Privatpersonen und Beamten vielfältige Methoden, die Verbote des Mutterlandes zu unterlaufen. Wenig später wurden entsprechende Praktiken so alltäglich, dass sie die Krone stillschweigend überging und schließlich sogar bei ihrer Kolonialpolitik in Rechnung stellte.[160]

Viel gravierender war, dass die Verwaltung des Estado da India seit den Anfängen mit den geringen Mitteln aus Portugal nicht auskam und daher eigene Einnahmen erschließen musste. Dieser Tatbestand und seine weitreichenden Konsequenzen, die für eine Einschätzung des Charakters des portugiesischen Kolonialsystems äußerst wichtig sind, bedarf noch eingehender Erörterung. Vorweggenommen sei jedoch, dass die Aufbringung der erforderlichen Mittel die Kontrolle und Besteuerung, nicht aber die Lahmlegung des traditionellen Asienhandels erforderte. Die strike Durchführung der Verbote des Königs war daher in Goa gar nicht wünschenswert. Dass man in Ormuz den Levantehandel nicht unterband, sondern durch dessen Besteuerung maßgeblich zum Budget von Portugiesisch-Indien beitrug, deckte sich mit der Persien-Politik der Krone. In vielen anderen Fällen lockerten Vizekönige und Gouverneure aber das Handelsmonopol gegen den Willen von Lissabon, wo sich erst allmählich die Einsicht durchsetzte, dass auf diese Weise nicht nur die Kolonialverwaltung zu finanzieren war, sondern auch Portugals Staatseinnahmen gesteigert werden konnten.¹⁶¹ Magalhães-Godinho vermutet sogar, dass Albuquerque im Jahre 1513 die Besetzung von Aden absichtlich unterließ, da er die Bedeutung eines besteuerbaren Mekkahandels für die Finanzierung des Estado bereits erkannt hatte und die vom König geforderte Blockade des Roten Meeres nicht weiter verschärfen wollte.¹⁶²

All diese Faktoren machen verständlich, wieso der etablierte Asienhandel trotz der portugiesischen Seeherrschaft im 16. Jahrhundert auf vielen alten, aber auch auf neuen Routen florierte. Nicht selten wichen die traditionellen Händlergruppen einfach auf unkontrollierte Märkte und Seewege aus. In anderen Fällen arrangierten sie sich mit portugiesischen Funktionären oder sie bequemten sich zur Bezahlung von Hafensteuern und Schutzbriefen, um ganz legal ihren Geschäften nachgehen zu können.¹⁶³ Nur ausnahmsweise wurden vormals lukrative Handelsverbindungen fast völlig aufgegeben: beispielsweise der direkte Schiffsverkehr von Malakka und Calicut ins Rote Meer. Portugals Kontrollen funktionierten am besten vor der Malabarküste, sodass der Nachschub an indischem Pfeffer für den Karawanenhandel bis in die 30er-Jahre spürbar reduziert wurde. Die Gewürze Südostasiens und der Pfeffer Sumatras wurden viel weniger von der Levanteroute abgehalten, da man die komplexen Handelskreisläufe dieser Region nicht alle unterbinden konnte, ohne dem eigenen Kolonialsystem schweren Schaden zuzufügen.

»Die portugiesische Blockade wurde vor allem in dem Bereich wirksam, der den Pfeffer betraf; die anderen fernöstlichen Gewürze konnten viel öfter die syrisch-ägyptischen Märkte erreichen. Dazu ist noch zu bemerken, dass es vor allem der Pfefferhandel war, den der portugiesische Staat verbieten wollte, man war aber weniger genau, wenn es beispielsweise um Ingwer ging. Dass die Gewürze weiterhin ins Rote Meer gelangen konnten, erklärt sich nicht allein an den Unzulänglichkeiten der Blockade von Calicut oder den Bestechlichkeiten gewisser portugiesischer Kreise. Es ist nämlich so, dass die Portugiesen, im Gegensatz zu den Problemen, die sie im Atlantik oder anderswo zu bewältigen hatten, bei ihrer Ankunft im Indischen Ozean unzählige Handelsnetzwerke von außerordentlicher Kaufkraft antrafen, welche seit Jahrhunderten funktionierten. Es kam weder in Frage, alle lokalen Händler zu ersetzen und die einheimische Schifffahrt in allen Netzwerken – was überhaupt nicht

Afonso de Albuquerque

möglich war – zu kontrollieren, noch einige von ihnen aus dem Verkehr zu ziehen ohne andere kompensatorische Kreisläufe zu erzeugen, da ansonsten die Struktur der mächtigen ökonomischen Kreisläufe in Frage gestellt worden wäre.«[164]

Ähnlich verhielt es sich mit Gujarat, dessen exportorientierte Textilindustrie auf gute Kontakte mit der arabischen Halbinsel, von der Farbstoffe kamen, angewiesen war: Solange die Portugiesen diesen wichtigen Wirtschaftszweig nicht ruinieren wollten, konnten sie kaum verhindern, dass über Diu, Cambay und die anderen Häfen der Region der Pfeffer Sumatras, die Gewürze der Molukken und Bandainseln in die Levante und weiter in den Mittelmeerraum gelangten. Erst ab etwa 1530 schlugen die Portugiesen, im Sinne der Forderungen Lissabons, eine härtere Gangart gegen die Gujaratküste ein, was zur Errichtung eines Forts in Diu und zu heftigen Konflikten mit dem kommerzorientierten Teil der Lokaleliten und den Osmanen führte, ehe man wieder einen Weg kompromisshafter Zusammenarbeit fand.[165]

Am klarsten zeigte sich die Begrenztheit und Widersprüchlichkeit der portugiesischen Monopolpolitik an der Blockade des Roten Meeres. Diese wurde von der Krone zur Vernichtung des Levantehandels vehement gefordert, von Goas Gouverneuren seit dem Tod Albuquerques immer halbherziger betrieben, und schließlich infolge der veränderten Politik gegenüber dem Osmanischen Reich sowie der unterschiedlichen Interessen von Mutterland und Estado weitgehend aufgegeben. Als sich die Portugiesen im Indischen Ozean festsetzten, bezogen Venezianer und andere Südeuropäer Asiens Gewürze insbesondere in Kairo, Alexandria und Beirut, wohin sie hauptsächlich auf der Route durch das Rote Meer gelangten. Der Weg durch den Persischen Golf hatte seine frühere Bedeutung weitgehend eingebüßt. Die Errichtung eines portugiesischen Pfeffer- und Gewürzmonopols zielte daher vorrangig gegen die Handelsverbindungen durch das Rote Meer, gegen das Mamlukenreich und gegen Venedig. Die Route von Indien über Ormuz in den Persischen Golf wollte Lissabon nicht blockieren, da man Persien zunächst als verbündete Macht gegen die Mamluken und später gegen die expandierenden Osmanen zu gewinnen trachtete.

Die Eroberung von Ormuz richtete sich demnach keineswegs gegen Persien und seine Gewürzversorgung, vielmehr wurde die Stadt zum Umschlagplatz für das gegen die Osmanen benötigte europäische

Kriegsgerät. Da die anfänglich relativ erfolgreiche Sperre der Einfahrt ins Rote Meer durch portugiesische Patrouillen viele Kauffahrerschiffe in den Persischen Golf umlenkte, entpuppte sich Ormuz seit den 20er-Jahren als idealer Platz zur Kontrolle und Besteuerung des expandierenden Handels und wurde bald unentbehrlich zur Finanzierung des Estado. – Da Damaskus, und somit der Mittelmeerraum, bald wieder genug Gewürze via Basra auf der Alternativroute – und möglicherweise in kleinen Mengen auch auf den traditionellen Landwegen – bezog, verlor eine aufs Rote Meer beschränkte, aufwendige Blockade allmählich ihren Sinn. Die Eroberung des Irak und des Stapelplatzes Basra durch die Osmanen beschleunigte Ende der 30er-Jahre diese Entwicklung: Der Handel über Ormuz, geschützt durch die Interessen Persiens, des Estado und der Osmanen, blühte immer mehr auf. Aleppo verdrängte Damaskus/Beirut als Markt für die Europäer, portugiesische Kolonialfunktionäre nahmen immer häufiger die Dienste venezianischer und armenischer Kaufleute in Anspruch. In Lissabon war man mit diesem Gang der Dinge unzufrieden und hielt das Verbot des Gewürz- und Pfefferexports durch das Rote Meer auf dem Papier aufrecht. In der Realität musste man sich aber zu einem Kompromiss zwischen der Beschränkungspolitik der Krone und den Erfordernissen des Estado bequemen.[166]

Sogar an der Malabarküste blieb Portugals Monopol lückenhaft und kurzlebig. Die islamischen Großkaufleute verließen zwar nach dem erfolglosen bewaffneten Widerstand gegen Portugals Flotten Calicut in Richtung Ormuz, Gujarat und Vijayanagar, sie setzten aber ihre Tätigkeit als Zwischenhändler meist erfolgreich fort, da sie an den neuen Orten relativ ungestört die Pfefferlieferungen von Kanara, Bengalen und Sumatra abwarten konnten. Dies erwies sich als eine viel erfolgreichere Widerstandsform gegen die europäischen Eindringlinge als noch so große militärische Anstrengungen. Die Lokalkaufleute konnten Calicut nicht verlassen, verstanden es aber, in Malabar den besten Pfeffer aufzukaufen, weil die Portugiesen in den Produktionszonen wenig Einfluss hatten, auf Mittelsmänner angewiesen waren und schlecht zahlten. Zur Umgehung der Küstenpatrouillen wählten sie häufig den Landweg zur Koromandelküste; seit 1520 riskierten sie auch wieder den Seeweg nach Gujarat auf kleinen, wendigen Küstenbooten, die vor den großen portugiesischen Schiffen in Flussmündungen fliehen konnten. Um dieselbe Zeit dürfte auch der profitable, teilweise illegale Handel von Funktionären des Estado eingesetzt haben, der viele Einschränkungen zur Farce machte und auch Einheimischen Beteiligungsmöglichkeiten bot.[167]

Dass der asiatische Gewürzhandel selbst im Kernbereich des Estado da India schon wenige Jahre nach dem energischen Regiment von Albuquerque die Sperren umging, viele gewohnte Wege zurückeroberte oder Alternativrouten etablierte, verweist auf die zentrale Schwäche des portugiesischen Kolonialsystems: die fehlende kommerzielle Überlegenheit. Diese war vorrangig auf zwei Gründe zurückzuführen. Einerseits erklärt sie sich aus der sozioökonomischen Entwicklung Portugals im 15. und 16. Jahrhundert, die durch das Wiedererstarken der traditionellen feudalen Kräfte geprägt wurde.[168] Andererseits war die Konzeption des Luxusgüterhandels auf der Kaproute ein staatsmonopolistisches Geschäft, das nicht vorrangig Gewinnmaximierung mit den Methoden der Venezianer, Genuesen, islamischen oder jüdischen Kaufleute anstrebte, sondern über Preisfixierung, Mengenreglementierung, Erhebung hoher Schutzgebühren und gewaltsame Ausschaltung der Konkurrenz hohe Einnahmen für die Krone sichern sollte.[169]

Die Festlegung der portugiesischen Krone und ihrer Funktionäre auf Gewalt und politischen Druck, auf hohe Einnahmen mit relativ kleinen Warenmengen auf der Kaproute, verhinderte nicht nur ökonomische Wachstumsimpulse im Mutterland, sondern schuf auch auf Asiens Märkten Probleme. Die kommerziell nicht immer kompetenten Beamten des Estado, oft aus angesehenen Adelsfamilien, kauften infolge des mangelhaften Managements und der zu tief festgesetzten Preise häufig in großer Hektik Pfeffer von problematischer Qualität, mussten infolge der zu spät aus Portugal eintreffenden Schiffe Kredite auf-

ENTWICKLUNG UND STRUKTUR DES ESTADO DA INDIA

»Der ›Estado da India‹, ein etablierter und vertrauter Teil in der Szenerie Asiens, stellte den ersten Lösungsversuch für die organisatorischen Herausforderungen europäischer Unternehmungen im fernen Osten dar. Die Probleme waren vielfältig: Unternehmensführung und Leitungsprobleme, die Errichtung eines effizienten Kontrollinstrumentariums in der Heimat und Übersee über bisher beispiellose Entfernungen hinweg, technische Probleme in der Navigation, in der Versorgung und in der Verteidigung, die politischen Beziehungsprobleme mit mächtigen Herrschern in Asien, die kommerziellen Probleme bei dem Versuch, ein Gewürzhandelsmonopol einzurichten. Dazu kamen die Sicherung von Kaufkraft zur Aufrechterhaltung des Handels, da Europa nur über wenige für den östlichen Markt passende Produkte verfügte, sowie die moralische Herausforderung, Politik und Handel mit der Christenpflicht zu vereinbaren. Die zuerst erprobten Lösungsversuche waren nicht überall gleich wirkungsvoll, und nur einige wurden von anderen europäischen Mächten in Asien übernommen ...«[171]

»Die portugiesische Präsenz, die sich rasch über weite Gebiete des Indischen Ozeans und darüber hinaus ausdehnte, war – im selben Maß – Ergebnis des unerlässlich interregionalen Handels wie von Abenteuergeist oder Gewinnstreben und gipfelte in der Entstehung eines immensen und gleichzeitig fragilen Imperiums. Portugal war jedoch nicht reich genug, um diesen umfangreichen Komplex mit seinem kostspieligen Befestigungssystem, Flottengeschwadern und Beamtenapparat zu unterhalten. Das Imperium musste sich selbst tragen.«[172]

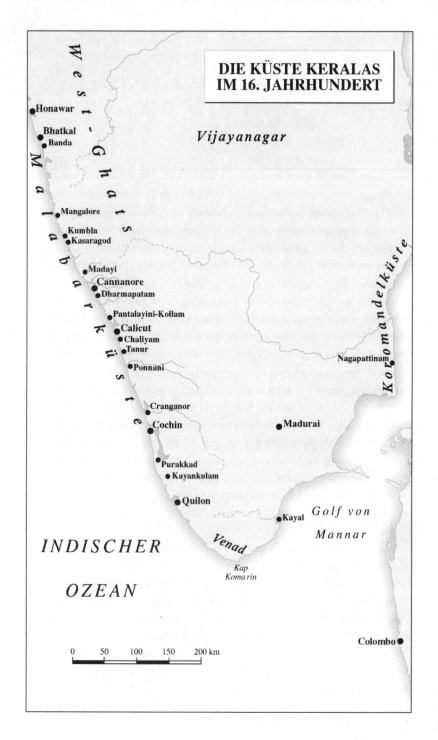

Das auffallendste Charakteristikum des portugiesischen Asien-Imperiums war die ungeheure Ausdehnung. Schon Albuquerque hatte den Ausbau des Estado über Ostafrika, Arabien und Indien hinaus bis Malakka im Osten organisiert und die ersten Expeditionen zu den Gewürzinseln und China veranlasst. Seit 1514 liefen fast jährlich von Malakka Schiffe zu den Molukken aus, auf denen man sich schließlich, unter Ausnützung der Konflikte zwischen Ternate und Tidore, auf Dauer festsetzte. Vorausgegangen waren heftige Auseinandersetzungen mit Spanien, das die Gewürzinseln ebenfalls beanspruchte, seit zwei Schiffe der Expedition Magellans 1521 Tidore erreicht hatten. Erst im Jahr 1529 trat Karl V. eventuelle Rechte um 350 000 Dukaten an Lissabon ab. Dies ermöglichte es den Portugiesen, die auf Ternate ein Fort als Sitz eines Gouverneurs sowie auf Ambon und den Bandainseln Faktoreien errichtet hatten, den direkten Zugriff auf Südostasiens Gewürzmärkte zu verstärken.[173]

Auch zu China waren die Kontakte trotz schwerer Rückschläge nie völlig abgerissen und hatten, vielfach in Kooperation mit japanischen Piraten, zu einem einträglichen Schmuggelhandel geführt. Gouverneur Afonso de Sousa (1542–1545) hatte beispielsweise mehreren Privatpersonen Lizenzen für Handelsfahrten nach China erteilt. Im Jahre 1554 erhielten die Portugiesen die Erlaubnis, einen Stützpunkt unweit Kanton zu errichten, der 1557 auf die Halbinsel Macao verlegt wurde, wo sich seit 1549 portugiesische Jesuiten befanden. In weiterer Folge wurde Macao zum Stapelhafen für den nach 1570 immer bedeutsamer werdenden Zwischenhandel mit Japan und den Philippinen.[174]

Trotz unbestreitbarer Erfolge in China, Japan und auf den Gewürzinseln, wo die vielfach recht willkürliche und inkompetente portugiesische Verwaltung immer wieder Konflikte förderte, verfügte Portugal östlich von Malakka weder über Handelsmonopole noch über die Seeherrschaft. Im Bereich des Indischen Ozeans dagegen wurde die militärische Position nach 1520 sogar noch ausgedehnt und gegen alle Angriffe bis zum Eintreffen der Nordwesteuropäer recht erfolgreich verteidigt. Seit der Errichtung einer Faktorei in Colombo auf Ceylon wurde zunächst den indischen Handelsrivalen, den Mappilas von Malabar, der Zimthandel entrissen – in weiterer Folge das Landesinnere durchdrungen und missioniert. Durch ständige Interventionen in die Konflikte zwischen konkurrierenden Fraktionen des Herrscherhauses und verfeindeten Bevölkerungsgruppen gelang es allmählich, eine

Art portugiesischer Territorialherrschaft über den größten Teil der Zimtinsel zu errichten.[175]

Die Fertigstellung der Festung Santa Bárbara in Colombo markiert den Beginn einer zweiten Welle von Stützpunktgründungen in der Amtszeit des Gouverneurs Lopes de Sequeira, der dem königlichen Zentralismus wieder stärkere Geltung verschaffte, während sein Vorgänger Lopo Soares (1515–1518) die grandiosen Pläne König Manuels gegen den Islam und die Autorität des Staates zugunsten privater Kommerzinteressen in den Hintergrund gerückt hatte. Anders als in der Zeit Albuquerques ging die Initiative zur Errichtung weiterer Festungen und Faktoreien aber diesmal direkt von der Krone aus und sollte offensichtlich insbesondere der verbesserten Kontrolle des Handels im westlichen Indischen Ozean dienen. Dieses Ziel wurde auch unter Manuels Nachfolger König Johann III. (1521–1557) im Grunde beibehalten, wenngleich die antiislamische Kreuzzugsideologie aufgegeben und die Kolonialpolitik dadurch noch pragmatischer wurde. Die weitere Abrundung des Stützpunktsystems, die von einigen Zeitgenossen kritisiert wurde, sicherte den Estado sowohl militärisch als auch kommerziell ab, förderte aber auch vielfältige Konflikte mit einheimischen Fürsten und Händlergruppen.[176]

Am folgenreichsten war sicherlich die Festsetzung in Diu zwecks Kontrolle und Besteuerung von Gujarat. Diese gelang allerdings erst nach vielen Anläufen und fehlgeschlagenen Versuchen, nachdem Duarte de Meneses seine Amtsperiode als Gouverneur (1521–1524) hauptsächlich zur Absicherung der Position in Ormuz verwendet hatte, der als Vizekönig neuerlich nach Asien entsandte Vasco da Gama die drängenden Probleme an der Malabarküste und östlich von Kap Komorin infolge seines raschen Todes nicht in Angriff nehmen konnte und als nach endlosen Konflikten um einflussreiche Posten im Estado mit Nuno da Cunha 1529 ein neuer Gouverneur sein auf zehn Jahre ausgedehntes Amt antrat. Nuno de Cunha leitete, ganz im Gegensatz zu den nur angefangenen Konsolidierungsmaßnahmen Vasco da Gamas, eine Reihe von Expansionsprojekten, die nun auch von König Johann III. – der seine defensive Politik der ersten Regierungsjahre geändert hatte – voll unterstützt wurden.[177]

Im Jahr 1535 räumte der Sultan von Gujarat den Portugiesen das Recht zur Errichtung einer Festung und zum Verkauf von Schutzbriefen ein, um als Gegenleistung Hilfe gegen die Expansion der Mogul-Dynastie zu erlangen. Als sich Portugals Unterstützung als wirkungslos erwies, die Invasionsgefahr seitens der Zentralmacht aber dennoch abnahm, wechselte der Sultan von Gujarat die Fronten und verbündete sich mit den Osmanen. Sein Tod ermöglichte den Portugiesen die Eroberung der ganzen Insel von Diu. Kurz darauf begann aber die Belagerung durch Gujaratis und Osmanen, die seit etwa 1530 mehrfach Hilfegesuche von Calicut und anderen islamischen Küstenfürstentümern erhalten hatten und schon länger einen Schlag gegen Portugal planten.[178]

Aus der Perspektive des Asien- und Levantehandels wirkt es erstaunlich, und für den Aufbau des Estado da India war es ein enormer Vorteil, dass von der osmanischen Eroberung Syriens und Ägyptens in den Jahren 1516 und 1517 bis zur osmanisch-portugiesischen Konfrontation vor Diu im Herbst 1538 mehr als zwei Jahrzehnte verstrichen. Vor dem Hintergrund der komplexen Außen- und Militärpolitik des expandierenden Osmanischen Reiches sowie der um 1530 einsetzenden portugiesischen Aggression gegen die Häfen Gujarats erscheinen aber sowohl die lange, fast ›friedliche Koexistenz‹ als auch der Zeitpunkt des Ausbruchs der Feindseligkeiten konsequent.[179]

Die Eroberungskriege des Osmanischen Imperiums im 16. Jahrhundert wurden zwar durch spektakuläre Aktionen kampfstarker Galeerenflotten unterstützt, zielten aber vorrangig auf die Annexion bzw. Besteuerung benachbarter Regionen und erst sekundär auf die Kontrolle des Fernhandels zwischen Asien und Europa. Die Ausdehnung des osmanischen Einflusses bis Südarabien im Anschluss an den Sieg über die Mamluken hatte, nach mehreren Konflikten mit Geschwadern des Estado, eine portugiesische Vormacht im Roten Meer verhindert und zum Wiederaufleben des Levantehandels beigetragen. Das Hauptaugenmerk Istanbuls galt nach 1520 aber einerseits dem Mittelmeerraum, wo bald nach der Eroberung von Rhodos 1522/23 die intensive Phase der Kämpfe zwischen riesigen spanisch-venezianischen und osmanischen Galeerenaufgeboten sowie der habsburgischen Angriffe auf Nordafrika einsetzte, und andererseits dem Balkan, wo der Eroberung Belgrads 1521 die erste Belagerung Wiens folgte.[180]

Dies bedeutet nicht, dass man Portugal freie Hand im Indischen Ozean lassen wollte. Immerhin erwog man zeitweise die Umlenkung des gesamten Levantehandels über Konstantinopel, den Bau eines Kanals zwischen Nil und Rotem Meer und um 1525 Flottenvorstöße gegen die ›ungläubigen Portugiesen‹.[181] Aber erst die Eroberung Iraks im Jahr 1534, die die Kontrahenten näher aneinander brachte, die inzwi-

Zweite Seeschlacht um Diu im Jahre 1546

schen klare Kenntnis der Schwächen von ›Asia Portuguesa‹, sowie die erneute Verschärfung der portugiesischen Blockade der Küste Gujarats, die auch osmanische Wirtschaftsinteressen traf, führte in Istanbul zur Entscheidung, die Portugiesen im Kernbereich des Estado anzugreifen:

»Selbst als es den Anschein hatte, dass die osmanische Marine und das Feldheer ab 1538 unterschiedliche Wege einschlugen, rückte die Eroberung Bagdads während des Asienfeldzuges von 1534 das Marineproblem der südlichen Grenzzone in den Vordergrund der Reichsdebatte. Die Anerkennung der Autorität des Sultans in Basra 1538 brachte das osmanische Reich in Kontakt mit den beiden Exporthäfen, die den Seehandel in südöstlicher Richtung nach Indien unterhielten. Mit dem Ausbau osmanischer Herrschaft sowohl am Persischen Golf als auch am Roten Meer wurde die Möglichkeit, den portugiesischen Aktivitäten muslimischen Widerstand entgegenzusetzen, um die südöstliche Expansion des Reiches zu fördern, immer attraktiver. Angeregt durch muslimische Hilfsappelle bewilligte der Sultan schon früher vorgeschlagene Marineexpeditionen in den Indischen Ozean. Was sich als das größte osmanische Marineengagement außerhalb des Mittelmeeres herausstellen sollte, setzte als Flotte von 74 bis 80 Schiffen unter dem ägyptischen Gouverneur im Juni 1538 in Suez die Segel nach Indien.«[182]

Trotz des Einsatzes vieler Schiffe, von 20 000 Soldaten und schwerer Artillerie, blieben die Osmanen vor Diu erfolglos: Sie scheiterten am mediterranen Stil ihrer Operationen sowie am Misstrauen der Gujaratis, die eine osmanische Herrschaft möglicherweise mehr fürchteten als die Präsenz der Portugiesen. Immerhin hatte die osmanische Flotte beim Anmarsch Aden erobert und dauerhaft besetzt.[183] Die portugiesische Flottenexpedition ins Rote Meer 1541, gedacht als Revanche für Diu, blieb ebenfalls ergebnislos. Einige Jahre später eroberten die Osmanen Basra. Ihr berühmter Admiral Piri Reis plünderte im April 1552 im Zuge einer großangelegten Flottenoffensive Muscat, sein Angriff auf Ormuz noch im selben Jahr scheiterte aber. Auch eine neuerliche Belagerung von Diu, die 1546 von den Gujaratis allein versucht worden war, änderte nichts an den bestehenden Verhältnissen.[184]

Der Estado war erfolgreich gegen die osmanische Großmacht verteidigt worden, wenngleich sporadische Konflikte bis zum Ende des 16. Jahrhunderts immer wieder aufflammten. Mit Gujarat ging die Phase der Konfrontationen ebenfalls zu Ende. An eine Beherrschung des Roten Meeres war dagegen nicht mehr zu denken.[185] Sie stand für die Funktionäre von Portugiesisch-Asien auch gar nicht mehr im Mittelpunkt des Interesses, seit das Aufblühen des Handels durch den Persischen Golf eine Unterbrechung der Levanteroute ohnehin obsolet gemacht hatte, Ormuz dadurch zur wichtigsten Zollstation des Estado geworden war und auch die Krone ihre Politik zunehmend auf die Eintreibung von Schutzgebühren, die der Kaproute ebenfalls einen Wettbewerbsvorsprung sicherten, ausrichtete.[186]

Die Verteidigung und Stabilisierung der Position im Indischen Ozean um die Mitte des 16. Jahrhunderts markiert das Ende der portugiesischen Expansionsphase in Asien, wenngleich auch später noch Stützpunkte und kleine Territorien annektiert wurden. Sanjay Subrahmanyam hat im Anschluss an Vitorino Magalhães-Godinho die beiden Jahrzehnte nach 1540 als Krisenphase des Estado charakterisiert, in der viele Konzepte der staatlichen Kolonialpolitik heftig diskutiert und schließlich neu formuliert wurden, die Struktur der Allianzen und Feindschaften in Asien erhebliche Modifikationen erfuhr, der auf der Kaproute sowie über Ormuz abgewickelte Fernhandel schrumpfte und die direkte Beteiligung der Krone am Innerasienhandel abzunehmen begannn, während das Gewicht privater portugiesischer Kaufleute in allen Bereichen der Kolonialökonomie wuchs. All diese Veränderungen vollzogen sich zeitgleich zum Wandel von Wirtschaft, Gesellschaft und Politik in Portugal – Aufstieg der Inquisition, wachsender Einfluss Kastiliens –, zu Gewichtsverlagerungen innerhalb des globalen portugiesischen Kolonialsystems sowie zur Neuordnung der geopolitischen Verhältnisse in West-, Süd- und Ostasien, die unter anderem aus der Konsolidierung des Osmanischen Reiches, Persiens und Japans, aus dem Aufstieg des Mogulreichs oder auch Atjehs in Indonesien sowie dem Niedergang des südindischen Vijayanagar – unter dessen expansionsorientiertem König Rama Raja die traditionell guten Beziehungen zu den Portugiesen zwischen 1544 und 1554 empfindlich gestört wurden – erwuchsen.[187]

Infolge der in vieler Hinsicht veränderten Situation – Luis Filipe Thomaz konstatierte für das Jahrzehnt 1565–1575 überdies die Kombination einer neuerlichen politischen mit einer schweren militärischen Krise – wurde es in der zweiten Hälfte des 16. Jahrhunderts schwieriger, die einmal gewonnenen Einflusszonen und Stützpunkte in Asien zu behaupten, was aber im Großen und Ganzen bis ins 17. Jahrhundert gelang: Die neuen Machtverhältnisse in Südindien nach dem Zerfall von Vijayanagar wurden pragmatisch gemeistert, zum expandierenden Mogulreich bestanden gute bis vorzügliche Beziehungen, Malakka wehrte eine Kette von Angriffen der neuerstarkten Nachbarstaaten Atjeh (an der Nordspitze von Sumatra), Bantam (in Westjava) und Johore (bei Singapur) mit Hilfe ständig wechselnder Bündnisse ab, Araber und Osmanen wurden 1585 und 1588 in Ostafrika nach Anfangserfolgen geschlagen, und auch im Kampf gegen eine Liga der islamischen Sultanate Bijapur und Golkonda sowie die Flotte des Zamorin von Calicut setzten sich die Portugiesen durch. Besonders in diesem Konflikt, der Goa und viele andere Plätze an Indiens Westküste bedrohte, erwies der Estado eine beträchtliche Defensivkraft, die längst nicht mehr von Schiffen, Truppen und Nachschub aus dem Mutterland abhing.[188]

Der einzige nennenswerte Gebietsverlust war Ternate, wo nach jahrelangen Provokationen der Portugiesen 1570 ein ›heiliger Krieg‹ ausbrach, der fünf Jahre später zum Verlust der Festung führte. Tidore erlaubte im Gegenzug die Errichtung eines Forts, und auf Ambon hatte man in den 60er-Jahren die Faktorei zu einem Militär- und Flottenstützpunkt ausgebaut. Auch auf Timor begannen portugiesische Händler und Missionare Fuß zu fassen. Portugals Position auf den Molukken war allerdings entscheidend geschwächt und der Mythos der unbesiegbaren Europäer schwer angeschlagen.[189]

Die in den Jahren um 1570 kulminierenden militärischen und organisatorischen Probleme erwecken allzuleicht den Eindruck eines allmählich alle Teile des Estado erfassenden Niedergangs, der dem Vordringen der Niederländer im 17. Jahrhundert den Boden bereitete. Dieses Krisenszenario ist jedoch weitgehend unbegründet, da weder das portugiesische Stützpunktsystem noch die Kolonialökonomie bis etwa 1610 in ernsthafte Bedrängnis gerieten. Das letzte Viertel des Jahrhunderts war weniger eine Phase des Abstiegs als des Wandels. Dieser drückte sich im Bedeutungsverlust des Kronmonopols im Innerasienhandel und auf der Kaproute zugunsten von Privatgeschäften ebenso aus wie im Zurücktreten staatlich-zentraler gegenüber lokaler Initiativen. In Summe ergaben sich in den 80er- und 90er-Jahren eine Fülle neuer Möglichkeiten für privat vorangetriebene, expansive Projekte, während die Administration des Estado unter spanischem Einfluss sogar verstärkt auf Territorialerwerb setzte. Dass auf diesem Weg erstmals ein Stützpunkt im Golf von Bengalen entstand, war kein geringer Erfolg.[190]

Was die Portugiesen so zäh verteidigten, war keine Kolonie im spanisch-lateinamerikanischen Sinn. Nur in wenigen Regionen, etwa auf Ceylon, den Gewürzinseln, einigen Küstenregionen von Gujarat und im Hinterland von Goa übten sie Souveränität über geschlossene Territorien aus. In anderen Fällen, beispielsweise in Cochin, befand sich der lokale Herrscher unter portugiesischem ›Schutz‹. Die meisten Festungen und Faktoreien waren keine Orte abgesicherter Souveränität, sondern prekärer, nur informell akzeptierter Hegemonie. Normalerweise strebten die Portugiesen politische Herrschaft und Verwaltungshoheit über größere Landstriche infolge ihrer beschränkten Ressourcen gar nicht an. Erst die letzten Jahrzehnte des 16. Jahrhunderts brachten in der Zeit von Portugals Personalunion mit Spanien – die Verwaltung der Kolonialreiche blieb übrigens getrennt – in dieser Hinsicht eine gewisse Veränderung ohne allzugroße Folgen. In der Regel waren die portugiesischen Kolonialfunktionäre insbesondere an Ländern interessiert, deren Zentralgewalten stabile Verhältnisse für den Handel sicherten, an dem man partizipieren oder den man besteuern konnte, und die sich der Evangelisierung nicht grundsätzlich verschlossen.[191] Wie schon Albuquerque klar erkannt hatte, bedurfte es zur Absicherung eines solchen ›Imperiums‹ tatsächlich nur einer überlegenen Flotte und einiger Militärbasen, ergänzt um kooperationswillige Missionare.

Aber selbst der relativ bescheidene Kolonialapparat des Estado wäre nach 1530/40 möglicherweise zusammengebrochen, hätte man sich in Goa nur auf Einnahmen aus dem Handel mit Europa sowie Geld- bzw. Militärnachschub aus der Heimat stützen können. Die Kaproute war einfach zu lang und aufwendig, die Krone zu finanzschwach und mit zu vielen gleichzeitigen Projekten in Nordafrika, Asien und bald auch in Brasilien befasst, um genügend Menschen, Schiffe und Geld von Portugal in den Indischen Ozean zu bringen.[192] Geldprobleme in Lissabon führten mehrfach zu Verzögerungen im Flottenverkehr, die sich militärisch und kommerziell äußerst ungünstig auswirkten. Die Verteidigung des Estado basierte immer vorrangig auf der Flottenmacht, war aber zunehmend auf in Asien gebaute Schiffe und die Rekrutierung einheimischer Mannschaften angewiesen.[193] Auch finanziell überlebte der Estado nur, weil er sich zu einer autonomen Institution entwickelte

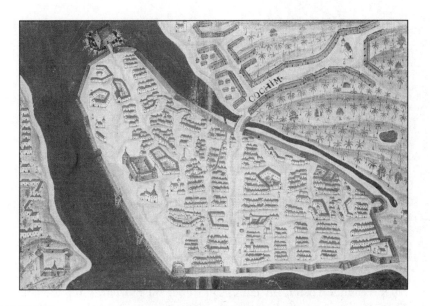

Panorama von Cochin

und Schiffe, Festungen, Truppen, Beamte sowie den Klerus größtenteils aus den eigenen Einnahmen bezahlte. »As a military and political structure the ›Estado da India‹ became to a considerable degree autonomous during the course of sixteenth century. The maritime links with Portugal were tenuous, and the degree of control which could be exercised over officials in such quarters as the Moluccas, eighteenth months distant from Goa and thirty from Lisbon, was obviously minimal. In financial terms, too, the ›Estado‹ must be considered a largely independent unit.«[194]

Nach den Anfangsjahren portugiesischer Machtentfaltung erfolgte die Finanzierung der öffentlichen Aufgaben des Estado keineswegs durch Gewinne aus dem Geschäft auf der Kaproute. Die Einnahmen und Ausgaben wurden in Lissabon verrechnet, die Überschüsse größtenteils in Europa verbraucht. Auch Profite, die von der Krone oder von Privatleuten im Asienhandel erzielt wurden, dienten normalerweise nicht oder nur indirekt dem Budget von Portugiesisch-Indien, sondern flossen ins Mutterland ab oder finanzierten neue Geschäfte sowie den teilweise recht aufwendigen Lebensstil der Kolonisten. Trotz dieser Entwicklung verfügte der Estado da India bis ins 17. Jahrhundert über beträchtliche Ressourcen. Nachdem sich bald herausgestellt hatte, dass die wahllosen Plünderungen der ersten Expeditionen keine tragfähige Finanzbasis für ein dauerhaftes Kolonialsystem schaffen konnten, gelang seit dem zweiten Viertel des 16. Jahrhunderts eine weitgehende Selbstfinanzierung durch regelmäßige Erträge aus Zöllen, Schutzgebühren, Tributen, indirekten Steuern und Grundrenten. König Manuels Hoffnung, das von Albuquerque aufgebaute System der Kontrolle und Besteuerung des Asienhandels würde neben dem Budget des Estado auch den Einkauf des Pfeffers für die Kaproute finanzieren, erfüllte sich allerdings vorerst nicht und auch später nur ausnahmsweise.[195]

Brauchbares Zahlenmaterial über das Gesamtbudget des Estado liegt erst für das späte 16. und frühe 17. Jahrhundert vor.[196] Verstreute Hinweise aus einzelnen Regionen und Jahren machen aber wahrscheinlich, dass seit den Zeiten von Albuquerque die größten Einnahmen aus der Besteuerung des Seehandels stammten. In Goa betrug der entsprechende Posten im Jahre 1545 über 60 Prozent, sank aber bis 1616/17 unter 45 Prozent, in ganz Portugiesisch-Asien lag der Wert sowohl vor als auch knapp nach der Jahrhundertwende über 65 Prozent. Durch die Erwerbung kompakter Landbesitzungen im Hinterland von Goa, in Gujarat und auch Ceylon, stieg in der zweiten Hälfte des 16. Jahrhunderts auch die Bedeutung der Bodenabgaben. Während der Niedergangsphase portugiesischer Seeherrschaft, im Jahre 1630, machten Landsteuern 31 Prozent des Budgets aus. Dagegen waren die mit dem Seehandel und seiner Kontrolle zusammenhängenden Einnahmen auf 47 Prozent gesunken.[197] Nach der Blütezeit portugiesischer Kolonialaktivitäten wurde die Grundrente sogar zum finanziellen Pfeiler der gegen die Niederlande und England behaupteten Reste des Estado.[198]

Im 16. Jahrhundert waren Goa und einige indische Häfen meist defizitär; Malakka, Ormuz, Chaul, Diu und weitere Stützpunkte lieferten aber so hohe Einnahmen, dass das Gesamtbudget sogar Überschüsse aufwies, die im Jahr 1607 etwa 240 000 Cruzados und im Jahr 1610 617 600 Reís, also nahezu 270 000 Cruzados betrugen, in der Regel jedoch wesentlich bescheidener ausfielen. Dies ermöglichte nicht nur die Unabhängigkeit des Asienimperiums von den Ressourcen des Mutterlandes, sondern in besonders günstigen Jahren vielleicht auch, direkt oder indirekt, die teilweise Finanzierung des Handels auf der Kaproute. An einen kontinuierlichen Geldtransfer aus den Kolonialgebieten in die Metropole, wie später von Indien nach England, war aber nicht zu denken. In kritischen Situationen sah sich Portugal seit dem ausgehenden 16. Jahrhundert vereinzelt sogar gezwungen, den Estado mit Geld, Edelmetallen und Material zu unterstützen: So etwa, wenn der Vizekönig in Goa 1589 – also lange vor dem Auftauchen der Niederländer – klagt, die Verteidigungsausgaben für den Estado nicht aufbringen zu können.[199] Bis 1630 blieb dies aber die Ausnahme:

Einnahmen und Ausgaben des Estado da India (in Reis) [200]

Jahr	Einnahmen	Ausgaben	Saldo
1574	278 500 680	235 589 082	+ 42 911 598
1581	263 036 953	242 784 701	+ 2 0 252 252
1588	303 051 620	259 949 854	+ 43 101 766
1607	355 560 600	235 677 600	+ 119 883 000
1609	249 780 000	156 627 088	+ 93 152 912
1610	390 595 800	256 978 200	+ 133 617 600
1620	324 742 200	318 370 600	+ 6 371 600
1630	240 597 600	288 051 600	- 47 454 000
1634	355 579 200	334 636 500	+ 20 942 700

»Der *Estado da India* war autark; Existenzbasis war nicht die Route um Afrika, sondern die ›Erzeugung‹ von Protektion und der ›Verkauf‹ dieses Produktes: d. h. die aus dem Asienhandel eingeforderten Tribute und Schutzgelder. Als redistributives Unternehmen hing der *Estado da India* nicht von einem Territorium ab, sondern von der Beherrschung der offenen See. ... Der *Estado da India* war ein wandelbares System, seine Anpassungen blieben jedoch innerhalb der Bandbreiten von Redistribution. Die Profite wurden für den ›feudalen Lebensstil‹ verbraucht oder in weitere Umverteilungsunternehmen reinvestiert, und nicht in produktive oder produktivitätssteigernde Unternehmungen. Die Portugiesen waren Steuereintreiber ...«[201]

Portugiesisch-Indien soll, nach den Worten von Niels Steensgaard, seine weitgehende finanzielle Unabhängigkeit nicht vorrangig kommerziellen, sondern Reichtum umverteilenden Aktivitäten geschuldet haben. Die Analyse der Rolle der Portugiesen im Asienhandel wird helfen, diese im Ansatz sicherlich plausible These, die vor allem für die Rolle der Krone sowie die Jahrzehnte bis etwa 1570/80 Sinn machen dürfte, angemessen zu gewichten und gegebenenfalls auch zu relativieren. Der große Stellenwert von systematischer Gewaltanwendung bekommt in diesem Zusammenhang eine innere Logik. Portugiesische Seefahrer hielten nicht viel von der Meinung jener venezianischen Kaufleute, die Handelstätigkeit und Plünderung – anders als in früheren Zeiten – nun klar getrennt haben wollten. Im Verlauf des Vordringens an Westafrikas Küste hatte sich im 15. Jahrhundert zwar mehrfach das handelskapitalistisch-kommerzielle Interesse in Lissabon durchgesetzt. Zum Zeitpunkt der ersten Indienexpeditionen war für den König und seine Ratgeber aber schon ziemlich klar, dass weniger der Kaufmann als der aristokratische Krieger das Bild von Portugiesisch-Asien prägen würde, wenngleich die Indienflotten ohne Teilnahme des internationalen, europäischen Handelskapitals sicherlich nicht regelmäßig ausgelaufen wären.[202]

Mit dem hohen Stellenwert von Gewalt und redistributiven Unternehmungen hing, wiederum nach Steensgaard, ein weiteres Charakteristikum des Estado zusammen: das System »konstitutioneller Korruption«.[203] Das asiatisch-ostafrikanische Kolonialreich bedeutete für einige tausend portugiesische Soldaten und Beamte eine Existenzgrundlage, obwohl sich die von Lissabon und Goa ausgezahlten Löhne in den offiziellen Budgets eher bescheiden ausnehmen. Bei fast allen staatlichen Funktionären übertrafen die Einkünfte aus verschiedenen anderen Quellen die reguläre Entlohnung bei weitem: Erst dadurch wurde der Dienst in Übersee interessant. Der Weg zu wichtigen Posten führte immer über ein Gesuch beim Hof in Lissabon, das nur im Falle adeliger Geburt, guter Beziehungen oder langjährigen Militärdienstes in Asien Aussicht auf Erfolg hatte. Seit der Regierungszeit König Manuels I. hatte es sich bei Portugals Aristokratie eingebürgert, die illegitimen Söhne nach Indien zu schicken. Deren schärfste Konkurrenten um einträgliche Positionen waren die nachgeborenen, nicht erbberechtigten Söhne aus Kleinadelsfamilien.[204]

Die höchsten Ränge in der Kolonialverwaltung – Vizekönig oder Gouverneur in Goa, die Gouverneure für den indonesischen bzw. fernöstlichen Raum, Festungskommandant in Ormuz – standen insbesondere Mitgliedern der Hocharistokratie, die sich an der Asienexpansion und am Aufbau des Estado anfänglich kaum beteiligt hatte, offen. Sie mussten keine spezifischen Kenntnisse aufweisen. Auch für alle anderen Posten zählte weniger die Ausbildung als Herkunft, Finanzkraft und militärische Tapferkeit. Generell konnten ›verdiente Soldaten‹ nur untergeordnete Ämter übernehmen, nachdem sie eine mörderische Selektion in Asien überlebt und die Aufnahme in eine meist lange Warteliste in der Heimat durchgesetzt hatten.[205] Die den verschiedenen Adelsgruppen vorbehaltenen einträglichen Positionen wurden zum Teil als königliche Gnadenerweise vergeben, etwa als Brautgeschenk an die Tochter eines verdienten Fidalgos. Ansonsten kam es zur Versteigerung, bei der sich der Höchstbietende aus einer akzeptablen Gesellschaftsschicht durchsetzte.[206]

Wurden staatliche Gnadenerweise und Privilegien vergeben, fielen sie relativ unterschiedslos in die Bereiche Verwaltung, Militär, Handel oder Schifffahrt. Es konnte sich ebensogut um die Leitung einer Faktorei wie um das Kommando auf einer Karavelle handeln. Beim Kauf von Ämtern unterschied man dagegen genau zwischen ›guten‹ und ›schlechten‹ Städten, Forts und Verwaltungsdistrikten, sodass für gewisse unergiebige Positionen nur schwer Bewerber aufzutreiben waren. Angehörige der Hocharistokratie versuchten bisweilen Funktionen zu erlangen, die wenig kommerzielles Engagement erforderten und Raum für ein lediglich von Plünderungsaktionen unterbrochenes luxuriöses Leben ließen. Im Lauf der Zeit befassten sich aber immer mehr Portugiesen, trotz des vor allem in der ersten Jahrhunderthälfte vorwiegend militärischen Charakters des Estados, mit einträglichen Nebengeschäften, deren Illegalität fast in Vergessenheit geriet.[207]

Unabhängig von der sozialen Herkunft des Kolonialfunktionärs und der Bedeutung des jeweiligen Postens bürgerte es sich nach wenigen Jahren des Experimentierens ein, die Amtszeit auf drei Jahre zu begrenzen. Fast jeder Amtsträger versuchte in dieser kurzen Frist einen möglichst hohen Gegenwert für die vorangegangenen Strapazen, die jahrelange Geduld oder das investierte Geld zusammenzuraffen, wobei man in der Wahl der Mittel umso weniger wählerisch war, als eine weitverzweigte Familie mit den Reichtümern aus Übersee oft bis zur nächsten Generation auskommen musste. Die Krone kalkulierte die verschiedenen Bereicherungsmöglichkeiten von vornherein ein und bezahlte nur geringe Gehälter, meist mit großer Verspätung. Solange genügend für seine Kasse anfiel, tolerierte der König nahezu alles: die Einbehaltung eines Teils der Steuern und Abgaben, überhöhte Rechnungen für den Bau von Schiffen, die Erhebung zusätzlicher Gebühren, private Kaperfahrten mit staatlichen Schiffen und Mannschaften, die wahllose Plünderung eroberter Städte. Obwohl im Zuge von Fraktionskämpfen recht häufig scharfe Kritik an der Amtsführung von Vizekönigen, Gouverneuren sowie anderen Funktionären geübt wurde und obwohl Flotte, Armee und das politische Funktionieren des öfteren Schaden nahmen, verfolgte man in Lissabon die Missstände meist nur halbherzig.[208]

Die Art der Postenvergabe durch den König bzw. durch Regierungsstellen und die übliche Form der Amtsführung verdeutlichen, dass Portugals Verwaltungspersonal in Süd- und Südostasien natürlich noch nicht dem Typus einer modernen Bürokratie im Sinne von Max Weber entsprach. In der Kolonialgeschichte Indiens und Indonesiens folgte auch keine effiziente holländische, englische Verwaltung der schlechten portugiesischen, sondern eine sich allmählich modernisierende ›nordwesteuropäische‹ Bürokratie – die von den Prinzipien einer rational-unpersönlichen Amtsführung ebenfalls noch weit entfernt blieb – einer vormodern-feudalen. Portugiesische Kolonialfunktionäre hatten keine unpersönliche Amtsauffassung, sondern bezogen ihren Dienst unmittelbar auf die Person des Königs. Sie bekleideten keine Positionen, sondern besaßen sie. Die Unterscheidung zwischen öffentlichen und privaten Mitteln war wenig ausgeprägt, die Bezahlung erfolgte fast ›bargeldlos‹, überwiegend durch Rechte. Der Schritt zur Verletzung dieser meist unklar definierten Rechte war leicht getan, entsprach häufig allgemein tolerierten Verhaltensweisen und ließ sich nur schwer brandmarken. Die allgemein verbreiteten missbräuchlichen Praktiken wurden daher nicht im Sinne der heute geläufigen Korruption, sondern auf der Folie zeitgenössischer Regeln und Erwartungen kritisiert. Nicht die »institutionalisierte Korruption«, die das Funktionieren des Estado überhaupt erst ermöglichte, war Anlass zur Kritik, sondern jede Form der Amtsführung, die dem Kolonialsystem prinzipiell Schaden zufügte und die Einkünfte der Krone langfristig bedrohte; beispielsweise undiplomatisches Verhalten gegenüber asiatischen Potentaten, das Portugal in langwierige, verlustreiche Konflikte verwickelte oder – wie im Fall von Ternate – sogar zum Verlust wichtiger Stützpunkte führte.[209] Selbst in solchen Fällen verfügte Lissabon aber lediglich über ein geringes Sanktionspotenzial, da im gesamten Estado die Ausübung von Macht und die Nutzung der damit verbundenen Einnahmen in hohem Maß an die lokalen Kolonialbeamten delegiert war. Eine radikale Reform hätte Portugiesisch-Asien wahrscheinlich in den organisatorischen Grundfesten erschüttert.[210] Sie hätte aber auch gar nicht der gesellschaftlichen und wirtschaftlichen Entwicklung im Mutterland entsprochen, die im 16. Jahrhundert das im Spätmittelalter durchaus bemerkenswerte soziopolitische Modernisierungspotenzial wenigstens teilweise wieder einbüßte und trotz – oder vielleicht gerade wegen – der großen Erfolge in Übersee keine Auflösung traditioneller Feudalstrukturen brachte.[211]

Die Verwaltungsstruktur und Ämterhierarchie des Estado da India, die in vielen Standardwerken eingehend dargestellt ist[212], erfuhr im Verlauf des 16. Jahrhunderts – ganz besonders seit der Personalunion mit Spanien – zahlreiche Modifikationen, die sich einerseits aus dem Fortschreiten der Expansion ergaben, andererseits den Bedürfnissen des Gewürz- und Pfefferhandels entsprachen. Trotz zunehmender Ämterdifferenzierung blieb die Verwaltungsorganisation immer rudimentär und kam, infolge der bescheidenen Größe des Territorialbesitzes und der geringen Untertanenzahlen, mit relativ wenig Personal aus. An der Spitze stand der Vizekönig oder Generalgouverneur in Goa mit weitreichenden Vollmachten, die aber in den südostasiatischen und fernöstlichen Teilen des Estado nur wenig besagten. Vizekönig oder Gouverneur, die immer aus den einflussreichsten Familien des Hochadels stammten, waren unbestrittenes Oberhaupt von Militär und Zivilregierung, verantwortlich nur dem König und Gott. Der ihnen zur Seite stehende Rat hatte informelle Funktion. Seine Mitglieder waren Fidalgos, die bei fehlendem Konsens kurzerhand eine Aktion nicht unterstützten. Untergeordnet waren die Justiz- und Finanzbehörden. Dem Generalkontrolleur der Finanzen unterstanden die leitenden Beamten für Handel, Zölle und Verwaltung. Darunter wirkten Schreiber und Hilfskräfte verschiedener Art.

Die Administration der einzelnen Stützpunkte war ein verkleinertes Abbild der Zentrale. Nicht selten wurde das bei der Eroberung vorgefundene Verwaltungssystem in wesentlichen Teilen beibehalten. Dies war beispielsweise in Malakka der Fall, wo die Portugiesen die erfolgreiche, hochentwickelte Hafenadministration aus der Zeit islamischer Sultane in etwas vereinfachter Form übernahmen und lediglich die einträglichen Beamtenposten mit Mitgliedern der Königsfamilie und der Hocharistokratie neu besetzten. Regelrechte Portugiesengemeinden wie Goa – das als Hauptstadt des Estado die differenzierteste Verwaltungsstruktur aufwies –, Malakka, Macao, Cochin, Colombo und vorübergehend auch Diu besaßen ein Selbstverwaltungsrecht, das sich in oligarchischen Stadträten nach portugiesischem Muster manifestierte, die Hoheit über alle städtischen Einkünfte beinhaltete und direkte Korrespondenz mit dem König erlaubte.[213] Soweit Herrschaft über Asiaten bestand, sorgten einheimische Mittelsmänner für Ruhe

Nächtliche indisch-portugiesische Eheschließung

und Ordnung. Sie waren seit Albuquerque für die Ablieferung der Steuern verantwortlich. In Malakka, wo sich seit einem Jahrhundert Händler aus China, Indien, Arabien und dem indonesischen Archipel trafen, griff die portugiesische Administration in deren Angelegenheiten erst ein, wenn die Wirtschaftsinteressen und die politische Vormacht echt bedroht schienen. Unmittelbar nach der Eroberung von Malakka ernannte Albuquerque einen Hindu zum *Bendahara*, d. h. zum Kanzler der Stadt, dessen Autorität sich auf die nichtchristlichen Einwohner und die Fremden erstreckte. Auch in Goa war nach der Vertreibung des islamischen Herrschers sofort ein Hindu an die Spitze der Administration für die indische Bevölkerung gestellt worden, der über Justiz-, Polizei- und Finanzgewalt verfügte.[214]

Ein umfangreicher Regierungs- und Verwaltungsapparat wäre nicht nur eine zu große Belastung gewesen, sondern kam infolge der geringen Zahl von Portugiesen in Asien überhaupt nicht in Frage. Nur selten dürfte es im gesamten Estado da India bis zur Mitte des 16. Jahrhunderts mehr als 7000 portugiesische Männer gegeben haben, von denen viele desertierten oder außerhalb der Kontrolle des Vizekönigs von Goa siedelten. Zu einer echten Konzentration von Portugiesen kam es nur in Goa, einer mittelgroßen indischen Stadt mit 50 000–75 000 Einwohnern, sowie später im 17. Jahrhundert in Macao. In Goa standen der kleinen Gruppe von staatlichen Funktionären zwischen 1000 und maximal 2000 *soldados* – alles unverheiratete, waffenfähige Portugiesen – sowie etwa 2000 *casados* – verheiratete ehemalige Soldaten – zur Seite. Dazu kamen relativ viele Ordens- und Weltgeistliche europäischer Herkunft.[215]

Im gesamten 16. Jahrhundert sollen nahezu 200 000 Menschen Portugal in Richtung Asien verlassen haben. In Spitzenjahren könnten bis zu 4000 Personen auf der Kaproute die weitverstreuten Städte und Stützpunkte des Estado erreicht haben. Im Durchschnitt lag diese Zahl zwar deutlich tiefer, war aber bezogen auf Portugals Gesamtbevölkerung, die im Jahr 1527 maximal 1,4 Millionen betrug, keineswegs gering.[216] Dennoch stieg die portugiesische Gesamtbevölkerung in Asien auch nach 1570, in der Phase der stärksten Wanderbewegung, nur langsam auf 14 000–16 000 an, wofür es mehrere Gründe gibt. Der wichtigste ist wohl, dass den Ankommenden alljährlich auch eine große Gruppe gegenüberstand, die den Estado Richtung Heimat verließ. Man sollte überdies nicht vergessen, dass ein erheblicher Teil der Passagiere auf der Fahrt starb.[217]

Personentransporte auf der Kaproute (Durchschnitt pro Jahrzehnt) [218]

Periode	Europa-Asien		Asien-Europa	
	Abreise	Ankunft	Abreise	Ankunft
1500–1540	18 000	16 140	9 190	8 400
1540–1570	17 370	16 136	11 640	10 146
1570–1600	24 136	22 134	16 600	13 700
Summe	198 000	180 000	122 000	105 000

In aller Regel befanden sich nur ganz wenige Frauen auf den Schiffen, da einfache Soldaten die Reisekosten für ihre Frauen und Töchter nicht zahlen konnten und die Krone, im Unterschied zu Kastilien, keine Unterstützung gewährte. Da man insbesondere Soldaten, Administrationspersonal, Techniker und Missionare in Asien benötigte, war es nur Gouverneuren und hohen Funktionären gestattet, ihre Frauen und Familien auf den wenigen pro Jahr auslaufenden Schiffen mitzunehmen. Die Reproduktion der portugiesischen Kolonialbevölkerung in

Asien bewegte sich daher in engen Grenzen. Als Abhilfe wurden ab dem Jahr 1545 vom König Waisenmädchen nach Indien geschickt, um die weiße Population zu vergrößern. Infolge der hohen Sterblichkeit der zugewanderten Männer und des geringen Nachschubs an heiratsfähigen weißen Frauen blieb der portugiesische Bevölkerungsanteil aber dennoch verschwindend klein. Wahrscheinlich trug dazu auch bei, dass es viele junge Portugiesen vorzogen, mit asiatischen Sklavenmädchen zu leben, als zu heiraten.[219]

Infolge des beschränkten Zuwanderungspotenzials war die Förderung von Mischehen ansiedlungswilliger ehemaliger Soldaten durch die Kolonialverwaltung ebenso notwendig wie die Rekrutierung von Hindus für Flottenbesatzungen bzw. Garnisonen sowie der Einsatz afrikanischer und asiatischer Sklaven. Schon in Afrika hatte die Krone die Heirat mit einheimischen Mädchen angeordnet. Nach der Eroberung Goas wurde die Praxis der Mischehen von Albuquerque durch materielle Anreize stark gefördert und auch ideologisch abgesichert. Im Falle von Frauen aus hohen Hindukasten und angesehenen islamischen Familien, die man in der Gefangenschaft ›bekehrt‹ hatte, fand sich sogar das Argument, dass sie fast weiß wären. Obwohl sie durch alle ihre Handlungen in Übersee ausdrückten, dass sie an der Überlegenheit der europäischen Kultur nicht im mindesten zweifelten, waren Portugals Eliten im Dienste des Kolonialsystems unter Umständen bereit, auf die sonst üblichen Formen rassischer Diskriminierung zu verzichten. Dies war besonders bei zeugungsfähigen Frauen aus den verschiedensten Ländern und Völkern der Fall, wenn sie bereit waren, sich taufen zu lassen und einen Portugiesen zu heiraten.

»Albuquerque entwickelte eine Theorie des portugiesischen Kolonialreiches auf der Grundlage gemischter Bevölkerungen, unabhängig davon, ob das jeweils einheimische Element arabisch, afrikanisch, indisch oder indonesisch war. Dies reichte über das Zugeständnis der Schwäche des Fleisches hinaus; es war eine klare und kohärente Theorie des Kolonialreiches. Die Basis war, dass Portugal selbst nicht die Männer und schon gar nicht die Frauen bereitstellen konnte, um ein Weltreich zu bevölkern.«[220]

Auch bezüglich der Soldaten zeigte man sich ›liberal‹ und verzichtete auf die strikte Einhaltung von Rassenschranken, solange keine Zweifel an der Dauerhaftigkeit von ›Oben‹ und ›Unten‹ aufkamen. Seit dem

Jahr 1509 ist belegt, dass Seeleute von der Malabarküste auf portugiesischen Schiffen dienten; schon Albuquerque eroberte und verteidigte Goa mit Hindu-Hilfstruppen; beim Angriff auf Malakka beteiligten sich neben indischen Christen auch Moslems; und binnen weniger Jahre wurden Portugals Festungen überwiegend durch indische und indonesische Soldaten verteidigt. Nur so gelang es, die Zonen portugiesischer Macht an Asiens Küsten, die sich selten weiter als einen Tagesmarsch ins Landesinnere erstreckten, einigermaßen abzusichern. Nach 1600 hing die militärische Schlagkraft des Estado, und somit auch der Abwehrkampf gegen die nach Asien expandierenden Niederländer und Briten, sowohl zu Lande als auch auf See, immer stärker von einheimischen – vielfach muslimischen – Soldaten und Matrosen ab. Dass der Gouverneur von Malakka zu Beginn des 17. Jahrhunderts eine japanische Leibgarde beschäftigte, rundet als skurriles Detail das Bild portugiesischer Abhängigkeit von asiatischen Soldaten ab.[221]

Mindestens ebenso wichtig waren für die Portugiesen des Estado Sklaven, die ja auch zu Hause und auf den Atlantikinseln als Hauspersonal, Handwerker und Landarbeiter beschäftigt wurden. In Goa soll der Haushalt eines *casado* durchschnittlich zehn Sklaven bzw. Sklavinnen in Dienst gehalten haben. Afrikanische Sklaven wurden von Brasilien bis China als Arbeiter, Seeleute und sogar Infanteriesoldaten eingesetzt, die versklavten Afrikanerinnen als Dienstmägde oder Sexualobjekte verwendet. Auf den Märkten der großen Stapelhäfen Asiens und an Chinas Küstenplätzen erwarb man chinesische Mädchen für wenig Geld. Neben Ostafrika und dem Fernen Osten war insbesondere Bengalen die Heimat vieler Sklaven. Auch Kriegsgefangene wanderten, wenn es die Umstände zuließen, in die Sklaverei. Sklaven bauten Festungen, dienten als Übersetzer, erzeugten Schießpulver, trugen die Waffen in den Kampf und die Beute nach Hause, Mädchen vergrößerten den ›Harem‹ reicher Portugiesen, erfreuten ihre Herren als Tänzerinnen, wurden privat sexuell ausgebeutet oder auf dem Wege der Prostitution vermarktet.[222]

Unter solchen Umständen von einer portugalspezifischen Toleranz in Rassenfragen zu sprechen, mutet, gelinde gesagt, höchst eigentümlich an. Viele Historiographen der lusitanischen Expansion halten aber bis in die Gegenwart an diesem liebgewordenen Klischee fest.[223]

Bezüglich der portugiesischen Mission in Asien, die natürlich ebenfalls höchst unterschiedlich eingeschätzt wird[224], liegen die Dinge noch viel klarer. Fast allgemein wird auf die religiöse Intransigenz der

Portugiesen verwiesen, die sich am deutlichsten gegenüber den Moslems manifestierte, aber auch vor Hinduismus, Buddhismus, den indischen Thomaschristen und erst recht vor den Kulten indonesischer Stammesgesellschaften nicht Halt machte. Die religiöse Unduldsamkeit zeigt klar, was es mit der ›rassischen Toleranz‹ in Portugals Kolonien auf sich hatte. Der relativ unbefangene Umgang mit Afrikanern im 15. Jahrhundert und die Honorierung religiös-kultureller Assimilation sollte nicht den Blick auf die Tatsache verstellen, dass sich im Zuge der atlantischen Expansion massive Vorurteile gegen ›Neger‹ entwickelten, die sich im 16. Jahrhundert dann auf alle dunkelhäutigen Menschen erstreckten. Selbst Albuquerque sah trotz seines stark ausgeprägten politischen Realismus helle Heiratskandidatinnen lieber als etwa dunkelhäutige Südinderinnen.

»Angesichts der zentralen Bedeutung der Kirche in der damaligen Gesellschaft ist ein zuverlässiger Indikator für ›Rassenpolitik‹ die Zulassung zum Priesteramt. Und hier wurden Weltklerus wie Orden gegenüber Negern und dunkelhäutigen Asiaten immer zurückhaltender; die Bischofsweihe eines Afrikaners wie 1518 wäre wenig später nicht mehr möglich gewesen. Selbst der an sich außerordentlich weitsichtige und aufgeschlossene Jesuit Valignano lehnt die Aufnahme von Indern in den Orden ab, ›weil alle diese dunklen Rassen sehr dumm und lasterhaft sind ... und gleicherweise, weil die Portugiesen sie mit der größten Verachtung behandeln ...‹. Japaner, Chinesen, Koreaner, Vietnamesen werden akzeptiert, denn sie rechnet man zur weißen Rasse.«[225]

Religiöse Toleranz war in der portugiesischen Überseegesellschaft von Anfang an ausgeschlossen. Im Verlauf des 16. Jahrhunderts gewannen die Maßnahmen gegen Andersgläubige aber kontinuierlich an Schärfe und Gräueltaten gegen beharrliche ›Heiden‹ begannen sich zu häufen.[226] Gewaltsame Bekehrungen waren zwar offiziell verboten, nahmen aber überhand. Seit 1540 wurden die Hindutempel in Goa zerstört – für Moscheen war dies ohnehin selbstverständlich – und die Ausübung nichtchristlicher Kulte untersagt. Sozial diskriminierende Maßnahmen, aber auch materielle Anreize sollten den Bekehrungseifer erhöhen.[227]

Dass diese Praktiken in einigen Regionen fast nicht vorkamen, hatte nichts mit Toleranz zu tun, sondern entsprang politischem oder

ENTWICKLUNG UND STRUKTUR DES ESTADO 95

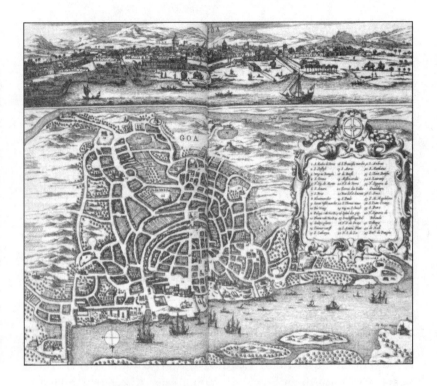

Plan und Ansicht von Goa im 17. Jahrhundert

ökonomischem Kalkül: Die Mission durfte weder in Ormuz noch in Macao, wo Moscheen und Tempelanlagen bestehen blieben, die schmale Machtbasis der Portugiesen gefährden. Seit dem ausgehenden 16. und im 17. Jahrhundert passierte es dann immer häufiger, dass die Ziele der Kirche gegenüber der politischen Notwendigkeit, den Bestand des Estado durch enge Kooperation mit Einheimischen zu sichern, in den Hintergrund verbannt wurden. Auch die 1560 in Goa etablierte Inquisition – Franz Xaver, schockiert von der religiösen Laxheit im Administrationszentrum, hatte schon 1545 deren Einrichtung beim König erbeten – befasste sich mehr mit der Verfolgung von Krypto-Hindus als mit der Jagd auf die aus Portugal zugewanderten, kommerziell einflussreichen Juden, wofür sie eigentlich gegründet worden war. Bezeichnenderweise betrafen zahlreiche Verbote alte Sozialpraktiken der Hindus, deren religiöse Signifikanz alles andere als klar war.[228]

In späteren Jahren wandte sich die Aufmerksamkeit der Inquisition immer stärker gegen Missionare, die aus Rom unter Verletzung des königlichen Patronats, das der Krone die Vergabe kirchlicher Ämter sicherte, direkt in die Bistümer des Estado einsickerten und daher als Ketzer galten. Die Bedeutung der Mission und kirchlicher Institutionen als staatliche Herrschaftsinstrumente kommt dadurch klar zum Ausdruck.[229] Die ausgeprägte Funktion der katholischen Mission als Stütze der Kolonialherrschaft erklärt sich unter anderem aus der jahrhundertelangen untrennbaren Verbindung zwischen Kreuz und Krone, Thron und Altar, Imperium und Glauben in beiden iberischen Monarchien, die seit dem 15. Jahrhundert außergewöhnlich weitreichende Rechte vom Papst erhalten hatten. Alle Missionsaktivitäten in Übersee waren zum Monopol des portugiesischen bzw. kastilischen Königs erklärt worden. Die Geistlichen konnten in den Kolonialgebieten nur mit Zustimmung der jeweiligen Krone tätig werden. Die Monarchen setzten Priester und Bischöfe nicht nur ein und ab, sie griffen auch in die Konflikte zwischen kirchlichen und weltlichen Stellen ein und intervenierten sogar in innerkatholischen Auseinandersetzungen. In vieler Hinsicht betrachtete man den iberischen Kolonialklerus wie bezahlte Funktionäre der Krone. Dazu passt, dass ein erheblicher Anteil staatlicher Ausgaben im Estado der katholischen Kirche und ihren großen Orden zugute kam und dass die Krone auch logistisch half, indem sie Transportmittel und Protektion zur Verfügung stellte.[230]

Dass die ›Pflicht zur Missionierung‹ bisweilen zum Verlustgeschäft wurde, sollte den Normalfall einer für beide Seiten nützlichen Zusammenarbeit nicht verdunkeln. Die Religion lieferte ja nicht bloß die ideologische Rechtfertigung für Eroberung, Plünderung und Kolonialherrschaft. Die geistlichen Orden, besonders die Jesuiten, entfalteten auch eine erfolgreiche Wirtschaftstätigkeit in Portugiesisch-Asien, indem sie mit Gewinn am Fern- und Regionalhandel partizipierten und sich richtungsweisend in der Landwirtschaft engagierten.[231] Für Krone und Kolonialverwaltung fiel bei diesen Aktivitäten allemal etwas ab. Am wichtigsten war die Mission allerdings als Flotten und Armeen ergänzendes Expansions- und Stabilisierungsinstrument, das große Wirkung bei geringen Kosten auszeichnete.

»Ob sie nun allein vorgingen, oder, wie es häufiger der Fall war, in Zusammenarbeit mit der weltlichen Macht, es steht außer Streit, dass es die Missionare waren, die für viele Erschließungszonen zur eigentlichen Säule kolonialer Macht wurden, ob nun als Ordensbrüder oder Jesuiten. Diese waren weitaus billiger und effektiver als es große und teure Garnisonen jemals hätten sein können. Ein Vizekönig von Mexiko stellte beobachtend fest: ›Mit jedem Mönchsbruder auf den Philippinen hat der König den Gegenwert eines General-Kapitäns und einer ganzen Armee‹. In Portugiesisch-Indien, wo sich die von der lusitanischen Krone kontrollierten Gebiete im Vergleich zu den riesigen Regionen der zwei iberischen Kronen in den Amerikas wie eine Kleinigkeit ausnahmen, war die Situation in gewisser Weise ähnlich. Der Franziskaner und Chronikschreiber aus Macao, Bruder Paulo de Trindidade, bemerkte in der Niederschrift seiner ›Conquista Spiritual do Orient‹ 1638 in Goa: ›Die zwei Schwerter der weltlichen und kirchlichen Macht standen bei der Eroberung des Orients einander so nahe, dass selten das eine ohne das andere angetroffen wurde. Für die Waffen leitete sich das Recht der Eroberung aus der Predigt der Evangelien ab, und die Predigt war nur dann von Nutzen, wenn sie von Waffengewalt begleitet und beschützt wurde.‹«[232]

DIE PORTUGIESEN IM ASIENHANDEL

Im Unterschied zu den Spaniern in Amerika sahen sich die Portugiesen in den Weiten des Indischen Ozeans und des Fernen Ostens der größten vorkolonialen Weltwirtschaft, einem seit Jahrhunderten florierenden Fernhandel auf hoher Stufenleiter, vielfältig erprobten Geschäftspraktiken und einflussreichen Händlergruppen konfrontiert. Die Antwort auf diese Herausforderung bestand zunächst nicht vorrangig oder gar ausschließlich in kommerzieller Konkurrenz, worauf man sich infolge der im 15. und 16. Jahrhundert wiedererstarkenden kriegerisch-aristokratischen Traditionen in Portugals Gesellschaft sowie der starken Kreuzzugskomponente während der ersten Expansionsphase vielfach erst gar nicht einließ, sondern im staatlich empfohlenen Einsatz von Gewalt. Mittels Flottenvorherrschaft, Handelsblockaden und Plünderungen hatte die Krone ein Monopol im Gewürzhandel und der Schifffahrt in Asiens Gewässern angestrebt. Das anfänglich relativ erfolgreiche Vorhaben war aber, aus den angeführten Gründen, bald an die Grenzen des Möglichen gestoßen. Nach Anfangserfolgen stellte sich spätestens in den 30er- und 40er-Jahren heraus, dass die kommerziellen und militärischen Mittel für ein effizientes Monopol auf Asiens Pfeffer- und Gewürzmärkten nicht ausreichten. Neben den traditionellen asiatischen Händlergruppen, die die portugiesischen Kontrollen wieder häufiger umgingen, entzogen sich auch immer mehr Portugiesen dem Einfluss des Vizekönigs oder Gouverneurs, um an den Rändern des Estado als Partner oder Konkurrenten einheimischer Kaufleute auf eigene Faust einträglichen Geschäften nachzugehen.

Ein Ausweg aus dem Dilemma bot sich durch zwei einander ergänzende Strategien an, die allerdings mit den Interessen des königlichen Monopols auf der Kaproute nur begrenzt zur Deckung gebracht werden konnten. Einerseits begannen sich Portugiesen im Dienste der Krone oder auf eigene Rechnung im etablierten Asienhandel als Zwischenhändler und Makler zu beteiligen: Die ansehnlichen Einnahmen aus diesem Geschäft ermöglichten nicht nur das luxuriöse Leben vieler Kolonisten, sondern trugen auch zum Budget des Estado bei und finanzierten überdies einen Teil der Einkäufe für den Luxusgüterexport nach Europa. Andererseits wurde Portugals Kolonialsystem stärker als bisher zu einem redistributiven Unternehmen entwickelt, das der Krone zwar weiterhin in einigen Fällen Monopolprofite sicherte, vor allem aber eine möglichst einträgliche Kontrolle und Besteuerung des Seehandels garantierte. Da man ohnehin nicht alle Handelsrouten in den Griff bekommen konnte und rasch geahnt hatte, dass es einträglicher war, an möglichst vielen Punkten Zölle einzuheben, als eine lückenlose Kontrolle anzustreben, wurde die aufwendige Blockade der Seerouten etwas gelockert, der Griff in die Taschen der Kaufleute dagegen systematisiert und verstärkt. Dies setzte allerdings nicht die Unterbindung, sondern das Florieren des Asienhandels auf den großen etablierten Routen voraus. Nach der Festigung des Estado da India und der regelmäßigen Einrichtung der *Carreira da India* nahm Lissabon die Errungenschaften der ersten Expansions- und Eroberungsphase als gegeben hin und begann das Staatsmonopol, soweit es sich als sinnvoll erwies und kostengünstig behaupten ließ, aber vor allem die Tributzölle des Indischen Ozeans als Renteneinkommen zu betrachten.[233]

Die realistische Aufgabe des grandiosen Traumes einer totalen Beherrschung und Umlenkung des asiatischen Luxusgüterhandels, die schmiegsame Anpassung der Kolonialpolitik an die beschränkten Ressourcen des Mutterlandes und an die vorgefundenen Verhältnisse, relativierte natürlich die Position Portugals und hielt den deformierenden Einfluss des expandierenden Europa auf die traditionellen Wirtschaftsstrukturen und Gesellschaften Asiens in Grenzen. Immanuel Wallerstein war und ist überzeugt, dass »Asia was an external arena with which Europe traded, on somewhat unequal terms to be sure«, und Andre Gunder Frank betonte 1978: »Im Innerasienhandel zwischen Indien, den Gewürzinseln, der malayischen Halbinsel, China und Japan waren die Portugiesen lediglich ein weiterer – und im besten Fall der erste – Konkurrent unter vielen.« Zwanzig Jahre später stuft Frank die Rolle Portugals im Asienhandel als marginal ein. Politisch seien die Portugiesen überhaupt unerheblich gewesen.[234]

Als Kronzeugen für den marginalen Einfluss Portugals auf Asien, selbst im Rahmen des meergebundenen Fernhandels, gelten vielfach noch immer Van Leur und Panikkar mit ihren schon vor Jahrzehnten publizierten Standardmonographien. Van Leurs Diktum »The Portuguese colonial regime did not introduce a single new economic element into the commerce of southern Asia« ist inzwischen zu einem vielzitierten Merksatz geworden und er schlägt in dieselbe Kerbe, wenn er resümiert: »Ungeachtet des Bestandes portugiesischer und spanischer Stützpunkte im südlichen und östlichen Asien, war dies keine koloniale Welt im Sinne einer europäischen Dominanz. Der international-asiatische Charakter des Handels blieb bestehen, auch die Unabhängigkeit der orientalischen Staatswesen wurde vom europäischen Einfluss praktisch nicht beschnitten. Die großen binnenasiatischen Handelsrouten behielten ihre volle Bedeutung.«[235] In dieser Hinsicht stimmte sogar die gegenüber den Ergebnissen ihres Landsmannes immer skeptische Meilink-Roelofsz mit Einschränkungen zu, und Panikkar betonte ebenso kategorisch, »es machte für indische Herrscher keinen Unterschied, ob ihre Kaufleute Waren an Portugiesen oder Araber verkauften«.[236] Es gab demnach Übereinstimmung zwischen Autoren und Autorinnen mit ansonsten recht unterschiedlichen Meinungen, auf deren Basis Braudel zusammenfasste:

»Die aufeinander folgenden Wellen der in Fernost auftauchenden Europäer verursachten keine unmittelbaren Störungen. Die Strukturen des Asienhandels wurden nicht sofort bedroht. Jahrhunderte und ganze Zeitalter bevor Europäer um das Kap der Guten Hoffnung segelten, hatte ein weitreichendes, den Indischen Ozean und den Pazifik und seine angrenzenden Meere überziehendes Handelsnetzwerk existiert. Weder die Besetzung Malakkas noch die Niederlassung der Portugiesen in Goa, noch die Etablierung europäischer Handelsleute in Macao brachten das alte Gleichgewicht ins Wanken. Die frühen Plünderungen der Neuankömmlinge ermöglichten ihnen, ohne Bezahlung an Fracht zu gelangen – dennoch wurden die allgemeinen Handelsgepflogenheiten schnell wieder eingerichtet, so wie Sonnenschein auf Unwetter folgt. Gewürze und andere asiatische Güter wurden seit Menschengedenken mit Silber bezahlt, manchmal – in geringerem Umfang – mit Kupfer, das weitgehend für die Münzprägung in Indien und China zur Verwendung kam. Die europäische Präsenz hat in dieser Hinsicht nichts geändert.«[237]

Anders als in Afrika und Amerika wurden die Europäer im Asien des 16. Jahrhunderts mit mächtigen, differenzierten Staatsgebilden und

Karavellen im Hafen von Lissabon

Ökonomien konfrontiert, deren Strukturen sich als widerstandsfähig gegenüber den Aktivitäten westlicher Armeen, Händler und Handelsorganisationen erwiesen. Es stellt sich aber nichtsdestoweniger die gravierende Frage, ob die Gesellschaften Asiens tatsächlich so unberührt von der vorimperialistischen europäischen Expansion blieben, wie es der erwähnte Konsens von Historikern unterschiedlicher weltanschaulicher und theoretischer Position nahelegt.[238] Alle zitierten Stellungnahmen ernstgenommen, sollte man die unmittelbaren und langfristigen Auswirkungen des portugiesischen Jahrhunderts auf die Länder Süd- und Südostasiens und besonders auf die Entwicklung ihres Handels nicht vorschnell ausschließen. Aus asiatischer Sicht unterschieden sich zumindest Portugals offizielle ›Händler‹ in fundamentaler Weise von Arabern, Persern, Gujaratis und anderen etablierten Kaufleuten. Sie traten nicht als einzelne Käufer, als Privatunternehmer, als Vertreter eines Handelshauses auf, sondern im Namen eines fremden Staates und seiner kommerziellen sowie ideologisch-politischen Bedürfnisse, gestützt auf eine bedrohliche Flottenmacht.[239] Zumindest im Bereich des Indischen Ozeans stellte die portugiesische Präsenz ein ernstes Hindernis für den bisher gepflogenen ›Freihandel‹ dar, das Modifikationen und Anpassungsleistungen erforderte. Einige Küstenregionen und Umschlagplätze konnten davon sogar profitieren, während andere auf Dauer Schaden erlitten.

»Die Dominanz der Portugiesen über diesen vormals autonomen Seehandel in solch ausgedehnten Gebieten stellt eine wahrlich bemerkenswerte Leistung dar – trotz aller Einschränkungen, die üblicherweise in wissenschaftlichen Beschreibungen des Systems getroffen werden. – Portugiesische Flottengeschwader hatten auf den Schifffahrtslinien des Indischen Ozeans eine unantastbare Oberherrschaft inne. ... Das lenkte den Schiffsverkehr in die von den Portugiesen unterhaltenen Häfen und Stapelplätze, was ihnen ermöglichte, hohe Zollgebühren von allen Seefrächtern und Händlern einzufordern. ... Obwohl die portugiesische Präsenz im Indischen Ozean nach 1510 vermutlich weder den Umfang noch die Leistungsfähigkeit des Exporthandels aus Indien erhöhte, bewirkte sie doch eine wichtige Änderung. Goa entwickelte sich rasch zu einem konkurrenzfähigen Umschlagplatz für den Handel zum Persischen Golf, insbesondere für den Import von Pferden nach Südindien; als Sammelpunkt für den Gewürzexport; und als Einfuhrhafen für Lebensmittel und andere Handelswaren des Küstenhandels.«[240]

»Die Bedeutung der Eroberung von Malakka darf aber keinesfalls unterbewertet werden. Unter den Portugiesen begann die Stadt als Handelshafen langsam abzusterben; niemals monopolisierten sie den Asienhandel. ... Dennoch ... brachten sie die Organisation des asiatischen Handelssystems an seiner Basis durcheinander. Es gab nicht mehr länger einen zentralen Hafen, wo die Reichtümer Asiens hätten ausgetauscht werden können; es gab kein malaiisches Reich mehr, das die Straße von Malakka überwacht und für den Handelsverkehr sicher gemacht hätte. Stattdessen wurden die Händlergemeinden über mehrere Häfen verstreut und auf den Wasserstraßen herrschte Krieg. Nach einem erfolgreichen Jahrhundert und quasi über Nacht verwandelte sich Malakka zu einem Namen mit stolzer Vergangenheit, aber mit wenig Zukunft.«[241]

Gemessen an China und den großen Binnenstaaten Indiens verliert das Geschick von Malakka oder auch von Calicut an Gewicht. Die Kenntnis davon sollte aber genügen, die portugiesischen Aktivitäten in Asien nicht bloß als reine Handelsexpansion abzutun, die Lissabon und Europa zwar Gewinn eingetragen haben mag, für die spätere Entwicklung und schließlich auch Deformation der Länder Süd- und Südostasiens und ihre Eingliederung in ein von Westeuropa dominiertes Weltsystem aber ein unerhebliches Vorspiel war.[242] Bevor jedoch der Frage nach langfristigen Folgen der portugiesischen Expansion für die Gesellschaften und Ökonomien Süd-, Südost- und Ostasiens weiter nachgegangen werden kann, gilt es die Rolle Portugals im Handels- und Wirtschaftsleben der Welt des Indischen Ozeans näher zu beleuchten.

Unter Berücksichtigung der von Vasco da Gama, Cabral, Almeida und Albuquerque vorgefundenen allgemeinen politischen und wirtschaftlichen Verhältnisse, der portugiesischen Flottendominanz und Monopolansprüche, der Struktur und Wirkungsweise des Estado da India, lassen sich Form und Stellenwert der Intervention Portugals in den Asienhandel bestimmen. Grob verallgemeinert gab es vier verschiedene Stränge im Asienhandel, die von Portugiesen betrieben oder kontrolliert und besteuert wurden: »Den Handel auf portugiesischen Schiffen, die entweder der Krone oder deren Vertragspartnern gehörten, vom westlichen Indien nach Portugal; Seereisen in besondere Gebiete innerhalb Asiens, die zuerst von königlichen Schiffen und später von Schiffen unternommen wurden, die von der Krone konzessioniert waren; der privat von Portugiesen durchgeführte Asienhandel; der Handel einheimischer Personen in ganz Asien mit eigenen Schiffen aber mit Passierscheinen der Portugiesen. Das Letztere betraf mehr Kapital und Schiffe als jeder andere Handelszweig.«[243]

Die unterschiedlichen Formen portugiesischer Teilnahme am Asienhandel blieben in ihrem Verhältnis zueinander sowie in ihrer Organisationsstruktur im Verlauf des 16. Jahrhunderts keineswegs konstant, sondern erfuhren einen ständigen Wandel, der den bereits erwähnten Etappen in der Entwicklung des Estado entspricht. In einer ersten Phase bis etwa 1520 wurde eine ganze Serie von Kronrouten, so genannte *carreiras* etabliert, die vielfach von Malakka, aber auch von Goa, Ormuz und anderen Küstenorten ausgingen und oft in Kooperation mit Kling-Kaufleuten betrieben wurden. Seit etwa 1530 wurden die Schiffe der Krone immer häufiger durch jene von Privatleuten ersetzt und das in Frachten investierte königliche Kapital ging sogar auf jenen *carreiras* drastisch zurück, auf denen weiterhin staatliche Schiffe segelten. Nutznießer dieser Veränderungen waren vor allem die von der Krone mit Frachtraum ausgestatteten Kapitäne und Funktionäre des Estado.[244]

In den beiden Krisenjahrzehnten nach 1540 schrumpfte die Kronbeteiligung am Asienhandel noch weiter. Von den traditionellen *carreiras* bestanden im letzten Viertel des Jahrhunderts nur noch jene von Goa nach Sri Lanka und zu den Molukken. Die meisten anderen Routen, aber auch einige neu geschaffene – darunter die berühmte von Goa über Macao nach Nagasaki – funktionierten nun auf der Basis von Konzessionen, die an Adelige oder auch Soldaten für treue Dienste vergeben und bisweilen auch versteigert wurden. Die militärischen und organisatorischen Probleme um 1570 schließlich bewirkten einen weiteren Rückgang des Kronmonopols im Innerasienhandel und nun auch auf der Kaproute zugunsten von Konzessionsfahrten und Privatgeschäften außerhalb jeglicher staatlichen Kontrolle.[245]

Hinsichtlich des Handelsverkehrs auf der Kaproute wird später noch genau auf Organisations- und Finanzierungsfragen, auf die Entwicklung im Vergleich mit dem Levantehandel und auf die langfristigen Profitaussichten einzugehen sein. Für die Einschätzung der Situation in Asien mag es vorläufig genügen, die aus den anfänglich recht rigiden Monopolansprüchen des Königs erwachsenden Probleme auf den Pfeffer- und Gewürzmärkten darzustellen, die bereits besprochenen Grenzen des Kronmonopols näher zu bestimmen und das Abbrökkeln bzw. die Transformation des Systems in der zweiten Hälfte des 16. Jahrhunderts nachzuzeichnen.

Neben dem der Krone reservierten Pfeffer- und Gewürzhandel von Indiens Westküste nach Lissabon gab es zwischen einzelnen Plätzen in Asien den offiziellen portugiesischen Handel auf Monopolbasis. Im frühen 16. Jahrhundert wurden die entsprechenden Fahrten, die auf einer fixen Route und nach einem verbindlichen Zeitplan abliefen, ausschließlich auf königlichen Schiffen abgewickelt, obwohl der Großteil der transportierten Güter privaten Kaufleuten gehörte. Da diese Vorgehensweise aber zuviel Kapital des Königs band, ging man, wie gesagt, seit etwa 1530/1540 dazu über, Lizenzen für einige äußerst einträgliche Fahrten, zu deren Zielen die Bandainseln und die Koromandelküste, Bengalen, Siam, China und Japan zählten, an Einzelpersonen zu vergeben. Einige Monopolfahrten gehörten zur Ausstattung eines hohen Amtes im Estado, einige wurden für militärische Verdienste oder als Heiratsausstattung verliehen, wieder andere wurden an den Meistbietenden versteigert.[246]

Das beste Geschäft ermöglichte die berühmte Route von Goa nach Japan über Macao. Nur einmal pro Jahr startete eine große Karacke zu der langen Rundreise, die zwischen 18 und 36 Monaten dauerte, dem jeweiligen Kommandanten aber meistens soviel Profit einbrachte, dass er sich für den Rest seines Lebens zur Ruhe setzen konnte.[247] Sehr hohe Einnahmen winkten auch den Konzessionären von Fahrten zu den Gewürzinseln oder nach Bengalen. Um das Jahr 1580 waren die Gewinnerwartungen auf der Kaproute wesentlich geringer als in den lukrativsten Zweigen des portugiesischen Monopol- bzw. Konzessionshandels in Asien.[248]

Der von Portugiesen in Asien betriebene Privathandel ist vergleichsweise schlecht dokumentiert und wird erst in den letzten Jahren systematisch erforscht.[249] Gesichert ist lediglich, dass er seit dem zweiten Viertel des 16. Jahrhunderts beträchtliche Dimensionen erreichte. Fast alle ansässigen Portugiesen, auch Beamte, Soldaten und Geistliche, beteiligten sich am Regionalhandel als Kaufleute und/oder Investoren. Häufig handelte es sich um gemeinsame Geschäfte mit asiatischen Partnern. Trotz der Verbote der Krone entwickelten sich insbesondere mit Juden und Hindus vielfältige Formen der Kooperation. Um Experimente zu vermeiden, ahmten die Portugiesen meist die bewährten

Praktiken nach. Ihre asiatischen Partner erwiesen sich daher als unentbehrliche kommerzielle Ratgeber, die es bald nicht mehr verschmähten, ihr Kapital auch in die Geschäfte der Europäer zu investieren.[250]

Selbst die aus Adelsfamilien rekrutierten hohen Funktionäre des Estado ergänzten ihre Einnahmen gerne durch Partizipation am Asienhandel, wenngleich ihr Hauptinteresse immer direkteren, gewaltgestützten Formen der Ausbeutung galt: Im Allgemeinen behinderte ihre aristokratisch-kriegerische Mentalität die Befassung mit Wirtschaftsfragen und das Verständnis für kaufmännische Rationalität. Deutlichster Ausdruck der wenig entwickelten Kommerzgesinnung der portugiesischen Eliten des 16. Jahrhunderts war der nicht zu leugnende Gewaltcharakter des Estado und das Funktionieren des Kolonialsystems als ein zumindest im Kern redistributives Unternehmen. Trotz dieses Tatbestandes sollte man allerdings nicht dem fest verwurzelten Klischee aufsitzen, wonach jeder Metzgersohn unmittelbar nach Umrundung des Kaps der Guten Hoffnung zum Fidalgo wurde und in Goa oder Cochin ein Leben in Müßiggang und Verschwendungssucht führte. Ganz im Gegenteil war die Masse der nichtaristokratischen Portugiesen überall an Asiens Küsten energisch bemüht, wirtschaftliche Profitmöglichkeiten privat wahrzunehmen, wozu sich illegale Geschäfte und der Handel mit Feinden der Krone gut eigneten.[251]

Wenn auch vereinzelt Männer bürgerlicher Abstammung zu ›Rittern‹ gemacht wurden und dann lieber Pfefferschiffe überfielen als ausrüsteten, zogen es die meisten aus dieser Klasse vor, ihre erlernten Berufe auch in Asien auszuüben. Als *casados*, d. h. in Asien niedergelassene, verheiratete Portugiesen, die entweder als Privatleute mit Sonderverträgen in den Estado gekommen waren oder ursprünglich als Soldaten gedient hatten, waren sie an langfristig einträglichen Aktivitäten stärker interessiert als die Kolonialfunktionäre und Flottenkommandanten, die mit allen Mitteln versuchten, in den drei Jahren einer Amtsperiode ein Vermögen zusammenzuraffen. Die *casados* schufen sich dagegen eine dauerhafte Existenzbasis als Advokaten, Ärzte, Apotheker, Schiffsmakler, Geldverleiher, Handwerker, Landbesitzer – die Reisfelder der indischen Nordprovinz waren eine wichtige Einnahmequelle – und insbesondere als Händler.[252]

»Die ›Casados‹ sorgten für kontinuierliche Solidität in einem System, das sonst eher auf schnellstmögliche Verwertung ausgerichtet war. Sie fingen durch ihre funktionierende Emsigkeit die häufig impulsive Handlungsweise der offiziellen Staatsvertreter auf. Und sie entwickelten im Schatten ... der Welthandelsströme ein eigenes stabiles ökonomisches Konzept: einen beschränkten Zwischenhandel von einem asiatischen Hafen zum anderen. Auf diesen Mittlerkommerz vor allem stützte sich seit Mitte des 16. Jahrhunderts ihr Einfluss. Es waren die ›Casados‹, die auf den Molukken ... bei den Produzenten die Gewürze aufkauften. ... Sie machten ... ihr eigenes Geschäft mit dem Verkauf von indischen Perlen und Edelsteinen, javanischen Stoffen, chinesischem Spielzeug und Leckereien. Andere ›Casados‹ schafften Araberpferde nach Indien und indisches Opium nach China. Und sie waren auch die Lieferanten für die besonderen Annehmlichkeiten des Koloniallebens. Sie besorgten den Reichen Sänften und seidene Sonnenschirme, Schmuck und Drogen. Sie verschafften ihnen durch einen gutorganisierten Sklavenhandel Diener aus dem ganzen Imperium, Afrikaner für den Dienst im Haus, Japaner für die Leibwache und als Kanonenfutter, Chinesen für die Küche und, wie im Falle eines Krösus in Malakka, Sklavinnen vierundzwanzig verschiedener Nationen fürs Bett.«[253]

Die Zahl der auf privater Basis legal oder illegal inner- oder außerhalb der Grenzen des Estado kommerziell tätigen Portugiesen war beträchtlich und ihr Anteil am Innerasienhandel vermutlich viel größer als in den Quellen dokumentiert, da die offiziellen Berichterstatter und Chronisten von den alltäglichen Handelsaktivitäten nur wenig Notiz nahmen. In vielen Sparten übertraf das Volumen privater Geschäfte den Kron- und Monopolhandel bei weitem, dessen Restriktionen durch enge Zusammenarbeit mit etablierten asiatischen Kaufleuten, durch Befahren neuer Routen und durch Beteiligung am Detailhandel im Binnenland ständig unterlaufen wurden.[254]

Schon im Jahr 1523 wurde in Cochin das Holz für den Schiffbau knapp, da es von Portugiesen aufgekauft wurde, die sich auf Dauer in Indien niederlassen und Handel treiben wollten. Seit 1543 ist die Handelsaktivität portugiesischer Privatleute in Malakka belegt, in Siam und auf den Bandainseln seit 1525, an der Koromandelküste seit den 50er-Jahren und zwischen Ormuz und dem Mogulreich seit 1546. Im Einklang mit dieser Entwicklung wurden immer mehr Waren von Privatleuten auf königlichen Schiffen nach Europa verfrachtet. Für die großen Handelsfamilien Lissabons erwies es sich unter diesen Umständen als lohnend, in Goa Vertreter zur Überwachung ihrer Asiengeschäfte zu etablieren. Am stärksten engagierten sich die portugiesischen Privatkaufleute in Gujarat, wo ständige Handelskontakte mit dem alten Stapelhafen Cambay spätestens im Jahr 1509 eingesetzt hatten. Obwohl Kirche und Staat wiederholt schwere Bedenken äußerten, nahmen hier die kommerziellen Operationen von Portugiesen außerhalb des Machtbereiches des Estado rasch zu. Als der Mogulherrscher Akbar 1572 nach Cambay vorstieß, befanden sich trotz des Kriegszustandes etwa sechzig Portugiesen in der Stadt und 1594 waren es mehr als hundert Familien. Ihre Hauptbeschäftigung war der Ankauf lokaler Produkte, besonders Textilien, die sie nach Goa zur weiteren Verteilung verschifften. Einige arbeiteten offensichtlich auch als Agenten reicher portugiesischer Händler in Goa.[255]

Die Rolle portugiesischer Privatleute, die als *casados* innerhalb der vage definierten Oberhoheit des Estado Handel trieben oder außerhalb des portugiesischen Einflusses ihren Geschäften nachgingen, wuchs vor allem in der zweiten Hälfte des 16. Jahrhunderts und insbesondere östlich von Kap Komorin, wo die Flottenmacht der Gouverneure immer sehr beschränkt war, gewaltig an. Elemente eines entsprechenden *shadow empire* oder ›informellen Empire‹, wie es George D. Winius bzw. Roderich Ptak bezeichneten, fanden sich selbstverständlich auch an Indiens Westküste und im Raum der Arabischen See, sie prägten Portugals Kolonialsystem aber vor allem in den östlichen Regionen. Während der kommerzielle und politische Einfluss der Krone beispielsweise im Golf von Bengalen auch nach 1540/50 marginal blieb, fädelten sich autonom agierende portugiesische Kaufleute auf vielfältige Weise – meist in Kooperation mit asiatischen Händlern – in das weitverzweigte Netz von Handelsrouten ein, die von Indonesien bzw. den Gewürzinseln bis Arabien, Persien oder Indiens Westküste reichten und auf denen neben den begehrten Luxusgütern große Mengen an Nahrungsmitteln sowie Textilien transportiert wurden. Obwohl die Ansiedlung und die Aktivitäten privat agierender Portugiesen an Bengalens Küste in Goa vielfach als illegal galten und naturgemäß vorwiegend Eigeninteressen dienten, profitierte die Krone gar nicht wenig von dieser inoffiziellen Ausweitung der Ränder des Estado. Bisweilen war dies sogar bei den politisch-militärischen Unternehmungen von Renegaten, die offiziell zwar die Fronten gewechselt hatten und als Staatsfeinde galten, der Fall.[256]

Eine Unterbindung des Privathandels lag außerhalb der Möglichkeiten der Krone und hätte wirtschaftlich mehr Schaden angerichtet als Nutzen gebracht, da der König an allen legalen Geschäften mit verschiedensten Abgaben partizipierte und selbst illegale Aktivitäten nicht selten indirekt seine Einkünfte erhöhten. Die Verwaltung des Estado war sogar zunehmend auf jene Einnahmen angewiesen, die infolge des florierenden Privathandels der *casado* in die Kassen flossen. Zusammen mit den Schutzgebühren, die von asiatischen Schiffsbesitzern und Kaufleuten eingetrieben wurden, sicherten die Gewinne und Steuern der portugiesischen Händler die Finanzautonomie des Asienreiches und lieferten einen wesentlichen Teil des für das Funktionieren der Carreira da India zwischen Lissabon und Goa erforderlichen Kapitals. »Übertragen auf die Verhältnisse der europäischen Weltökonomie, bedeutete die Rolle der Portugiesen als Mittelsmänner, dass sich ein Gutteil der europäischen Importe aus dem unsichtbaren Export von Schifffahrts-Kommerzdienstleistungen herleitete.«[257]

Statistisches Material, mit dessen Hilfe genaue Angaben über das Volumen und die relative Bedeutung des portugiesischen Monopol- und Privathandels in Asien im Vergleich zum Luxuswarengeschäft auf der Kaproute und zum Handel der asiatischen Kaufleute gemacht werden könnten, liegt bruchstückhaft erst für das späte 16. Jahrhundert vor, sodass für die meiste Zeit lediglich Aussagen über den allgemeinen langfristigen Trend möglich sein werden. Mehr Klarheit besteht über die regionalen Schwerpunkte des von den Portugiesen staatlich bzw. privat betriebenen oder von ihnen besteuerten Handels, über die wichtigsten Waren sowie über die kommerziellen Erfolge und Rückschläge des Estado.

Der bestkontrollierte Großhandelsraum verband Ostafrika, die arabisch-persischen Küstenregionen und den Westen Indiens. Nach der Phase von Expansion und Stabilisierung bewährte sich in diesem Kerngebiet portugiesischer Flotten- und Kolonialmacht das Stützpunktsystem recht gut, obwohl man Aden nie eroberte und sich die Blockade des Roten Meeres als immer wirkungsloser und schließlich sogar als schädlich für die Interessen des Estado erwies. Von Moçambique kamen Sklaven, Elfenbein, Bernstein, Gold und Ebenholz in immer größerem Umfang; Südarabien lieferte Pferde, Zucker, Perlen, Kamelhaarstoffe und Früchte der ariden Zone. Ormuz bot darüber hinaus auch noch Farbstoffe, Teppiche und Seide aus Persien sowie Silber und Manufakturwaren europäischer Herkunft an. Als Drehscheibe des

Transithandels zwischen Persien, Arabien und dem östlichen Mittelmeer einerseits und Indien sowie Südostasien andererseits, und infolge der portugiesischen Behinderungen der Schifffahrt ins Rote Meer, nahm die Bedeutung von Ormuz im Verlauf des 16. Jahrhunderts ständig zu. Um 1580 war die Stadt sicherlich die lukrativste, aber auch die internationalste portugiesische Niederlassung, wo Perser, Armenier, Osmanen, Araber, Venezianer und Inder miteinander verkehrten.[258]

An Indiens Westküste hatte die im ersten Drittel des Jahrhunderts etablierte Stützpunkt- und Handelsstruktur, trotz einiger Modifikationen und gravierender Verschiebungen im Staatensystem des Subkontinents, ziemlich unverändert Bestand. Trotz der hohen Zolleinnahmen in Ormuz und Malakka blieben Goa, die Malabarküste und Gujarat immer das Kerngebiet des Estado, wozu auch der kontinuierliche Aufstieg von Cochin beitrug.[259] Goas Regionalhandel war, abgesehen von den Monsunmonaten Juni bis September, äußerst rege und soll um 1630 den Umsatz der eher glücklosen portugiesischen Ostindienkompanie – eine gegen die erstarkende holländische und englische Konkurrenz gerichtete Gründung – wertmäßig um das fünfzehnfache übertroffen haben. Auch im 16. Jahrhundert übertraf Goas Regionalhandel immer den Warenverkehr auf der Kaproute. Im Vordergrund stand der Kontakt zu anderen westindischen Häfen und Regionen: Die Nordflotte brachte Textilien aus Gujarat, der Schiffsverkehr mit Kanara sicherte insbesondere die Versorgung und die Südflotte holte den Malabarpfeffer und suchte Anschluss an die Warenströme Bengalens, Sri Lankas, Malakkas und des Fernen Ostens. Um 1530 war die Monopolroute von Goa über Malakka nach China und Japan von allergrößter Bedeutung. Der Handel durch das osmanisch kontrollierte Rote Meer war zwar verboten, asiatische sowie private portugiesische Schiffe beförderten aber beträchtliche Mengen an Pfeffer und Gewürzen in Richtung Levante. Neben Gewürzen wurden auch Baumwolle, Indigo und Drogen gegen Woll- und Seidenfabrikate, Gold- und Silbermünzen sowie Sklaven getauscht. Ergänzt wurde das Handelsnetz durch Landrouten, die Goa mit Binnenindien verbanden.[260]

In Gujarat folgte nach zwei Jahrzehnten ständiger Konflikte zwischen den einheimischen Händlern und Portugals Flottenmacht seit der Jahrhundertmitte eine lange Phase friedlicher Koexistenz und intensiver kommerzieller Kooperation, was sich in steigenden Textilexporten und Gewürzimporten niederschlug. Die Fahrten nach Aden wurden von den Gujaratis nie völlig eingestellt, und wenn sich Portugiesen auch nur selten persönlich beteiligten, so investierten sie doch sehr gern ihr Kapital in das lukrative Geschäft. Selbst in Kriegsphasen wurden die inoffiziellen Kontakte zwischen den, nach den Vorstellungen der Krone, ›feindlichen‹ Händlergruppen fortgesetzt.[261] Die Eroberung von Gujarat durch Akbar stellte seit dem letzten Viertel des 16. Jahrhunderts für die portugiesischen Landbesitzungen eine militärische Dauerbedrohung dar. Die Expansion des binnenorientierten Mogulreiches bewirkte aber andererseits eine dem Handel dienliche relativ stabile Ordnung in Nordindien, die den Portugiesen, nach vollzogenem Interessenausgleich mit dem Großmogul, erhebliche Vorteile bescherte. Akbar und seine Nachfolger dachten gar nicht daran, eine Marine aufzubauen. Sie stellten ihre Pilgerschiffe unter portugiesischen Schutz und zogen symbiotischen Nutzen aus der Existenz des Estado, dessen Händler das für die Monetarisierung der Grundsteuer notwendige Edelmetall ins Land brachten, indem sie ihren Profit auf den nordindischen Binnenmärkten suchten.[262]

Im Süden erwuchs dem Estado und dem portugiesischen Privathandel aus der Zerschlagung des Hindureiches Vijayanagar durch die Moslemfürstentümer des Dekkan empfindlicher Schaden, da der Großabnehmer für arabische Pferde, Kupfer, Quecksilber, Korallen und andere europäische Luxusartikel ausfiel, ebenso ein Markt für Sandelholz und chinesische Seide, wofür man fein bedruckte Baumwolle eingetauscht hatte. Der ebenfalls mit dem Zusammenbruch von Vijayanagar zusammenhängende Bedeutungsverlust bzw. Positionsgewinn südindischer Küstenstädte – dem Niedergang von Bhatkal im Westen und Pulicat im Osten entsprach der Aufstieg von Masulipatnam – brachte für die Portugiesen neben Anpassungserfordernissen mehr strategische und kommerzielle Vor- als Nachteile. Die Angriffe der neuen Nachbarstaaten Bijapur und Golkonda auf Goa und andere portugiesische Küstenplätze wurden zurückgewiesen und seit 1576 gab es sogar friedliche Beziehungen und Handelsverträge mit Bijapur, das dieselben Waren wie früher Vijayanagar nachfragte und dafür Textilien, Diamanten, aber auch Nahrungsmittel, Pferdefutter, Schiffbauholz und Salpeter lieferte. Das Austauschvolumen war aber stark reduziert, sodass die militärisch erstarkten, ständig gefährlichen Sultanate – die Beziehungen zu Golkonda blieben trotz eines Vertragsabschlusses im Jahr 1590 immer gespannt – kein vollwertiger Ersatz für die Märkte des zerstörten Hindureiches wurden. Dazu kam, dass an der gesamten Malabarküste bis zum Jahrhundertende zahlreiche Konflikte ausgetragen wurden, die zwar längst nicht alle gegen die Portugiesen zielten, deren politische und kommerzielle Position im Südosten Indiens aber doch beeinträchtigten.[263]

Insgesamt günstig verlief die Entwicklung auf Sri Lanka, dessen Zimt-, Elefanten- und Elfenbeinexporte seit der allmählichen Etablierung portugiesischer Territorialherrschaft immer stärker kontrolliert werden konnten, freilich in aller Regel in Kooperation mit asiatischen Kaufleuten. Geschäfte portugiesischer Händler und Funktionäre außerhalb der Kontrolle Goas spielten auch in dieser Region eine große Rolle, wenngleich der radikale Bruch mit dem Estado fast immer ausblieb, sodass wahre Renegaten praktisch keine Rolle spielten. Im letzten Drittel des 16. Jahrhunderts glich das erfolgreiche Zimtgeschäft sogar viele Verluste im Gewürzhandel von den Molukken aus, obwohl sich die ständige Verwicklung in interne Konflikte als kostspielig erwies und 1658 schließlich zum Verlust der Insel führte. Zuvor war die ›Zimtflotte‹ zwischen Goa und Ceylon, die auch Elefanten, Elfenbein und Kristalle transportierte, sogar zu einer Säule des Handels im Estado aufgestiegen.[264]

An der Ostküste von Indien war der offizielle portugiesische Einfluss gering. Sowohl in der Bucht von Bengalen als auch an der Koromandelküste entstanden aber portugiesische Niederlassungen außerhalb des Estado, die als Exporteure von Textilien und Nahrungsmitteln unter anderem die Versorgung von Malakka sicherten. Nach 1560/70 erlangten die Aktivitäten von *casados,* Privatleuten und sogar Renegaten an den Rändern des portugiesischen Kolonialsystems immer größere Bedeutung. Wahrscheinlich war die erstaunliche Wandlungsfähigkeit und Überlebenskraft des Estado, neben den Erfolgen im Fernost- und Ceylonhandel, in hohem Maß dieser halboffiziellen Zone von Portugiesisch-Asien geschuldet.[265]

Malakka, das durch die Eroberung an Bedeutung eingebüßt hatte, wurde trotz zahlreicher Konflikte mit Atjeh, Johore und Bantam als Handelsdrehscheibe zwischen Indischem Ozean und Chinesischem Meer behauptet. Günstig für die portugiesischen Kaufleute und die kleine Garnison waren die vielfältigen militärischen und kommerziellen Rivalitäten zwischen Atjeh und Johore, die wechselnde Militärbündnisse und rasches Ausweichen auf die jeweils günstigsten Märkte erlaubten. Ebenso konnte die nordjavanische Hafenstadt Japara die Unterstützung für Atjeh nicht zu weit treiben, da sie für profitable Reisexporte auf den Umschlagplatz Malakka angewiesen war.

Und Bantam als führender Muslimstaat unterstützte zwar von Java aus die Glaubensgenossen auf den Gewürzinseln, lieferte aber selbst auf Kontraktbasis Pfeffer nach Goa.[266]

Auch alle osmanischen Anstrengungen, die Glaubensgenossen in Atjeh gegen die Portugiesen zu unterstützen und eine islamische Einheitsfront gegen die christlichen Eindringlinge aufzubauen, erbrachten nur wenige militärisch-politische Erfolge, trugen aber immerhin zur allmählichen Entwicklung gut bewaffneter Handelsschiffe und einer schlagkräftigen Flotte des islamischen Sultanats bei und festigten vor allem die Handelsbeziehungen zwischen Indonesien und dem Roten Meer. In der zweiten Hälfte des 16. Jahrhunderts stieg Atjeh immer mehr zu einer Drehscheibe des Asien-Regional- und Fernhandels auf. Seine Handelskontakte reichten im westlichen Indischen Ozean bis Arabien und die Golfregion, hatten einen Schwerpunkt im Golf von Bengalen – wo sich sogar portugiesische Privatleute an den Geschäften beteiligten – und konzentrierten sich so erfolgreich auf die Gewürzinseln, dass Malakkas Rolle spürbar eingeschränkt wurde.[267]

Uneinigkeit der Gegner, Lagegunst und in islamischer Zeit aufgebaute Handelskontakte ermöglichten das kommerzielle Überleben Malakkas auf etwas geringerem Niveau als um 1500. Trotz manch ungeschickten Verhaltens der portugiesischen Funktionäre und trotz der Eröffnung neuer Routen, die Portugals Kontrollen umgingen, gelangten noch lange die Luxuswaren Europas und der Levante, die Textilien und das Opium Indiens, Zinn aus Malaya, Pfeffer von Ostsumatra und Bantam, die Gewürze Ambons, der Molukken und der Bandainseln, das Gold Borneos, Reis und andere Nahrungsmittel von Java und Bengalen und die wertvollen Exportgüter Chinas nach Malakka und ermöglichten das Fortbestehen seiner berühmten Märkte. Im Jahre 1587 sollen immer noch 2800 kg Gold in Malakka zusammengeflossen sein, die den Einkauf der im Fernen Osten äußerst begehrten indischen Textilien und die Beschaffung der für Europa oder asiatische Staaten bestimmten Gewürze ermöglichten: zweifellos ein Zeichen ökonomischer Potenz.[268] Gegen Ende des 16. Jahrhunderts hatten die Portugiesen aber die attraktivsten Zweige des über Malakka abgewickelten Asienhandels verloren, und in den Jahrzehnten bis zur Eroberung der Stadt durch die Niederländer konnte die prekäre politische Position zwar noch behauptet, die endgültige Verödung einst blühender Märkte aber nicht abgewendet werden.[269]

Östlich der Straße von Malakka war es den Portugiesen nie

gelungen, eine Flottenvormacht wie im Indischen Ozean aufzubauen, Monopolansprüche wenigstens partiell durchzusetzen und die bestehenden Warenströme zu den Faktoreien des Estado umzulenken. Die schon lange zurückliegende Bewertung der portugiesischen Position durch Parry ist diesbezüglich aufschlussreich, sicherlich angemessen und noch immer gültig:

»Die Handelssultanate Indonesiens erholten sich schnell von dem Schock, den das Eindringen der Portugiesen zu Beginn des 16. Jahrhunderts ausgelöst hatte. Als dann die Kriegsleute der Inseln sich an europäische Kampfmethoden gewöhnten und selbst in zunehmendem Maß, sowohl auf dem Land als auch zur See, Feuerwaffen verwendeten, verloren die Portugiesen ihren früheren Nimbus der Unbesiegbarkeit. Sie waren nur eine Minorität und weit von der Heimat entfernt. Ihre Stützpunkte lagen weit verstreut, waren schwer zu behaupten und einen Teil des Jahres von Goa abgeschnitten. Sie fanden ihre Aufgabe bald darin, als eine der vielen konkurrierenden und kriegführenden Seemächte und nicht als eroberndes Weltreich in den Binnengewässern des Malaiischen Archipels aufzutreten«.[270]

Die Schiffe der Portugiesen durften zwar an vielen Orten unbehelligt die begehrten Gewürze verfrachten, in den Weiten der indonesischen Inselwelt waren die portugiesischen Funktionäre und Kaufleute auf den meisten Märkten aber lediglich eine Käufergruppe unter vielen. Chinesische und malaiische Händler konnten jederzeit Java und Sumatra anlaufen, ohne die Intervention portugiesischer Schiffe fürchten zu müssen.[271] Einen begrenzten politischen Einfluss erlangte der Estado auf einigen Gewürzinseln, ansonsten blieb die Präsenz auf Handelsaktivitäten beschränkt. Selbst in diesem Punkt gab es besonders dort, wo sich der Islam durchgesetzt hatte, massive Probleme. Der islamische Hafen Brunei auf Kalimantan beispielsweise erzielte mit einer aggressiven antiportugiesischen Politik große kommerzielle Erfolge, der Großteil Javas blieb den Portugiesen völlig verschlossen und die Feindschaft javanischer Moslems gestaltete die Passage der Straße von Malakka zunehmend gefährlicher.[272]

Nur auf den Molukken und etwas später auf Ambon machten sich die Portugiesen durch die Errichtung von Festungen und Faktoreien stärker bemerkbar. In einem mit dem islamischen Herrscher von

Ternate 1522 geschlossenen Vertrag waren sogar die typischen wirtschaftspolitischen Prinzipien der Krone wie Exportkontingentierung, Preisbindung, Ausschluss fremder Kaufleute etc. enthalten. Auf Bekehrungsversuche sollte aber von allem Anfang an verzichtet werden, und an der uneingeschränkten Souveränität des Sultans bestand vorerst kein Zweifel. Die Molukken lagen monsunbedingt von Malakka etwa zwanzig, von Goa gar bis zu dreißig Monate entfernt, sodass sich schon infolge der Entfernung eine strikte Durchsetzung der Wünsche Lissabons als illusorisch erwies. Im Geschäft mit den nur auf Ternate, Tidore und Ambon gepflanzten Gewürznelken wurde anfänglich nahezu ein Monopol realisiert, schon 1535 musste aber die Beschränkung auf königliche Schiffe aufgegeben und allen Portugiesen Handelsfreiheit eingeräumt werden. Auf den Bandainseln, dem Produktionsgebiet von Mastix und Muskatnuss, setzten sich Privatleute von Anfang an durch. Die Krone forderte deswegen zunehmend Tributleistungen in Form von Gewürzen, was aber ebenfalls nicht zur Verstärkung der Rückflüsse nach Lissabon führte. Am unproblematischsten erwies sich Ambon mit seinen ›bekehrungswilligen‹ Herrschern, von wo man sowohl Gewürznelken als auch Muskat beziehen konnte. Während sich der Gewürznelkenhandel für die Krone und die Funktionäre des Estado im gesamten 16. Jahrhundert als äußerst einträglich erwies, blieben Muskat und Mastix immer eine Domäne privater Geschäftsleute.[273]

Quantifizierbare Angaben über Produktion und Ausfuhr der einzelnen Gewürze von den verschiedenen Inseln liegen nicht vor. Einige Daten zum Gewürznelkenhandel vermitteln aber eine Vorstellung von der keineswegs beherrschenden Position der Portugiesen. Diese sollen nach Meinung einiger Autoren nie mehr als 12,5 Prozent oder sogar maximal ein Zwölftel, nach anderen Schätzungen aber doch einen wesentlich größeren Anteil der gesamten Gewürznelkenproduktion auf der Kaproute nach Europa gebracht haben, während der größere Rest auf den alten Wegen nach Persien, ins Osmanische Reich und in den übrigen Mittelmeerraum gelangte, vor allem aber an die asiatischen Konsumenten in China und Indien verteilt wurde. Vom Gesamtangebot an Mastix und Muskat dürfte die Kaproute nicht mehr als ein Siebtel absorbiert haben.[274] Dem entspricht, dass es den traditionellen Händlergruppen des indonesischen Raumes schon nach kurzer Zeit gelang, auf neue Gewürzmärkte wie Brunei in Nordkalimantan oder Makassar auf Sulawesi auszuweichen. Dies ging umso leichter, als das

Vordringen der Europäer die Nachfrage verstärkt und eine erhebliche Ausweitung der Gewürzproduktion bewirkt hatte. Ähnlich wie Atjeh auf Sumatra zur Rivalin Malakkas im Pfeffergeschäft geworden war, so gelang Brunei und Makassar der kommerzielle Aufstieg durch Erfolge im Export von Gewürznelken und Muskatnüssen nach China und Indien.[275]

Obwohl seit 1536 eine gezielte portugiesische Missions- und Besiedlungspolitik auf den Molukken einsetzte, vermochten die Portugiesen ihre Positionen nach Anfangserfolgen nicht auszubauen, sondern mussten infolge zu geringer Ressourcen, problematischer Herrschafts- und Handelspraktiken sowie ständiger Konflikte insgesamt einen Rückgang ihres Einflusses in Kauf nehmen.[276] Das spektakulärste Ereignis war sicherlich der Verlust von Ternate in den 70er-Jahren, den man durch verstärkte Präsenz auf Tidore, Ambon und den Bandainseln auszugleichen suchte.[277] Tatsächlich erholte sich Portugals Gewürzhandel mit Hilfe der Stützpunkte auf Tidore und Ambon ein letztes Mal, obgleich die Fahrten zu den Bandainseln immer unregelmäßiger und unergiebiger verliefen.

Ökonomisch stand die Zurückdrängung der Portugiesen schon geraume Zeit auf dem Programm, da Schiffe aus Java, Sumatra und Banda einen regen alternativen Gewürztransport aufgebaut hatten. Seit 1575 wickelten javanische Kaufleute den Gewürzhandel zwischen Ternate und Malakka ab und um 1600 gab es nur noch Reste portugiesischen Einflusses: der Angriff der Niederländer auf Ambon im Jahre 1605 bereitete auch diesen ein Ende.[278] »In der Tat, der portugiesische Handel mit den Molukken und mit Banda, der von den Javanesen seit 1570 stark bekämpft wurde, war praktisch mit dem Auftreten der Holländer am Ende des 16. Jahrhunderts zum Erliegen gekommen.«[279]

Der Handel mit China, der bis zur Errichtung des Stützpunktes Macao ausschließlich von portugiesischen Privatleuten betrieben worden war und anfänglich lediglich eine Erweiterung der in Malakka und anderen indonesischen Häfen gepflegten Kontakte mit chinesischen Kaufleuten dargestellt hatte, erfuhr durch die Etablierung eines regelmäßigen Schiffsverkehrs mit Japan eine beträchtliche Aufwertung. Die Einstellung aller regulären Handelsbeziehungen zu Japan durch die Ming-Dynastie im Jahre 1540 bot den Portugiesen die Möglichkeit, sich als unentbehrliche Vermittler im Warenverkehr zwischen den beiden Ländern zu etablieren. Ab etwa 1570 verfügten sie mit Nagasaki auch in Japan über einen hervorragenden Stützpunkt. Die Handels-

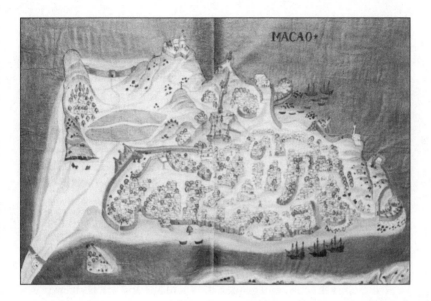

Macao um 1600

route Macao-Nagasaki blieb bis zu Beginn des 17. Jahrhunderts eine der profitabelsten des gesamten asiatischen Raumes.

Der abgewickelte Handel war dem Volumen nach bescheiden, aber von großem Wert. In China, teilweise auch in Japan, wurden Pfeffer, Gewürze und Sandelholz – das vielbegehrte Spezialprodukt der Insel Timor –, europäische und indische Textilien, dazu noch Opium, Elfenbein, Ebenholz sowie Waffen abgesetzt. Am einträglichsten war der Austausch von Seide und Gold aus China gegen japanisches Silber. Silber war in China in Relation zu Gold etwa doppelt so wertvoll wie in Europa oder auch Japan und absolut unentbehrlich für das Funktionieren des Finanz- sowie Fiskalsystems. Die riesige chinesische Ökonomie exportierte vor allem enorme Quantitäten Seide und sog umgekehrt den Großteil der globalen Silberproduktion auf. Aus diesen Rahmenbedingungen erklären sich die enormen Zwischenhandelsgewinne der Portugiesen von 150 Prozent und mehr. Um die chinesische Nachfrage zu befriedigen, lieferten die portugiesischen Schiffe um 1600 nicht nur einen erheblichen Anteil der auf 26 Tonnen gestiegenen jährlichen Silberproduktion Japans, sondern verfrachteten eine doppelt so große Menge amerikanischen Silbers auf der Kaproute ins Reich der Mitte.

Die erfolgreiche lusitanische Kaufmannsgruppe in Nagasaki trat auch mit dem spanischen Manila in Geschäftsverbindung und tauschte gegen Nahrungsmittel und Waffen unter anderem mexikanisches Silber ein, das von Acapulco direkt nach Asien gebracht wurde. Sowohl Macao als auch Nagasaki prosperierten bis ins erste Drittel des 17. Jahrhunderts, obwohl die Handelsverbote der Ming gelockert wurden und Japan eine Handelsflotte aufzubauen begann. Der Direkthandel mit Südamerika gelang zwar nicht, im Gegenzug wurden aber auch die Spanier, mit denen Portugal seit 1580 im Weltreich der Habsburger verbunden war, gehindert, von den Philippinen aus regelmäßig Macao anzulaufen. Nach 1600 dürfte in Macao der Höhepunkt kommerzieller Entwicklung und portugiesischen Einflusses überschritten gewesen sein. Das Geschäft florierte aber noch längere Zeit und wog den Verlust der meisten portugiesischen Positionen auf den Gewürzinseln wenigstens teilweise auf.[280]

Trotz einiger schwerwiegender Rückschläge und vielfältiger Transformationsprozesse als Antwort auf die Krisenjahrzehnte nach 1540 und 1550 war die zweite Hälfte des 16. Jahrhunderts keine Phase abnehmender kommerzieller Aktivitäten der Portugiesen in Asien. Das nach raschen Anfangserfolgen immer lückenhaft gebliebene königliche Monopol auf den Pfeffer- und Gewürzmärkten verlor zwar seit 1540 in Theorie und Praxis ständig an Bedeutung, der Direkthandel mit Portugal ums Kap der Guten Hoffnung begann zu stagnieren und schließlich vielleicht sogar etwas zu schrumpfen, viele innerasiatische Konzessionsrouten sowie die Privatgeschäfte der Portugiesen verzeichneten aber hohe Wachstumsraten. Diese jahrzehntelang gegenläufige Entwicklung erklärt sich zum einen aus den organistorisch-kommerziellen Mängeln der Kaproute und den bei der Beschaffung von Pfeffer und Gewürzen auftretenden ökonomischen Problemen, die durch die rigide Politik der Krone verschärft wurden, zum anderen aus dem Wiederaufstieg des restrukturierten Fernhandels der traditionellen asiatischen Händlergruppen, der ja durchaus im Interesse der vorrangig an Steuern und Schutzgebühren interessierten Verwaltung des Estado lag und vielen portugiesischen Privatkaufleuten lukrative Kooperationsmöglichkeiten bot.[281]

Bekanntlich haben schon die ersten Expeditionen den Portugiesen durch den massiven Einsatz von Gewalt Zutritt zu einigen Pfeffermärkten an der Westküste Indiens verschafft. Calicut war zwar weder durch brutale Bombardierungen noch auf dem Verhandlungsweg zum erwünschten zentralen Stützpunkt geworden, die Herrscher von Cannanore, Cochin, Quilon und anderen Hafenstädten an der Malabarküste hatten sich aber rasch mit Portugals Krone über die Errichtung von Faktoreien, über Tauschquoten, Fixpreise und Militärhilfe geeinigt. Später rückte auch das nördlich an die Malabarküste anschließende Kanara als Pfefferproduktionsgebiet in den Mittelpunkt portugiesischen Interesses. Bezeichnenderweise hatte Portugal den Zusammenbruch von Vijayanagar umgehend genutzt, die Kanara-Häfen Mangalore, Honawar und Basrur zu besetzen und die Kaufleute von Bhatkal auszuschalten. Nach 1600 wurde der Küstenort Onor sogar zum wichtigsten Pfefferausfuhrhafen im gesamten Estado da India. Gesichert wurde Portugals Einfluss in dieser Region durch eine Festung in Mangalore, von wo man außerdem große Mengen Reis exportierte.[282]

Gemäß Lissabons Monopolvorstellungen versuchten die Portugiesen überall Tiefstpreise für Pfeffer vertraglich zu fixieren, wobei man sich entweder auf Zwischenhändler stützte oder direkt an die Eliten der Produktionsgebiete herantrat, um billig einzukaufen. Deren Kooperationswilligkeit wurde fallweise durch Geschenke, dann wieder durch Machtdemonstrationen ›stimuliert‹. Sehr oft musste in Bargeld bezahlt werden, da die Kleinfürsten und Brahmanen der Pfeffergebiete häufig weder Kupfer noch Waren akzeptierten und an Handel wenig Interesse zeigten. Längerfristig erwies sich die besonders in den Anfangsjahren portugiesischer Präsenz in Indien strikt verfolgte monopolistische Tiefpreispolitik als äußerst kurzsichtig. Die von den Portugiesen gezahlten Preise blieben zwar, gemessen an Edelmetallwährungen, im Verlauf des 16. Jahrhunderts weitgehend stabil. Die Pfefferanbieter entwickelten aber wirksame Defensivstrategien: Sie lieferten zu den von den Portugiesen mit politisch-militärischem Druck ausgehandelten ermäßigten Marktpreisen, aber nur relativ geringe Mengen schlechten Pfeffers, während der Löwenanteil und alle guten Sorten der Jahresproduktion den Lokalmärkten und dem Überlandhandel reserviert wurden. Vor allem aber wurden alle portugiesischen Funktionäre und Kaufleute dauerhaft von den Pfeffergärten und vom eigentlichen Marktgeschehen ferngehalten. Im Jahre 1585 hatte sich die Situation für portugiesische Käufer so verschlechtert, dass sie eine zwölfprozentige Preissteigerung neben der Inflationsanpassung anbieten mussten, um Quantität und Qualität zu sichern. Verzögerungen der Lissabonflotte, Bargeldengpässe sowie mangelnde Kompetenz der

Beamten des Estado waren weitere Faktoren, die das Pfefferankaufsmonopol der Krone obsolet machten.[283]
Infolge des unzulänglichen Managements mangelte es meist am nötigen Geld, um in Ruhe einkaufen zu können. Sobald die notwendigen Summen endlich aufgetrieben waren, musste in großer Eile alles gekauft werden, was am Markt gerade angeboten wurde, da der König sein Kapital schon mit der Retourflotte in Form von Pfeffer wieder in Lissabon haben wollte. Oft blieb den Beamten kein anderer Ausweg als Geld bei reichen portugiesischen Kaufleuten in Cochin oder bei indischen Fürsten gegen hohe Zinsen auszuborgen. Immer wieder wurde auch versucht, die fehlenden ökonomischen Ressourcen durch militärische Drohungen auszugleichen. Im Jahr 1549 kam es infolge der vielen Missstände zu einem langwierigen Konflikt mit den Rajas der wichtigsten Produktionszonen, die darauf den Pfeffernachschub weitgehend blockierten. Probleme gab es auch mit den traditionellen Zwischenhändlern, die als nestorianische Christen seit dem Ausgreifen der Inquisition nach Goa lieber über moslemische Vermittler als direkt an die Portugiesen verkauften. Dass diese jede Gelegenheit zur Übervorteilung der schlecht zahlenden Erzfeinde ergriffen, versteht sich.[285]

In realistischer Einschätzung der relativ geringen Finanzkraft Portugals und der Grenzen einer nur auf Gewalt gestützten Plünderungspolitik hatte Albuquerque ein umfassendes Konzept zur Sicherung des Pfeffer- und Gewürznachschubs für Lissabon entwickelt, das zeitlich limitiert den vermehrten Einsatz von königlichem Kapital, die Konzentration aller für Asien bestimmten europäischen Waren auf die Kaproute sowie die Kontrolle des Innerasienhandels bei möglichst starker kommerzieller Beteiligung durch Portugiesen vorsah. Bereits Vasco da Gama hatte feststellen müssen, dass man in Calicut nur Gold, Silber, Korallen, Leinwand und Scharlach für Pfeffer und Gewürze in Zahlung nahm, wobei sich Venedigs Golddukaten besonderer Wertschätzung erfreuten. Cabral ergänzte dann die Liste lieferbarer Güter um Kupfer, Blei, Alaun und Safran. Albuquerque wollte diese Palette um Opium erweitern, dessen planmäßige Produktion er den Azoren zudachte. Tatsächlich bildeten entsprechende Waren und nicht Gold und Silber fast bis zur Mitte des 16. Jahrhunderts die Hauptfracht der von Portugal nach Indien auslaufenden Schiffe. Anfänglich dominierte wertmäßig der Export von Kupfer, nahm dann aber allmählich ab. Der Abfluss von Gold und Silber blieb demgegenüber lange in bescheidenem Rahmen.

Die kurzfristige Umlenkung eines Großteils der europäischen Warenströme vom Karawanenhandel der Levante auf die Kaproute erlaubte es den Portugiesen, einen hohen Prozentsatz der Luxusgüter Asiens durch die Ausfuhr europäischer Manufakturprodukte, Kupfer und Rohstoffe zu finanzieren. Da der Frachtwert der königlichen Schiffe in der Anfangsphase der portugiesischen Asienpräsenz zumindest in guten Jahren den Pfeffer-, Gewürz- und Drogenkauf wertmäßig abdeckte, musste Lissabon vorerst keine großen Edelmetall- und Geldmengen nach Asien verschiffen. Die Hoffnung König Manuels, die Kontrolle und Besteuerung des Asienhandels würde neben der Administration des Estado auch den Ankauf von Pfeffer und anderen Gewürzen finanzieren, erwies sich jedoch von Anfang an als unrealistisch.[285]

Es wirft ein bezeichnendes Licht auf das Monopolkonzept der Krone und die oftmals unzulängliche kommerzielle Kompetenz der portugiesischen Funktionäre, dass man selbst unter vergleichsweise günstigen politischen und finanziellen Rahmenbedingungen – die Aufwendungen für Flotte, Forts, Faktoreien und Verwaltung ließen sich anfangs überwiegend durch die Plünderung islamischer Schiffe und Hafenorte, erst später durch Steuern, Zölle und Schutzgebühren decken – die Probleme des Gewürzeinkaufs nur unzulänglich zu lösen vermochte. Im weiteren Verlauf des 16. Jahrhunderts gelang dies trotz steigender Einnahmen des Estado noch schlechter, da die Levanteroute wieder besser funktionierte und der Widerstand asiatischer Kaufleute zunahm. Nach 1540/50 mussten portugiesische Schiffe wesentlich mehr Edelmetalle, Gold- und Silbermünzen nach Asien transportieren, um das Defizit im Warenverkehr auszugleichen.

Die Konkurrenz der über die Levante auf asiatische Märkte gelangenden europäischen Waren und die Abnahme des in Westeuropa für Exportzwecke vorhandenen Kupfers brachten die Portugiesen um lukrative Geschäfte und forcierten den Edelmetallabfluss, der seinerseits immer stärker den Silberstrom von Spanisch-Amerika nach Sevilla – seit den 70er-Jahren zunehmend auch nach Manila – voraussetzte, da die zentraleuropäische Produktion schrumpfte und teilweise unter osmanische Kontrolle geriet. Immer mehr spanische Reales, die gängigste Silbermünze der Zeit, gingen nach Portugiesisch-Asien; im Jahr 1585 soll der Zustrom nach Goa fast eine Million Cruzados betragen haben. Magalhães-Godinho führt an, dass um 1500 eine halbe Million Dukaten in den Mittleren und Fernen Osten floss. Das wären 1750 kg Gold oder 20 500 kg Silber, also mehr als die Hälfte von Europas Silberproduktion. Im ersten Viertel des 17. Jahrhunderts sollen es dann anderthalb Millionen Dukaten gewesen sein, was 64 300 kg Silber, also einem knappen Drittel der Lieferungen aus Amerika entspricht.[286]

Die Verfügbarkeit großer Silbermengen, an die Portugal durch Sklavenlieferungen nach Amerika, Handel mit Spanien und auch durch Schmuggel gelangte, trug Lissabon eine steigende Kaufkraft gegenüber Asien ein, da Silber in Europa in Relation zu Gold viel billiger gehandelt wurde als in Indien und vor allem in China. Man sollte daher den Edelmetallabfluss nicht vorschnell als klares Indiz ökonomischer Schwäche interpretieren.[287] Der ›Silbersegen‹ reichte aber nicht aus, um die seit den Anfängen der Kolonialherrschaft bestehenden Schwierigkeiten auf Indiens Pfeffer- und Gewürzmärkten zu lösen.

Probleme für Lissabon und den Estado erwuchsen freilich nicht nur aus der Beschaffung der notwendigen großen Silbermengen, sondern auch aus den komplizierten Währungsverhältnissen und Zahlungsmodalitäten in Süd- und Südostasien sowie im Fernen Osten. Indien, China und Japan verfügten seit urdenklichen Zeiten über Münzgeldsysteme, die regional äußerst vielfältig waren und in komplexen Kreisläufen mit den ›primitiven‹ Währungen der Festlandgebiete und entlegenen Inselregionen verbunden waren.[288] Allein auf dem indischen Subkontinent gab es die unterschiedlichsten Geldsysteme, die Pierre Vilar in etwas skurriler Form und auch nicht immer ganz zutreffend schildert:

»Hindustan, Nordindien, ist eine Welt für sich; im ausgehenden 16. Jahrhundert hat es große Veränderungen erfahren. In Bengalen sind zwei Währungen im Umlauf: im Kleinhandel dienen die ›cauris‹ als Geld, der Großhandel basiert auf dem Silber. In Delhi herrscht im Münzumlauf das Kupfer vor. In Goujrat, am oberen Flusslauf des Indus, florieren Handel und Produktion so, dass sie Gold- und Silbermünzen aus Persien anziehen, ›pagodes‹ aus Dekkan und Zechinen und ›cruzados‹ aus Europa. Es ist ein Land, in dem die Steuern auf dem Land mit Gold- und Silbermünzen bezahlt werden! Das Mogulreich führt unter Akbar im Norden des Subkontinents eine auf der Silberrupie basierende Währung ein, die 10 bis 11,5 Gramm reines Silber enthält. ... Das Rupiensystem basiert auf beträchtlichen Einfuhren spanischen Silbers: die Rupien sind umge-

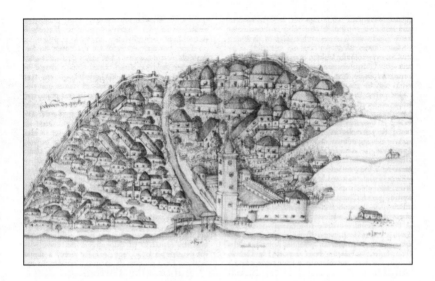

Panorama von Malakka

schmolzene Silberreals. In Dekkan, einer reichen und produktiven Region, herrscht das Gold in Form der ›pagode‹ vor, deren Goldgehalt dem der portugiesischen Münzen sehr nahekommt. Aber der alltägliche Zahlungsverkehr ist noch sehr viel primitiver als das System der spezialisierten Muscheln (cauris). Es besteht aus seltenen Steinen, Nadeln, ungeprägten Kupferstückchen ...«[289]

Östlich von Bengalen dominierten im indonesisch-indochinesischen Raum vormonetäre Zahlungsmittel, abgesehen natürlich von Malakka, Nordjava und Nordwestsumatra, wo nahezu alle Sorten an Gold- und Silbermünzen der Welt zirkulierten. In China war vom 12. bis 15. Jahrhundert hauptsächlich Papiergeld, ergänzt um kleine Kupfermünzen, in Umlauf gewesen. Dieses System war knapp vor 1500 infolge einer enormen Inflation zusammengebrochen. Im 16. Jahrhundert wurden größere Zahlungen mit Gold- bzw. hoch bewerteten Silberbarren vorgenommen, während im Alltag ungeprägte Kupferscheibchen Verwendung fanden.[290]

Den Portugiesen blieb unter solchen Umständen keine andere Wahl, als sich den herrschenden Verhältnissen anzupassen. Infolge ihrer beschränkten ökonomischen Position in Asien und der zumindest zeitweilig unzulänglichen Edelmetall- und Kupferreserven mussten sie entweder die örtlichen Zahlungsmittel akzeptieren oder konnten versuchen, im Namen der Krone eigene Münzen, aber nach Art des in den verschiedenen asiatischen Regionen etablierten Geldes, zu prägen. So oder so blieben die ums Kap der Guten Hoffnung verschifften, recht ansehnlichen Kupfermengen anfänglich doch zu gering, um Asiens Währungen maßgeblich beeinflussen und daraus ökonomischen Nutzen ziehen zu können. Da in dieser Hinsicht der Einsatz von Gewalt die wirtschaftlichen Schwächen Portugals, d. h. die unzureichende Entwicklung des lusitanischen und die ungenügende Präsenz des europäisch-internationalen Handelskapitals, nicht auszugleichen vermochte, verhieß geschickte Anpassung an die vorgefundenen Möglichkeiten am ehesten Erfolg. Erst im letzten Drittel des 16. Jahrhunderts änderte sich diese Situation zugunsten der Portugiesen durch die kommerzielle Einbindung des silberproduzierenden Japan in das Handelsnetz des Estado und durch die spanische Ausbeutung der Silberminen Mexikos und Perus.[291]

Der relative Bedeutungsverlust der Carreira da India gegenüber dem Asienhandel seit etwa 1530/40, zu dem das Festhalten der Krone am langfristig unrealistischen Monopolkonzept, des Weiteren handelsorganisatorische und finanztechnische Probleme sowie machtpolitische Verschiebungen im Bereich der Levanterouten mit wechselnder Intensität beitrugen, erklärt sich in besonderem Maß aus dem Wiederaufstieg des traditionellen, von einheimischen Kaufleuten dominierten und zunehmend auch von Portugiesen illegal auf eigene Rechnung betriebenen Asienhandels und den damit verknüpften Eigeninteressen der Verwaltung des Estado. Wie kurzlebig und lückenhaft das von Lissabon geforderte Handelsmonopol sogar im Kernbereich der Seeherrschaft, an der Westküste Indiens, geblieben war, wie unzulänglich die Blockade des Roten Meers nach einer kurzen Erfolgsphase funktionierte und wie problematisch eine Sperre des Persischen Golfs von allem Anfang an gewesen wäre, braucht nicht wiederholt zu werden. Natürlich gestalteten sich Portugals Anstrengungen auch nach Albuquerque nicht völlig erfolglos, wie die Ereignisse in Gujarat nach 1530 oder die vergeblichen Attacken der Osmanen belegen. Immer wieder gelangen schwere Schläge gegen die ›illegale‹ Schifffahrt indischer, persischer und arabischer Händler, etwa im Jahre 1525, als man 53 leichte, bereits mit Malabarpfeffer beladene Schiffe vor ihrer Abfahrt nach

Gujarat kaperte und verbrannte. Noch im Winter 1545/46 kontrollierte die portugiesische Flotille die Malabarküste mit so großer Wachsamkeit, dass der geheime Pfefferexport vorübergehend völlig zusammenbrach.[292]

Solche Erfolge wurden aber immer seltener, sodass das königliche Monopol in den meisten Regionen schließlich nur noch auf dem Papier bestand. In Gujarat beispielsweise gingen die Portugiesen in der zweiten Hälfte des 16. Jahrhunderts völlig von der obsoleten Politik der Strafexpeditionen und Plünderungen ab und waren künftig mit der einträglichen Besteuerung eines möglichst großen Teiles des wiederaufblühenden Handels zufrieden. Selbst in der Phase ständiger Konfrontation war kontinuierlich Pfeffer von der Malabarküste nach Cambay und zu den anderen Küstenorten gelangt. Viele Schiffe islamischer oder hinduistischer Kaufherren hatten ihre Fahrten nach Bengalen und Indonesien nie völlig eingestellt, von wo sie Gewürze holten, die teilweise ins Rote Meer und den Persischen Golf geliefert wurden. Immer häufiger erwarben die Gujaratis für diese Routen portugiesische Schutzbriefe, ein Teil der Schiffe umging aber auch Portugals Kontrollen und Zollstationen. Trotz der wachsenden Kooperation und der nach 1550 allgemein anerkannten friedlichen Koexistenz wollten die Funktionäre des Estado da India den Handel zwischen Gujarat und Aden möglichst eingeschränkt halten und dafür die Fahrten nach Malakka fördern.

In Wirklichkeit vollzog sich eine gegenteilige Entwicklung. Sogar auf der Basis des legalen Handels berechnet, steckten um 1570 bereits 25 Prozent des Kapitals der gujaratischen Händler im Geschäft mit dem Roten Meer und die Berücksichtigung der geheimen Aktivitäten würde diese Quote noch massiv erhöhen. Malakka verlor als Ziel dagegen ständig an Bedeutung, da die chinesischen und indonesischen Waren in jenen Häfen Bengalens, Javas und Sumatras erworben wurden, die außerhalb der Zone portugiesischen Einflusses lagen.[293] Nach 1590 beschleunigte sich auch im Bereich des Indischen Ozeans der Aufstieg von Handelszentren außerhalb portugiesischer Kontrolle. Die Hafenstadt Chaul expandierte beispielsweise auf Kosten von Diu und Goa, denen dadurch ein wesentlicher Teil des Geschäftes mit Ormuz und Mekka entging.

Im indonesischen Raum waren die etablierten Handelskreisläufe durch die portugiesische Eroberung Malakkas zwar beeinträchtigt, aber nicht zerstört worden. Die asiatischen Schiffe wählten teilweise neue Routen oder unterliefen mit regem Schmuggel die Monopolansprüche der Portugiesen, die in Südostasien unzulängliche Sanktionsmöglichkeiten besaßen. Für viele Händlergruppen, etwa aus China, zog die portugiesische Präsenz keine nennenswerten Behinderungen nach sich und die Weiten der Inselwelt ließen Portugals Flottenstärke nur wenig zur Wirkung kommen. Arabische, persische und andere asiatische Seeleute eröffneten sofort nach dem Machtwechsel in Malakka eine Schiffsverbindung von Indonesien zum Roten Meer, die über die Malediven führte und portugiesische Stützpunkte vermied.[294]

Ein Teil der Luxusgewürze gelangte infolge dieser Umstellung gar nicht mehr nach Malakka, und die kurzsichtige Habgier der Portugiesen auf den Gewürzinseln reduzierte das Handelsvolumen der Stadt noch stärker. Besonders die Erhöhung der bereits in islamischer Zeit eingeführten Zollgebühren von sechs auf acht Prozent und die exorbitanten Schmiergeldforderungen der Funktionäre vertrieben viele Fernhändler von Malakka zu den aufstrebenden Häfen der Sundastraße, wo man wesentlich geringere Abgaben leisten musste. Eine zeitgenössische chinesische Quelle bringt die Schwerpunktverlagerung im indonesischen Handel unmittelbar mit den Schwächen der portugiesischen Administration in Zusammenhang. Hohen Geldforderungen hätten keine angemessenen organisatorischen, konfliktregelnden Leistungen gegenübergestanden, den Beamten der Krone habe es an politischer und wirtschaftlicher Kompetenz gefehlt, sodass man geradezu von den Portugiesen aus dem besten Stapelhafen der Region vertrieben worden sei.[295]

Insbesondere javanische und chinesische Dschunken entzogen sich unter solchen Umständen äußerst erfolgreich portugiesischer Kontrolle und transportierten bald den Großteil der indonesischen Luxusgewürze und des hochwertigen Pfeffers aus Java und Sumatra. Zum Zentrum des neuen indonesischen Handelsnetzes entwickelte sich wie gesagt Atjeh auf Sumatra, wo sich die islamischen Schiffe zur Fahrt zum Persischen Golf oder Roten Meer versammelten und wo eine blühende osmanische Handelsniederlassung entstand.[296] Im letzten Drittel des 16. Jahrhunderts barg diese Route nur noch geringe Risiken und schließlich gelangte sogar Zimt aus Ceylon auf diesem Weg ins Mittelmeer. Parallel zu den Gewürzexporten in die Levante stiegen die Lieferungen asiatischer Kaufleute nach China, Indochina und große Teile Indiens, sodass die für die Kaproute erforderlichen Mengen, die im Falle der Molukken nur einen Bruchteil der wachsenden Gesamtproduktion ausgemacht hatten, nur noch schwer aufzutreiben waren.[297]

Das ausgehende 16. Jahrhundert brachte allerdings nicht nur den Wiederaufstieg asiatischer Handelsaktivitäten außerhalb des Kontrollpotenzials des Estado, sondern vor allem auch ein spektakuläres Wachstum der Geschäfte portugiesischer *casados*, wie James C. Boyajian in einer bahnbrechenden Studie überzeugend dargelegt hat.[298] In dieser wird unter anderem versucht, eine Schätzung der Gesamtsumme portugiesischer Investitionen im Asien-Binnenhandel im Zeitraum 1580–1598 zu erstellen. Ausgangspunkt dafür sind einerseits Globalzahlen, die portugiesische bzw. niederländische Zeitgenossen für wahrscheinlich hielten, deren Plausibilität in der Forschung aber sehr unterschiedlich eingestuft wird[299], vor allem aber das für die verschiedenen Regionen und Schifffahrtsrouten überlieferte fragmentarische statistische Material. Falls die Berechnungen von Boyajian auch nur einigermaßen der Realität nahe kommen, übertraf der Kapitaleinsatz der *casados* im Rahmen der Carreira da India und im innerasiatischen Handel um die Jahrhundertwende jenen der Niederländer auch nach 1620 noch bei weitem, was nur schlecht zum oft beschworenen Gegensatzpaar ›vormodern-traditionalistische Portugiesen versus rationale Nordwesteuropäer‹ passt. Die in einzelnen Regionen bzw. Geschäftszweigen investierten Summen belegen überdies, dass die Investitionsschwerpunkte der *casados* im Binnen-Asienhandel gegenüber jenen in Zusammenhang mit der Carreira örtlich und nach Warengruppen stark differierten, die beiden großen Geschäftsbereiche aber dennoch vielfältig ineinander griffen und einander ergänzten. Und schließlich zeigt das Zahlenmaterial auch die guten Profitaussichten portugiesischer Privatleute in Zeiten wachsender Probleme für das Kronmonopol und anlaufender niederländischer Konkurrenz.[300]

Die großen Erfolge asiatischer und privater europäischer Kaufleute, die trotz der fortbestehenden Seeherrschaft der Portugiesen im Indischen Ozean die überzogenen Monopolansprüche der Krone allmählich völlig illusorisch machten und immer enger auf vielfältige Weise kooperierten, zeugen von kommerziellem Geschick und Anpassungsfähigkeit, setzten aber – trotz des teilweise komplementären Charakters von Kaproute und portugiesischem Innerasienhandel – auch gewisse Interessengegensätze zwischen Lissabon und Goa voraus. Der Zwang zur Finanzautonomie und die Stärke des kriegerisch-aristokratischen Elementes im Estado da India förderten die Entstehung eines im Kern feudal-redistributiven Unternehmens, dessen Funktionäre ganze Handelszweige der Asiaten nach den Vorstellungen des Königs völlig unterbinden sollten, in Wirklichkeit aber mit Kontrollmaßnahmen und Sanktionsdrohungen eine möglichst lückenlose und einträgliche Besteuerung des Asienhandels anstrebten. Die Voraussetzung dafür waren gute Geschäfte asiatischer Kaufleute, die sich eine sichere Passage ihrer Waren im Bereich portugiesisch dominierter Meeresregionen durch Bezahlung von Schutzgebühren und Steuern erkauften.

Produktion und Verkauf von Schutz, d. h. die Abschöpfung eines relativ kleinen Teiles der Zwischenhandelsgewinne mit politisch-militärischen Mitteln, dienten zur Finanzierung der Kolonialverwaltung und wurden zu einem Charakteristikum von Portugiesisch-Asien. Gegenüber dem Einsatz von Gewalt im Dienste von Plünderungen, von Tributforderungen und von Monopolansprüchen bescherte die ebenfalls auf Gewalt gestützte Eintreibung von Schutzrenten langfristig sicherlich die höheren Einnahmen. Diese kamen zwar vorrangig dem Estado da India, indirekt aber doch auch dem König zugute. Man sollte daher die bestehenden Widersprüche auch nicht überschätzen. Die Carreira da India hätte natürlich aus einer totalen Blockade des Levantehandels profitiert. Sie zog aber auch Nutzen daraus, wenn asiatischen Schiffen auf dem Weg in den Persischen Golf und ins Rote Meer hohe Schutzkosten erwuchsen, was ja nicht nur die Selbstfinanzierung des Estado ermöglichte, sondern auch das Sinken der Pfeffer- und Gewürzpreise in Venedig hinderte oder zumindest bremste.[301]

Gemessen an der Entwicklung des königlichen Monopolhandels und der portugiesischen Privatgeschäfte in Asien erlangte die Besteuerung asiatischer Händler allergrößte Bedeutung, da sie Goas Budget regelmäßige Einnahmen zuführte und zur Umstrukturierung des Wirtschaftslebens von Arabien bis Japan beitrug. Das Hauptinstrument der Portugiesen zur Kontrolle des Warenverkehrs asiatischer Schiffe war die Ausgabe von *cartazes,* d. h. Schutzbriefen, die dazu berechtigten, auf festgelegten Routen und mit bestimmten Waren in aller Regel ein Jahr lang legal Handel zu treiben. Trotz erheblicher Flexibilität und Korruptionsanfälligkeit des Systems wurde ein großer Teil der asiatischen Handelsschiffe auf diese Weise zu den portugiesischen Forts, d. h. zu Kontroll- und Mautstellen gelenkt. Das Schutzbriefsystem funktionierte vermutlich auch deswegen so gut, weil ähnliche Konventionen und Instrumente schon vor den Portugiesen im Indischen Ozean im Gebrauch gewesen waren.

Vasco da Gama

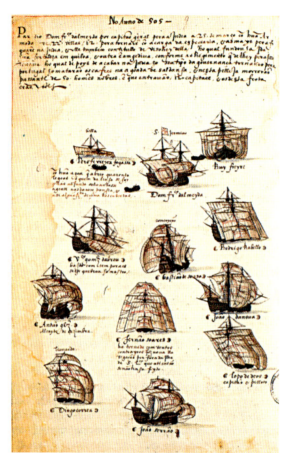

Flotte des Vizekönigs Francisco de Almeida

Seeschlacht im Indischen Ozean (unten)

Portugiesen in Indien

Muslime von Cannanore (links) und Bewohner der Malabarküste

Hauptstraße in Goa um 1600

Insel von Goa

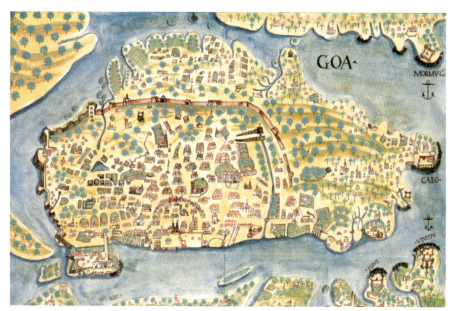

Blick auf Goa

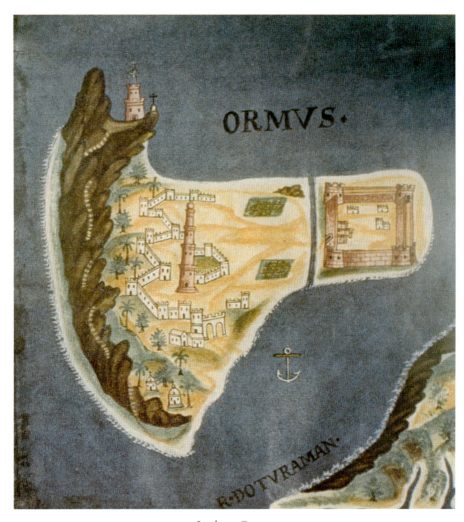

Insel von Ormuz

Muslime in Ormuz

Portugiesische Juden in Ormuz

Landleben im Raum von Goa I

Landleben im Raum von Goa II

»Alle Schiffe, die in asiatischen Gewässern Handel treiben wollten, mussten über einen Geleitbrief, eine ›cartaz‹ verfügen. Diese wurden von den dafür zuständigen portugiesischen Dienststellen, üblicherweise vom Gouverneur oder von einem der Festungskommandanten, spätestens seit 1502 ausgestellt. ... Die Ausstellungsgebühren für die ›cartaz‹ waren gering, einige Rupien, aber die ›cartaz‹ verpflichtete alle davon betroffenen Schiffe, portugiesische Hafenfestungen anzulaufen und bei Ankunft und Ausfahrt Gebühren zu entrichten. Das war Sinn der ganzen Übung, die Essenz des Arrangements. ... Im Vergleich mit den im Sultanat oder im Gujarat der Moguln berechneten, waren die Abgaben hoch.«[302]

Zu den wichtigsten Zollstätten gehörten Goa, Diu, Ormuz und Malakka, die offiziellen Gebühren pendelten nach den örtlichen Gegebenheiten zwischen vier und acht Prozent. Selbstverständlich gab es defizitäre Regionen oder Stützpunkte im Estado und viele Küstenplätze, die von den Kauffahrerschiffen des Asienhandels angelaufen werden mussten, um ihre relativ wohlfeilen Schutzbriefe zu erwerben und die wesentlich höheren Steuern zu bezahlen, warfen nur geringe Profite ab. Goa, Ormuz und Diu – in dieser Reihenfolge die wichtigsten Zollstätten – lieferten aber bis ins späte 16. Jahrhundert immer mindestens zwei Drittel der gesamten Steuereinnahmen, während Malakka 1588 nur noch 8,3 Prozent und 1607 sogar noch weniger beitrug. Östlich von Kap Komorin war Portugals Kontrolle der Seewege eben immer schwach geblieben und seit etwa 1570 fast gänzlich verschwunden.[303]

Regelmäßig kreuzende Kriegsschiffe kontrollierten die *cartazes* der asiatischen Kauffahrer, sollten lokale Herrscher beeindrucken und Piraten bekämpfen. Dies alles gelang immerhin in solchem Maß, dass viele Kaufleute lieber ihren ›Schutz‹ mit Zöllen und Abgaben erkauften, als das Risiko so genannter illegaler Fahrten eingingen. Seit etwa 1560 mussten die kleinen Handelsschiffe an Indiens Westküste überhaupt in *cafilas*, d. h. Konvois unter portugiesischem Begleitschutz, fahren, was eine verschärfte Form der Kontrolle bedeutete und die Einnahmen des Estado erhöhte.[304]

Die Frage, ob die Portugiesen als kommerzielle Konkurrenten der geschäftstüchtigen Araber, Perser, Gujaratis, Mappilas, Kling, Javaner etc. bei völligem Verzicht auf Gewalt höhere Profite erzielt hätten als durch Monopolgewinne und Schutzrenten, vernachlässigt die Gesellschaftsentwicklung in Portugal und die um 1500 herrschende machtpolitische und ökonomische Situation in Asien. Genau dies ist in der ansonsten vorzüglichen Studie von Michael N. Pearson über Gujarat im 16. Jahrhundert der Fall, in der die Auffassung vertreten wird, dass hauptsächlich die Kreuzzugskomponente in der portugiesischen Expansion friedliche Handelskontakte mit Asien unmöglich gemacht und dadurch den ökonomisch besten Weg der Überseepolitik versperrt habe.[305] Philip D. Curtin geht in seiner Studie über die Entfaltung der Welthandelsbeziehungen seit der Antike noch viel weiter. Seiner Meinung nach entschieden sich die Portugiesen für die schlechteste unter den möglichen Optionen:

»Die Portugiesen hatten wenigstens drei Optionen. Erstens, die asiatischen Machthaber bei Bedarf auszuzahlen. Zweitens, selbst Schutz anzubieten. Sie hätten einige Hafenstädte besetzen, sie befestigen und diese als Basis für die sichere Verwahrung und Lagerung der Güter vor ihrer Verschiffung, entweder zurück nach Europa oder hinaus in das Handelsnetzwerk Asiens, verwenden können. Stattdessen schraubten sie, drittens, die Zwangsmaßnahmen eine Stufe höher – um nicht mehr bloß ihren eigenen Handel zu schützen, sondern anderen ›Schutzdienste‹ zu verkaufen, indem Asiens Händler gezwungen wurden, für das Privileg einer friedlichen Schifffahrt zu zahlen. Gemessen an diesen Möglichkeiten, war letzteres eine kuriose Wahl ...«[306]

Kurios ist aber weniger die ›Option‹ der lusitanischen Krone, als vielmehr das Abstrahieren Curtins von den ökonomischen, sozialen und politischen Rahmenbedingungen, die Portugals historisch-konkreten Entscheidungsspielraum erheblich einschränkten und die angeführten Wahlmöglichkeiten in dieser Form gar nicht enthielten.

Erwägt man wie Michael Pearson[307] die Möglichkeiten einer gewaltfreien portugiesischen Kolonial- und Handelspolitik im Osten, deren Stellenwert übrigens im Laufe des 16. Jahrhunderts ständig zugenommen und, zumindest nach der Meinung von Sanjay Subrahmanyam[308], nach 1570 das Handeln der Funktionäre des Estado maßgeblich bestimmt hat, dann bieten die differenzierten Überlegungen von Frederic C. Lane noch immer die beste Ausgangsbasis.[309] Auch

Lane verweist auf das Interesse asiatischer Potentaten und Kaufleute an friedlichen Geschäftsbeziehungen und schließt nicht aus, dass »a more peaceful policy, fostering a greater development of the Eastern trade, might have made the nation richer«.[310] Er betont jedoch, dass dies andere Produktions- und Klassenverhältnisse im spätmittelalterlich-frühneuzeitlichen Portugal erfordert und den Verzicht des Königs auf die kurzfristig größte Steigerung des Kron- bzw. Nationaleinkommens durch Plünderung und Tribute vorausgesetzt hätte.[311] Vor allem aber gelangt Lane durch die Analyse mehrerer Fallbeispiele zur Überzeugung, dass Schutzrenten bis ins 18. Jahrhundert einen erheblichen Anteil aller Handelsgewinne darstellten und ihre Eintreibung höhere Profite entweder auf direktem Weg oder indirekt durch Erlangung von Wettbewerbsvorteilen versprach, als man etwa durch überlegene gewerblich-kommerzielle Techniken oder Organisationsformen erlangen konnte.[312]

Wahrscheinlich waren auch die niederländische und englische Ostindienkompanie – beide waren als private Institutionen Staats- und Religionsinteressen viel weniger unterworfen, setzten aber zumindest anfänglich massiv auf Gewalt und Terror – diesbezüglich längst nicht so modern und rational, wie in vielen problematischen Vergleichen mit Portugals Kolonialsystem in Asien unterstellt wird. Und außerdem betrieben die portugiesischen *casados* ihre profitablen Geschäfte außerhalb der Kontrolle der Krone meist wesentlich ›moderner‹ als die Funktionäre des Estado. Wenn Pearson seine durchaus überzeugenden kontrafaktischen Überlegungen zu den Möglichkeiten eines prinzipiell ›friedlicheren‹ Charakters des Estado mit dem Hinweis auf die Option gewaltfreien Handels abschließt, so ist dies erstaunlich naiv und empirisch schlicht falsch.

> »Die niederländische und englische Ost-Indien-Kompanie trieben in Indien auf friedliche Weise Handel, der nur in seltenen Ausnahmesituationen mit bewaffneter Gewalt unterstützt wurde. Portugiesische Aufzeichnungen aus dem 16. Jahrhundert zeigen hohe Ausgaben für militärische und religiöse Angelegenheiten. Wären sie den Venezianern oder den Holländern und Engländern gefolgt, wäre all dies fast gänzlich vermeidbar gewesen.«[313]

KAPROUTE UND ›PFEFFERKÖNIG‹

»Der Seehandel zwischen Europa und dem Indischen Ozean war im 16. und 17. Jahrhundert das Rückgrat des portugiesischen Überseehandels. Er war nicht nur wegen seiner Dimension und seines Gesamtwertes so wichtig – beide Aspekte wurden von den zeitgenössischen Machthabern nicht übersehen –, sondern auch weil er ökonomische Ressourcen lieferte, die es dem König ermöglichten, die Finanzen des Reiches zu stabilisieren. Der Handel zwischen den verschiedenen Punkten des Indischen Ozeans – getragen von Funktionären des Estado da India und von privaten Kaufleuten, den *casados* – übertraf den direkten Handel zwischen Indien und Portugal um ein Vielfaches. Aber die auf der Indienroute jährlich importierten Waren brachten Gewinne, die es dem König und dem Schatzamt erlaubten, die offizielle Beteiligung an den Entdeckungsfahrten zu rechtfertigen. Darüber hinaus waren das System der staatlichen Zolleintreibung, der Verkauf königlichen Besitzes sowie die Verleihung von Handelskonzessionen an Kaufleute und Mitglieder des Adels Teil eines politischen Prozesses, der sich von Portugal über Spanien und Frankreich bis nach England erstreckte.«[314]

Vornehmlichstes Ziel der portugiesischen Expansion war die Monopolisierung des Luxusgüterhandels zwischen Asien und Europa auf Kosten der Levanteroute, d. h. zum Nachteil aller in irgendeiner Form am Karawanenhandel partizipierenden Kaufleute – Venezianer, Araber, Perser, Gujaratis – und Staaten – Mamlukenreich, Venedig – gewesen. Die Eroberungs- und Aufbauphase von ›Asia Portuguesa‹ bis etwa 1515/1520 hatte in dieser Hinsicht beachtliche Erfolge ermöglicht, den traditionellen Pfefferexport in den Mittelmeerraum vorübergehend fast zum Erliegen gebracht und das Gewürzangebot zumindest reduziert. Voraussetzung für diese Entwicklung war die systematische

Anwendung von Gewalt gewesen. Zur Realisierung der angestrebten Monopolprofite bedurfte es aber auch einer gut funktionierenden Schiffsverbindung zwischen Indien und Portugal: der *Carreira da India*, wie die Seereise von Lissabon nach Goa und zurück genannt wurde.

Die Organisation eines regelmäßigen Flotten- und Handelsverkehrs zu den fernen Kolonialstützpunkten und Gewürzmärkten Asiens warf beim damaligen Stand der technologischen, navigatorischen und kommerziellen Kenntnisse enorme Probleme auf. König Manuel I. konnte sich allerdings nach der erfolgreichen Heimkehr Vasco da Gamas auf die Erfahrungen stützen, die man bei der ökonomischen Erschließung der westafrikanischen Küste gemacht hatte, und verfügte bereits über spezifische Institutionen für das Überseegeschäft. Die Expansionsschübe des 15. Jahrhunderts hatten nacheinander zur Gründung der ›Casa de Ceuta‹ und der ›Casa de Guiné‹ des Prinzen Heinrich in Lagos geführt. König Johann II. hatte kurz nach der Thronbesteigung (1481) die bewährte Institution nach Lissabon verlegt und, im Anschluss an die Gründung von São Jorge da Mina, in ›Casa de Guiné e Mina‹ umbenannt. An der Funktion eines Warenumschlagplatzes und einer Verrechnungsstelle für alle Zweige des Überseehandels änderte sich auch nach der Einbeziehung Indiens ins portugiesische Kolonialsystem zunächst wenig, aus der ›Casa de Guiné, Mina e India‹ wurde aber binnen kurzem die ›Casa da India‹. Interessanterweise gab es kein eigenes ›Kolonialministerium‹, vielmehr unterstand die Casa den Vedores da Fazenda, die das gesamte nationale und internationale ökonomische Leben Portugals regeln sollten und zu den höchsten, vertrautesten Beamten des Königs zählten.[315] »Die ›Casa da India‹ ... funktionierte auch weiterhin als ein Heimatbüro nach Art einer ›feitoria‹, als Zoll- und Buchhaltungsbüro für die Waren der überseeischen Zweigstellen. Sie setzte Preise fest, tätigte Verkäufe und Zahlungen. Zusätzlich machte die ›Casa‹ Flotten fürs Auslaufen fertig, empfing ankommende Schiffe, stellte Zertifikate und Lizenzen für aufbrechendes und heimkehrendes Personal aus und funktionierte sogar als Postamt.«[316]

Sobald der Gewürzhandel zu florieren begann, wurde die Casa da India zur wichtigsten ökonomischen Einrichtung Portugals. Analog zur Übernahme bewährter Institutionen folgte auch die Monopolisierung des Pfeffer- und Gewürzhandels altvertrauten Praktiken. Die Krone betrieb den afrikanischen Geldhandel mit São Jorge da Mina seit Jahrzehnten auf eigene Rechnung und auch das Geschäft mit Sklaven und Brasilholz wurde vom König auf Monopolbasis an Vertragspartner zeitlich begrenzt verpachtet. Vor der Eröffnung der Kaproute statteten königliche Kommissionäre schon ein halbes Jahrhundert lang die Schiffe der Krone für die Verwendung im Zucker-, Sklaven- und Goldhandel aus.[317]

Privates Kapital wurde zwar immer benötigt und beteiligt, aber die längste Zeit nur in subsidiärer Funktion. Von der Mitte des 15. Jahrhunderts bis etwa 1570 blieb die portugiesische Expansion ein Geschäft der Krone und das portugiesische Reich sozusagen eine »königliche Firma«.[318] Ein Tatbestand, der sich in der bereits erwähnten messianischen Ideologie sowie der starken Kreuzzugskomponente der frühen portugiesischen Kolonialaktivitäten in Indien, im hohen Stellenwert von Gewalt und Plünderung, in der – freilich oft stark überschätzten – kommerztechnischen Unterlegenheit gegenüber Juden, Muslimen und Oberitalienern, sowie im tendenziell ›redistributiven‹, d. h. weniger am Erwirtschaften von Profit als an der Umverteilung mittels Gewalt orientierten Charakter des Estado da India deutlich ausdrückte und der den allmählichen Niedergang des im Spätmittelalter frühentwickelten portugiesischen Kaufmannskapitals der großen Hafenstädte sowohl spiegelte als auch beförderte.

Die Indienfahrten und der Aufbau des portugiesischen Kolonialsystems in Asien wurden jedoch nicht nur durch öffentliche Mittel finanziert. Private Geldgeber waren willkommen, sofern der Krongewinn dadurch gefördert werden konnte. An den ersten Indienfahrten konnte sich noch jeder beteiligen, der eine königliche Erlaubnis und die nötige Finanzkraft besaß. Unmittelbar nach der Rückkehr Vasco da Gamas von seiner Pionierreise nach Calicut hatte die portugiesische Regierung 1499 ein Syndikat zur Ausbeutung der Kaproute gebildet, an dem neben der Krone eine Reihe von Privatleuten aus dem In- und Ausland partizipierten.[319] Dieses Syndikat organisierte die Indienflotte bis 1504. Die Initiative und das Kapital des Königs waren zwar unabdingbar, konnten das Asiengeschäft aber vorerst weder hinsichtlich des Warenhandels noch hinsichtlich der Flottenausrüstung dominieren. Im Jahr 1503 beispielsweise rüsteten Kaufleute auf eigene Rechnung gleich mehrere Schiffe aus, 1504 finanzierte dagegen die Krone die Flotte von Lopo Soares fast zur Gänze. Die einzige Ausnahme stellte das Schiff von Catarina Días dar.[320]

Privatpersonen, die Waren aus Asien importierten und auf eigenes Risiko verkauften, mussten lediglich den generell festgelegten Zoll –

über dessen Höhe von fünf oder doch 25 Prozent die Angaben weit auseinander gehen – an die Krone entrichten. Besonders Oberitaliener, Portugiesen und auch Süddeutsche machten von dieser Möglichkeit Gebrauch. Seit Ausbruch des Krieges zwischen Venedig und dem Osmanischen Reich 1499 hatten die Augsburger Kaufleute begonnen, ihren Gewürzbedarf in Genua und bald darauf in Lissabon zu decken. Sowohl die Welser als auch die Fugger schlossen 1503 mit König Manuel Gewürzlieferungsverträge ab, 1504 entstand eine Faktorei der Welser in Lissabon.[321]

In der Anfangsphase gab es weder Mengenbeschränkungen noch Preisfestsetzungen, und die königliche Ermächtigung wurde portugiesischen Aristokraten und Offizieren ebenso umstandslos erteilt wie etablierten Händlerfamilien. Alle Wünsche des deutschen Handelskapitals nach privilegierten Positionen blieben dagegen erfolglos.[322] Auch die Ausrüstung von Schiffen blieb den Deutschen zunächst versagt, während einige schon länger in Lissabon tätige Florentiner und Genuesen auf Einladung der Krone einen Teil der großen Flotte Cabrals, die 1500 auslief, ausgestattet hatten. Von den vier Schiffen, die im folgenden Jahr die Reise ums Kap antraten, waren nur zwei vom König, die anderen zwei aber vom Florentiner Marchione finanziert worden.

In der Periode von 1497 bis 1510 spielten insbesondere in Lissabon gut verankerte Florentiner Handelshäuser eine prominente Rolle im portugiesischen Asienhandel auf der Kaproute. Der Höhepunkt dieser Entwicklung wurde vermutlich im Jahre 1510 erreicht, als die Flotte unter dem Kommando von Diego Mendes de Vasconcelos hauptsächlich von der Kaufmannsfamilie der Sernigi und ihren Partnern ausgestattet wurde.[323] »Derartige Unternehmungen dürften in späteren Jahren seltener geworden sein, obwohl wir zugeben müssen, dass unsere Informationen über den Handel auf der Kaproute für die Mitte des 16. Jahrhunderts ziemlich dürftig sind.«[324]

Der nach der Rückkehr der zweiten Expedition Vasco da Gamas einsetzende Preisverfall für Pfeffer hatte offenbar beim König – trotz finanzieller Engpässe – den Plan reifen lassen, den Gewürzhandel künftig durch Errichtung eines Monopols gänzlich zu kontrollieren. Als erster Schritt war die Konzentration aller Verkäufe auf die Casa da India sowie eine Preisreglementierung verfügt worden. Außerdem hatte man die Zollgebühren drastisch erhöht. Für die große Flotte Almeidas im Jahre 1505 hatten die Finanzmittel des Königs aber noch nicht ausgereicht, sodass ein deutsch-italienisches Konsortium nicht nur an der Ausstattung von Schiffen, sondern auch unmittelbar am Pfeffergeschäft beteiligt worden war. Florentiner und Genuesen hatten 29 400 Cruzados, die Welser und Vöhlin 20 000 und die Fugger, Höchstetter und andere Deutsche weitere 16 000 beigesteuert. Der Gewinn des Konsortiums an den 1506 in Europa eintreffenden Gewürzen soll mindestens 150 Prozent betragen haben.[325]

Im selben Jahr führte die Krone auf der Kaproute endgültig das Monopol ein, das in seinen Grundzügen trotz vieler kleinerer Modifikationen im System der Carreira da India bis 1570 in Kraft blieb, während sich die Struktur des Asienhandels in derselben Zeit auf die bereits geschilderte Weise grundlegend gewandelt hatte. Betroffen vom Monopol war der gesamte Kupfer-, Edelmetall- und Korallenexport von Portugal nach Indien, der Handel mit Pfeffer und anderen hochwertigen Gewürzen sowie die Ausstattung der Indienschiffe. Natürlich provozierten die Restriktionen viele illegale Geschäfte. Kapitäne, Lotsen, Artilleristen sowie verschiedene privilegierte Personen durften außerdem einen beschränkten Privathandel mit Monopolwaren betreiben. Generell dürfte der König seine Ziele aber ganz gut erreicht haben, wenn man von der Flottenausrüstung absieht, zu der ausländisches und einheimisches Handelskapital im Verlauf des gesamten 16. Jahrhunderts beitrug.

Die Monopolisierung der wichtigsten Handelszweige war vermutlich nicht bloß infolge größerer Eigenmittel, sondern vor allem durch gestiegene Kreditfähigkeit, die sich angesichts erfolgreicher Indienflotten eingestellt hatte, möglich geworden. Diese verhinderte allerdings weder die bekannten chronischen Finanzierungsprobleme auf Asiens Märkten, noch machte sie das Kapital privater Investoren für die Ausstattung der jährlichen Indienflotten entbehrlich. Fast immer standen auf der Kaproute auch Privatschiffe im Dienste des königlichen Monopols. Außerdem darf nicht vergessen werden, dass sich neben den Gewürzen und den zu ihrem Erwerb notwendigen Zahlungsmitteln ein weitgehend liberaler Handel mit vielfältigen anderen Gütern vollzog, von denen Textilien, Waffen, Papierwaren, aber auch Salzfische und, in geringerem Maß, europäische Agrarprodukte Erwähnung verdienen. Bis zum Jahr 1506 dürfte der Anteil der Krone am Handel mit Asien kaum über 25 Prozent, in der Phase des Monopols dagegen bis zu 50 Prozent und mehr betragen haben. Zu einer völligen Verdrängung privater Kaufleute kam es aber nie.[326]

Die Monopolregelung vom Anfang des Jahrhunderts hatte, wie gesagt, trotz des Wiederauflebens der Levanteroute, trotz wachsender Schwierigkeiten auf Asiens Gewürzmärkten, trotz gravierender Finanzierungs- und Absatzprobleme in Europa mehr als sechs Jahrzehnte fast unverändert Bestand. Dieser Tatbestand sollte freilich nicht verdecken, dass es auch auf der Kaproute in den 40er- und 50er-Jahren Krisenphänomene gab, dass die Konkurrenz der Levanteroute schon vor dem letzten Drittel des 16. Jahrhunderts wieder sehr stark wurde und dass die als Pfeffer- und Gewürzdrehscheibe für den europäischen Markt zunächst so erfolgreiche Faktorei in Antwerpen knapp vor der Jahrhundertmitte geschlossen wurde. Ohne vorgreifen zu wollen sei schon an dieser Stelle darauf verwiesen, dass der königliche Monopolhandel auf der Kaproute während des ganzen Zeitraums rentabel blieb, obgleich die theoretischen Profite, die von einem italienischen Zeitgenossen errechnet wurden, in der Praxis kaum einmal erreicht worden sein dürften. Steensgaard vermutet, dass die Profite durch Korruption und schlechte Organisation bereits stark abgesunken waren, als die Krone im Jahre 1570 eine radikale Reform des Pfeffer- und Gewürzhandels vornahm.[327]

Die Umstrukturierung des Verkehrs und Handels auf der Kaproute hatte in den frühen 60er-Jahren während der Regentschaft für den minderjährigen Thronfolger eingesetzt – schlecht dokumentierte Kontrakte sollen Privatleuten das Pfeffer- und Gewürzgeschäft weitgehend geöffnet haben –, das Monopolkonzept aber offenbar noch nicht grundlegend in Frage gestellt. Abgesehen von der zunehmenden Durchlöcherung des Kronmonopols durch portugiesische Seeleute, Funktionäre und Kaufleute, hatten Liquiditätsprobleme den jungen, kreuzzugsbegeisterten König Sebastian schließlich 1570 bewogen, den Handel zwischen Portugal und Asien weitgehend freizugeben und sich lediglich Kupfer- und Silberlieferungen sowie den Gewürzkauf auf Indiens Märkten vorzubehalten. Prinzipiell durfte nun jedermann Pfeffer von Asien nach Europa auf der Carreira da India einführen, vorausgesetzt, dass die Fracht in Lissabon gelöscht und pro Quintal, also etwas mehr als 50 kg, eine Zollgebühr von 18 Cruzados entrichtet wurde. Möglicherweise wurden mit dem Gesetz von 1570 teilweise längst bestehende Gewohnheitsrechte bestätigt, sodass erst die zeitlich befristete Verpachtung des Pfeffermonopols ab 1576 den wirklichen Einschnitt bedeutete.[328]

Von 1576 bis 1597 vergab die Krone das Pfeffermonopol auf Kontraktbasis an eine Reihe von deutsch, italienisch und portugiesisch dominierten Konsortien, normalerweise für die Dauer von fünf Jahren. Dadurch sollte offenbar dem Preisverfall der frühen 70er-Jahre gegengesteuert werden, den man als Ergebnis der Liberalisierung interpretierte. Auch der Handel mit anderen Gewürzen wie Ingwer und Muskat – nicht jedoch jener mit Zimt und mit chinesischer Seide –, die Ausrüstung der Indienflotten sowie das Eintreiben von Zoll- und Frachtgebühren in Lissabon wurden im letzten Viertel des 16. Jahrhunderts mehrfach verpachtet, oft an portugiesische Kaufmannskapitalisten. Das Gewürzgeschäft geriet dadurch zunehmend in den Sog der internationalen Finanzkreisläufe, vor allem seit Philipp II. von Spanien, der größte Schuldner Europas, ab 1580 auch König von Portugal war. Unter Philipp II., dessen Asienhandelskonzept durchaus sehr viel Kontinuität zu jenem seines 1578 in Marokko umgekommenen Neffen Sebastian aufwies, obwohl sich die Organisationsstruktur der Amerika- und Asienrouten allmählich einander anglichen, bekam die königliche Pfefferpolitik eine stärker politische Dimension: Sie sollte den atlantisch-westeuropäischen Raum und insbesondere die Niederlande treffen. Der Habsburger bot im Zuge der Mobilisierung der iberischen Ressourcen gegen Nordwesteuropa das portugiesische Pfeffermonopol 1585 sogar Venedig, dem Erzrivalen Lissabons, an, nachdem die erste Kontraktperiode mit deutschem und italienischem Handelskapital ungünstig verlaufen war. Die Signoria lehnte das Angebot jedoch ab, da sie weder zu enge Kontakte mit Philipp II. schätzte noch von der kommerziellen Sinnhaftigkeit des Projektes überzeugt war.[329]

Unter solchen Umständen blieb der Krone nichts anderes übrig, als auch weiterhin auf Kooperation mit in- und ausländischem Kaufmannskapital zu setzen und das Asienmonopol stückweise zu verpachten, wobei einheimische *cristão novo*-Familien eine immer größere Rolle spielten. Ein portugiesisches Konsortium unter Führung des in Lissabon, Antwerpen und Hamburg tätigen Handelshauses Ximenes übernahm von 1592 bis 1597 sogar gleichzeitig den Pfeffer- und den Schiffskontrakt. Die Ergebnisse dürften aber nicht viel günstiger gewesen sein als schon früher bei den prominenten deutschen und italienischen Pächtern Rovellasca, Fugger und Welser, die manchen Kontrakt lediglich als Sicherstellung für Kredite an die spanische Krone abschlossen.[330] Welche Probleme die Übernahme des Pfeffergeschäfts für einen ambitionierten Unternehmer mit relativ geringem Eigenkapital barg, hatte insbesondere das Schicksal des Augsburgers Konrad Rott gezeigt, der mit unzulänglichen Mitteln ein europäisches Pfefferkartell

angestrebt und die kleineren seiner Partner 1580 in einen spektakulären Konkurs mitgerissen hatte.[331]
Wahrscheinlich zog der portugiesische bzw. spanische König im ausgehenden 16. Jahrhundert einen größeren Vorteil aus der stückweisen Verpachtung des Monopolhandels, da er auf diese Weise relativ stabile Einnahmen einstrich, ohne ein Geschäftsrisiko tragen zu müssen. Eine möglichst hohe Beteiligung an den erwarteten Gewinnen bei geringem Kapitaleinsatz schien durch zwei Vertragsvarianten möglich:

»Im so genannten Asien-Vertrag verpflichteten sich die Finanziers, eine bestimmte Menge Gewürze in Indien zu kaufen und in Portugal der Krone zu verkaufen, beides zu Festpreisen. Während die Krone damit das Risiko vollständig von sich abgewälzt hat, können die Vertragsnehmer nur dann ein gutes Geschäft machen, wenn sie bei niedrig gehaltenen Kosten eine möglichst große Menge liefern. Erfolgversprechender erscheint die Verbindung mit dem zweiten Vertrag, den die Krone abschließt, dem so genannten Europa-Vertrag. Hier verpflichten sich die Kaufleute, eine bestimmte Menge Gewürze in Lissabon zum Festpreis abzunehmen und auf eigene Rechnung weiterzuverkaufen. Auch hier wurde das Risiko, nämlich von Absatzstockung und Preisverfall, auf die Spekulanten abgeschoben. Doch wer mit dem Asienvertrag das Angebot kontrollierte, konnte über die Menge den Preis zu seinen Gunsten beeinflussen.«[332]

In einer Phase vermehrter Aktivitäten des traditionellen Gewürzhandels durch die Levante und nach der endgültigen Aufgabe der Blockade des Roten Meeres durch Portugals Flotte war die verstärkte Einbeziehung von Privatkapital in den Asienhandel Lissabons eine nahe liegende Strategie. Geschäfte finanzstarker Privathändler mit der Krone setzten selbstverständlich einigermaßen wirksame portugiesische Monopolhandelsrechte im Indischen Ozean voraus: Andernfalls hätte es keiner vertraglichen Regelungen bedurft. Diese durch die weitgehende Seeherrschaft Portugals geschaffene Voraussetzung existierte bis zum Auftauchen nordwesteuropäischer Kriegsflotten Ende des 16. Jahrhunderts. Mit dem Anwachsen der niederländischen und englischen Bedrohung auf der Kaproute funktionierte die Kooperation mit Großkaufleuten nicht mehr, da ab 1597 die Flottendominanz schwand, die Monopolansprüche obsolet wurden und sich daher keine

Interessenten für Pfefferverträge mehr fanden. Für einige andere Gewürze und zur Einhebung der Frachtgebühren erfolgten auch Anfang des 17. Jahrhunderts noch Kontraktabschlüsse. Der Kern des Indienhandels wurde dagegen gezwungenermaßen wieder Kronmonopol. Die steigende Unsicherheit der Kaproute sowie die Zunahme des Schmuggels hatten zu diesem Zeitpunkt das Handelsvolumen schon stark eingeschränkt und die Einnahmen kontinuierlich verringert. Die Gründung einer Ostindienkompanie nach niederländischem Vorbild erwies sich seit 1628 ebenfalls als Fehlschlag. Die Kompanie war für Privatkapital, im Gegensatz zur holländischen und englischen Konkurrenz, ziemlich unattraktiv und basierte fast ausschließlich auf den Einlagen der Krone – nahezu 80 Prozent – und einiger Lissabonner Kaufleute. Da sie weder den Umsatz noch die Profite zu steigern vermochte, erfolgte nach nur sechs Jahren 1633 ohne nennenswerte Aktivitäten die Auflösung. Die spätere Gründung von portugiesischen Brasilien-Kompanien war bemerkenswerterweise wesentlich erfolgreicher.[333]

Neben der Verbindung zwischen Acapulco und Manila war die Carreira da India die langlebigste Segelroute der Welt, die von 1497 bis ins 19. Jahrhundert alljährlich von portugiesischen Schiffen befahren wurde. Im 16. Jahrhundert verkehrten hauptsächlich Karacken und Galeonen zwischen Lissabon und Goa, deren Durchschnittstonnage von etwa 300 bis 500 Tonnen allmählich auf das Doppelte und mehr anstieg. Die für Entdeckungsfahrten so beliebten Karavellen gerieten auf der Kaproute bald außer Verwendung und segelten nur noch vereinzelt nach Brasilien und Westafrika. Ihre Takelung mit drei Masten, von denen zwei Rahsegel, der dritte dagegen ein Lateinsegel trug, hatte sich allgemein durchgesetzt. Die Vergrößerung der Tonnage – um 1600 gab es bereits Schiffsungetüme von 1000 bis 2000 Tonnen – sollte größere Frachten bei relativ kleinen Mannschaften ermöglichen. Sie warf allerdings beträchtliche Konstruktionsprobleme auf, deren Lösung sich nur bei den in Goa aus widerstandsfähigem Teakholz gebauten Einheiten lohnte, und senkte die Manövrierbarkeit.[334]

Route und Terminplan folgten dem Rhythmus der Passate und Monsune, wobei sowohl die Wahl der Zwischenaufenthalte in bewährten afrikanischen Häfen als auch die angestrebten Termine bald einem bewährten, ständig verfeinerten Muster folgten. Von 1500 bis 1635 fielen dementsprechend 87 Prozent aller verzeichneten Abfahrten von Lissabon nach Ostafrika und Asien in die Monate März und April. Normalerweise trafen die portugiesischen Schiffe ab Ende August in

Indien ein, auch wenn sie in Ostafrika überwinterten. Die mit Gewürzen beladenen Karacken verließen Cochin oder Goa im Dezember und Januar. Sie liefen ab Mai in die Heimathäfen ein. Voraussetzung für die glückliche Heimkehr war das Können des Navigators – der Schiffskommandant war in der Regel gar kein Seemann – sowie die harte Arbeit von 120 bis 200 Mann Besatzung, von denen der Großteil wenig geachtete Seeleute waren. Ein gutes Dutzend Offiziere und etwa doppelt soviele Musketiere sorgten für straffe Disziplin auf den Schiffen und für die Kriegstauglichkeit der Flotten.[335]

Knapp nach 1500 war die größte Zahl von Schiffen nach Asien entsandt worden. Nachdem die portugiesischen Geschwader die Seeherrschaft aufgebaut hatten, brachen ab 1520 neunzig Jahre lang fünf bis sechs Schiffe pro Jahr von Lissabon nach Indien auf, während im Durchschnitt weniger als vier mit Luxusgütern beladen zurückkehrten.[336]

Schiffe und Tonnage auf der Kaproute 1497 bis 1640
(in Zahl der Schiffe und Tonnen)[337]

Periode	Lissabon – Asien		Asien – Lissabon	
	Abfahrt	Ankunft	Abfahrt	Ankunft
1497–1500	17 (2 665)	10 (1 640)	3 (290)	2 (170)
1501–1510	151 (42 775)	135 (38 695)	8 (26 085)	73 (21 115)
1511–1520	96 (38 690)	87 (35 830)	60 (26 060)	59 (25 760)
1521–1530	81 (37 720)	67 (32 290)	55 (28 520)	53 (27 020)
1531–1540	80 (44 660)	76 (42 610)	61 (39 110)	57 (36 410)
1541–1550	68 (40 800)	56 (34 100)	58 (34 550)	52 (30 550)
1551–1560	58 (39 600)	46 (32 500)	47 (33 650)	35 (25 750)
1561–1570	50 (37 030)	46 (35 680)	45 (36 250)	40 (32 150)
1571–1580	50 (42 900)	48 (40 800)	42 (38 250)	3 (35 150)
1581–1590	59 (55 420)	45 (42 870)	51 (48 450)	42 (39 290)
1591–1600	43 (49 200)	39 (42 540)	40 (45 350)	22 (25 000)
1601–1610	71 (77 190)	45 (49 540)	36 (43 390)	28 (32 290)
1611–1620	66 (60 990)	47 (44 060)	32 (40 350)	28 (35 550)
1621–1630	60 (48 000)	39 (31 410)	28 (24150)	19 (15 050)
1631–1640	33 (20 020)	28 (15 770)	21 (13 710)	15 (9 910)

Bis zum Jahr 1586 galt die Kaproute als extrem sicher und wies nur wenige Verluste durch Feindeinwirkung auf. Seit den Operationen von Drake im Azorenraum und nach der Gründung der holländischen Ostindien-Kompanie verschlechterte sich die Lage: Die portugiesischen Konvois zwischen den Atlantikinseln und Lissabon wurden mit englischen und niederländischen Kriegsschiffen immer seltener fertig, wodurch die Verlustquote, die seit Jahrzehnten die 20 Prozent-Grenze nicht überschritten hatte, merklich stieg. Unter normalen Umständen gingen auch seit dem späten 16. Jahrhundert auf der Kaproute immer noch nicht mehr Schiffe durch Unwetter, feindliche Angriffe etc. zugrunde als im Mittelmeer zwischen Barcelona und Genua, wobei die Verluste an Menschen auf der Carreira natürlich viel höher lagen.[338] Die Indienfahrten, die ja gerade wegen der relativ geringen Schutzkosten hohe Monopolprofite ermöglicht hatten, wurden aber generell verzögert und verteuert, da jetzt jede Flotte, infolge der Aktivitäten englischer Freibeuter im Bereich Azoren, Kanarische Inseln und Kap Verde, bis zum Äquator Geleitschutz brauchte. Kurz vor der Jahrhundertwende kam es sogar mehrfach zur Blockade des Hafens von Lissabon.

Zu diesen Sicherheitsproblemen gesellte sich eine Krise des portugiesischen Schiffsbaues. Die Gesamttonnage der ozeantüchtigen Einheiten nahm rapide ab und als Konsequenz davon wurden neue Schiffe in schlechter Qualität gebaut, zu wenig in Reparatur genommen und ständig überladen. Hohe Ausfallsquoten waren die Folge. Allmählich wurden die Verluste durch Feindeinwirkung und Schiffbruch so hoch, dass ein kurzfristig kalkulierender Kaufmann die Risken der Kaproute nicht mehr akzeptieren konnte. Die Pfeffer-, Gewürz- und Schiffskontrakte stießen demzufolge seit 1597 auf geringes Interesse. »Von den 33 Schiffen, die zwischen 1590–96 in Lissabon aufbrachen, kehrten nur acht nach planmäßiger Reise zurück, fünf mit einem Jahr Verspätung, vier blieben in Asien und bei einem ist das Schicksal ungewiss ... sechzehn wurden gekapert oder erlitten Schiffbruch. Ein Verlustsatz von beinahe 50 Prozent im Vergleich zu einem im ganzen Jahrhundert durchschnittlich unter 20 Prozent liegenden Risiko.«[339]

Waren im Jahrzehnt von 1581 bis 1590 noch durchschnittlich vier Schiffe nach Lissabon zurückgekehrt, so gelang dies in den folgenden Jahrzehnten durchschnittlich nur noch zweien. Gerade in dieser Niedergangsphase der Carreira da India stiegen aber die Zolleinnahmen der portugiesischen Stützpunkte im Indischen Ozean beträchtlich an. Während das Kronmonopol zwischen Europa und Asien in Schwierigkeiten geraten war, erlebte der Estado da India trotz der Probleme im indonesischen Raum eine letzte Blüte.[340]

Der zahlenmäßige Niedergang des Schiffsverkehrs zwischen Lissabon und Goa im späten 16. Jahrhundert führte zu keiner entsprechenden Reduktion der nach Portugal importierten Waren, da die durchschnittliche Nutzlast pro Schiff von anfänglich etwa 8 000 Quintalen auf mindestens 11 000 angestiegen war und die größten Schiffe um 1600 sogar das Doppelte und Dreifache transportierten. Die jährliche Wareneinfuhr nach Portugal hat nach Ansicht von Magalhães-Godinho zunächst 40 000 bis 50 000 Quintalen ausgemacht, sie soll bis etwa 1590 auf 60 000 bis 75 000 Quintalen gestiegen sein und begann dann etwas zu sinken. Die wenigen Schiffe, die noch in Lissabon eintrafen, waren nun völlig überladen, sodass die an ihr Ziel gelangten Frachten zumindest zwei Drittel der früheren Höchstquoten ausgemacht haben sollen.[341] Konservativere Schätzungen halten alle diese Werte für übertrieben und konzedieren für das Ende des Jahrhunderts maximal 25 000 bis 35 000 Quintalen; Steensgaard hat sogar noch tiefere Importquoten errechnet, geht aber ebenfalls von einer langsamen Ausweitung des Gesamtvolumens bis in die 80er-Jahre aus. Der anschließenden Schrumpfung misst er viel größere Bedeutung zu als andere Autoren.[342]

Mindestens ebenso wichtig wie die Zu- und Abnahme des Importvolumens waren die einschneidenden Veränderungen der Zusammensetzung und des Wertes der aus Asien eingeführten Güter. Im ersten Drittel des 16. Jahrhunderts bestand die für Europa bestimmte Fracht der portugiesischen Schiffe fast ausschließlich aus Gewürzen wie die beiden von Geneviève Bouchon edierten und kommentierten Frachtregister der Jahre 1505 und 1518 klar belegen:[343]

Retourfracht nach Lissabon in kg

Warenart	1505	1518	Warenart	1505	1518
Pfeffer	1 074 003	2 128 962	Sandelholz	–	27 978
Ingwer	28 476	–	Zimt	–	2 432
Zimt	8 789	1 342	Weihrauch	–	2 589
Gewürznelken	7 145	5 584	Seide	–	2 660
Indigo	1 336	–	Brasilholz	–	969
Muskatblüten	–	986	Kardamom	206	–
Myrrhe	514	678	Anderes	1 079	1 489
Lack	411	66 443	Gesamt	1 121 959	2 242 112

Von den 40 000 bis 50 000 Quintalen, die normalerweise nach Lissabon kamen, war Pfeffer immer der wichtigste Posten, wenngleich sich die Relationen im ausgehenden 16. Jahrhundert deutlich verschoben: Ein Trend, der sich nach 1600 verstärkt fortsetzte.

Zusammensetzung der Asienimporte nach Lissabon
(Prozent des Gewichtes)[344]

Periode	Pfeffer	Ingwer	Zimt	Sonst. Gewürze	Textilien	Indigo	Anderes
1513–19	80,0	7,3	2,1	9,0	0,2	0,0	1,4
1523–31	84,0	6,1	3,3	6,2	0,0	0,0	0,4
1547–48	89,0	4,2	0,9	4,5	0,0	0,0	1,4
1587–88	68,0	3,7	6,3	1,6	10,5	8,4	1,5
1600–03	65,0	2,5	8,7	5,0	12,2	4,4	2,2

Unmittelbar nach der Jahrhundertwende war bezeichnenderweise der Pfeffernachschub für Venedig durch die Levante auf einen Bruchteil des traditionellen Quantums geschrumpft. Ob die anderen Gewürze in den meisten Jahren in ausreichender Menge nach Beirut und Alexandria gelangten, wird unterschiedlich beantwortet, ist aber ebenfalls ziemlich unwahrscheinlich.[345] Die größten Jahreslieferungen über die Kaproute betrugen über 45 000 Quintalen, der Durchschnitt lag um die Jahrhundertmitte unter 30 000 Quintalen, also bei nicht ganz 1500 Tonnen. In den 50er-Jahren sanken die Importe beträchtlich, da mehr als ein Viertel der Schiffe auf dem Weg von Indien nach Lissabon verloren ging. Im folgenden Jahrzehnt hielten sich die Verluste in Grenzen, da die Flotten aber kleiner wurden, blieb die Pfeffereinfuhr relativ gering. Wahrscheinlich kamen im dritten Viertel des 16. Jahrhunderts im Jahresdurchschnitt häufig nicht mehr als 17 000 Quintalen nach Lissabon, was nicht einmal zehn Prozent der Pfefferproduktion im Südwesten Indiens entsprach.[346]

Zu diesem Zeitpunkt spielten auch schon andere asiatische Luxusgüter eine wichtige Rolle. Diese wurden außerhalb des Kronmonopols von Privatkaufleuten und Funktionären des Estado nach Portugal zum Verkauf gebracht. Vor der Eröffnung regelmäßiger Handelsbeziehungen mit China und Japan waren Textilien aus Gujarat der wichtigste Posten in einer breiten Palette stark nachgefragter Waren, deren Einfuhr ein interessantes Investitionsfeld für anlagesuchendes Kaufmannskapital darstellte. In den letzten Dekaden des 16. Jahrhunderts erlebte die Verfrachtung von Seide, Baumwollstoffen und Juwelen wert- und mengenmäßig ein fulminantes Wachstum, was sowohl mit Veränderungen im europäischen Konsumverhalten als auch mit dem Entstehen eines ganzen Netzwerks kapitalkräftiger Privathändler zusammenhing.

All dies bescherte dem König beträchtliche Zolleinnahmen, dürfte aber vor allem nach 1580 zu einer klaren wertmäßigen Dominanz der Privatgeschäfte auf der Kaproute gegenüber dem Kronhandel geführt haben. Langfristig erwies sich der neue Handelszweig für die Carreira da India als wichtige Ergänzung des Gewürzgeschäfts.[347] Trotz gewisser Rückschläge in Asien und trotz des Wiederaufstiegs der Levanteroute blieb aber vorerst Pfeffer im Mittelpunkt königlichen Interesses.

Es fällt auf, dass, im Unterschied zur raschen Etablierung eines Pfeffermonopols in den ersten Jahren portugiesischer Seeherrschaft im Indischen Ozean, die Lieferung anderer Gewürze auf der Kaproute lange Zeit in sehr bescheidenen Dimensionen blieb. Möglicherweise findet dieser Tatbestand seine Erklärung darin, dass in den Quellen hauptsächlich die auf Rechnung des Königs transportierten Güter beschrieben und quantifiziert werden. »Obwohl sich das königliche Monopol formal über Pfeffer und alle wichtigen Gewürzarten erstreckte ... wurde es nur im Falle des Pfeffers mit Nachdruck verfolgt. Die Krone dominierte den Gewürzhandel in Asien und beteiligte sich am Handel nach Europa, jedoch wurde der Letztere im Allgemeinen nur an Untertanen als Vorbedingung für ein Kronamt im Osten überlassen: für jene eine wichtige Einnahmequelle und der eigentliche Anreiz für das Amt ...«[348]

Seit der Dekade 1520–1530 stiegen dann auch die größtenteils südostasiatischen Gewürzexporte nach Europa rasch an, obwohl auf der Carreira da India – analog zu den Levanterouten – wahrscheinlich nie mehr als ein Achtel der Ausfuhren verschifft wurde. Der Löwenanteil der Gewürze Südostasiens fand immer ost- und südasiatische Käufer.[349]

Vermutlich muss man mit einem florierenden Handel von Privatpersonen rechnen, der nicht nur die prinzipiell vom König freigegebenen Güter, sondern auch alle Gewürze außer Pfeffer betraf, in den Ladelisten aber nicht aufschien. Schon in den Anfangsjahren mag dieser private Gewürzimport etwa 30 Prozent der Gesamteinfuhr ausgemacht haben, später wahrscheinlich sogar mehr.[350]

In der Dekade 1580/90 lag der Mittelwert der Pfefferimporte bei etwas weniger als 20 000 Quintalen, obwohl sich die Gesamtproduktion Asiens inzwischen nahezu verdoppelt hatte: von etwa 10 000 Tonnen auf 18 000–19 000 Tonnen. Ab 1590 gab es extreme jährliche Schwankungen bei generell absteigender Tendenz. Obwohl in den Jahren 1594, 1596 und 1597 noch relativ große Pfeffermengen nach Lissabon gelangten, sank der Durchschnittswert auf etwa 9 300 Quintalen.[351] Zwischen 1611 und 1620 waren es immer weniger als 10 000 Quintalen: der Pfeffertransport wurde zur Nebensache.

Durchschnittliche Pfeffer- und Gewürzimporte nach Lissabon in Quintalen (gerundet)[352]

	Pfeffer	Gewürze	Gesamt
1503–1506	18 800	2 500	21 300
1513–1519	29 900	7 600	37 500
1526–1531	18 100	2 500	20 600
1547–1548	30 100	3 800	33 900
1571–1580	20 800	6 200	27 000
1581–1590	19 800	5 900	25 700
1591–1600	11 000	3 300	14 300

Noch stärker als die Pfeffereinfuhr schrumpfte seit dem ausgehenden 16. Jahrhundert der Import von Ingwer, Muskat und Gewürznelken nach Lissabon, obwohl sich der Aufwärtstrend der südostasiatischen Exporte nach Europa, die im 16. Jahrhundert mengen- und vor allem wertmäßig stark zugenommen hatten, noch bis etwa 1640 fortsetzte.[353] Der Machtverlust Portugals auf den Gewürzinseln und das Vordringen der Niederländer brachten diesen einst lukrativen Geschäftszweig nach 1600 fast völlig zum Erliegen. Einen gewissen Ausgleich schufen die Zimtlieferungen Sri Lankas, die im ersten Quartal des 17. Jahrhunderts stark expandierten und jährlich etwa 4000 Quintalen erreichten, was dem enormen Gegenwert von 240 000 bis 320 000 Goldcruzados entsprach. Auch andere Warengruppen erlebten unter starker Beteiligung von Privatkapital einen beachtlichen Aufschwung, sodass Monopolwaren der Krone allmählich nur noch etwas mehr als die Hälfte der Fracht auf den Asienschiffen ausmachten und gemessen an ihrem Wert überhaupt nur noch einen Bruchteil darstellten. James C. Boyajian hat ausführlich gezeigt, dass nach 1600 die Importe von Privatkaufleuten auf den Schiffen der Carreira insbesondere aus Textilien – gut zwei Drittel des Gesamtwertes –, Edelsteinen, Indigo, Ingwer und Zimt bestanden, wohingegen die rasch schrumpfenden, viel geringeren Lieferungen der Krone weiterhin vor allem Pfeffer, Gewürznelken und Muskat umfassten.[354]

»Weitere Handelsgüter ergänzten die Gewürzladungen und zogen nach und nach in ihrer Bedeutung für die Rentabilität der Indienfahrten gleich: Perlen, Schmucksteine, Diamanten, Seide aus China und Persien, Baumwollkleidung aus Cambay und Bengalen, Indigo aus Indien, Porzellan aus dem chinesischen Reich, und, wiederum aus China, wertvolle Möbel. Der Handel mit Diamanten und der Chinahandel waren die zwei Beweggründe, nach dem endgültigen Niedergang des Gewürzhandels eine solch gefährliche und zeitaufwendige Seestrecke weiter zu unterhalten.«[355]

»In der Tat dominierten am Ende des 16. Jahrhunderts die industriellen Produkte des Fernen Ostens zusammen mit den Diamanten, Edelsteinen und den Textilien der Hindus das Frachtaufkommen der *naves* aus Indien. Die Kaproute, die für die Importe von Gewürzen aus Malabar eingerichtet worden war, wurde für die Portugiesen der Weg zum Handel mit China.«[356]

Gesamtfracht auf der Kaproute ca. 1580–1640 (in Cruzados)[357]

Waren	Wert	Prozentanteil	Prozentanteil nach Frachtgewicht
Pfeffer und Gewürze	15 276 000	22	
Textilien etc.	42 569 000	62	
Möbel, Accessoires, etc.	1 337 000	2	
Edelsteine	9 391 000	14	
Summe	68 573 000	100	100
Davon Krone		7	62
Davon Private		93	38

Bei der Bestimmung des durchschnittlichen Wertes der aus Asien in Lissabon eintreffenden Güter ist man auf verstreutes Datenmaterial angewiesen, das viele Fragen offen lässt, den allgemeinen Trend der Entwicklung aber doch wiedergibt. Für das Jahr 1512 hatte Albuquerque die auf Rechnung der Krone nach Portugal verschifften Gewürze mit 1 300 000 Cruzados veranschlagt. 1549 schätzte man, dass jährlich Waren im Wert von mehr als einer Million Goldcruzados von den Häfen Malabars und Kanaras auf der Kaproute exportiert wurden. Zu diesem Zeitpunkt berechnete man die Fracht größerer Schiffe häufig mit einer halben Million Cruzados. Im Jahr 1586 transportierten, nach Van Linschoten, selbst die kleineren Schiffe, die von Cochin nach Lissabon zurückkehrten, Güter für mindestens eine Million Goldcruzados. Gegen Ende des 16. Jahrhunderts erreichte demnach der Frachtwert eines einzigen Schiffes nahezu jenen ganzer Flotten in der Anfangsphase portugiesischer Herrschaft. Selbst wenn die angeführten Schätzungen übertrieben sein mögen, handelt es sich um eine gewaltige Steigerung, die sich einerseits aus der säkularen Inflation, andererseits aus dem Einsatz immer größerer Schiffe auf der Kaproute erklärt.[358]

Die Entwicklung der Warenströme in der Gegenrichtung, von Lissabon nach Asien, hing natürlich eng mit den Gewürz- und Luxusgüterimporten zusammen, folgte aber doch einem eigenen Rhythmus. Die Etablierung der Kaproute hat in der Anfangsphase die im levantinischen Karawanenhandel üblichen Austauschmechanismen nicht grundsätzlich verändert. Nur in den ersten Jahren dominierten Edelmetalle mit einer Quote von 75 Prozent die portugiesischen Exporte, die im Übrigen aus Kupfer, Blei, Quecksilber, Korallen und Zinnober bestanden. Seit 1513 begann der Gold- und Edelmetallanteil rapide zu sinken und überschritt bis zur Mitte des 16. Jahrhunderts nur noch selten die Grenze von 80 000 Cruzados. Lediglich politische Gründe erzwangen vereinzelt die Ausfuhr größerer Edelmetallmengen. Sogar im Vergleich mit Venedig, das unter allen Mittelmeerstädten den höchsten Anteil der über die Levante importierten Güter mit Gewerbeprodukten, hochwertigen Rohstoffen und Sklaven eintauschte, in der Blütezeit seines Gewürzhandels aber dennoch alljährlich bis zu einer halben Million und nie weniger als 100 000 Dukaten nach Osten exportierte, ist die Summe der von Lissabon nach Asien verschifften Edelmetalle erstaunlich gering, da der Handel auf der Kaproute den Orienthandel der Markusrepublik in den Jahren bis 1530/40 in den meisten Jahren übertroffen haben dürfte. Die Ladung der portugiesischen Schiffe von Lissabon nach Goa oder Cochin war im Durchschnitt der Jahre 1522 bis 1557 etwa 50 000 Cruzados wert, eine normale Flotte mit sieben Einheiten demnach 350 000 Cruzados, was eine enorme Differenz zu den mitgeführten Edelmetallmengen ergibt.[359]

Dieser zweifellos überraschende Tatbestand findet seine Erklärung in mehreren einander ergänzenden Faktoren und Entwicklungen. Bezüglich der hohen venezianischen Edelmetallausfuhr verdient zunächst Beachtung, dass die Galeeren nicht nur Asiens Luxuswaren luden, sondern auch Baumwolle, Zucker, Salz und bisweilen sogar Getreide aus Ägypten und Syrien importierten, was neben begehrten Tauschobjekten auch Bargeld erforderte. Der massivste Edelmetallabfluss fand zu Beginn des 15. Jahrhunderts statt, als Venedig jährlich etwa eine Million Dukaten prägte und rund die Hälfte davon in die Levante und weiter nach Indien exportierte. Im Verlauf des 15. und zu Beginn des 16. Jahrhunderts kam es in Europa zu einer Edelmetallverknappung, der die Venezianer begegnen wollten, indem sie versuchten, weniger Waren in der Levante zu kaufen, sondern gegen europäische Produkte einzutauschen. Die Reduktion der Edelmetall- und Geldlieferungen auf ca. 100 000 Dukaten war daher nicht nur ein Ergebnis der wachsenden portugiesischen und genuesischen Konkurrenz, sondern auch Resultat erfolgreicher wirtschaftspolitischer Maßnahmen.[360]

Das wirtschaftlich viel weniger entwickelte Portugal erreichte durch die zunächst relativ erfolgreiche Blockade des Roten Meeres eine noch günstigere Relation zwischen Waren- und Edelmetallexporten als Venedig. Da einige in Indien stark nachgefragte europäische Güter auf der Levanteroute vorübergehend nur noch schwer beschafft werden konnten, gelang es den kaufmännisch unterlegenen Portugiesen für einige Jahrzehnte, den Verkauf dieser Waren an sich zu ziehen, obwohl die lusitanische Ökonomie für den Asienexport wenig Brauchbares produzierte. Lediglich Wein, Olivenöl und Nahrungsmittel, durchwegs für portugiesische Beamte und Siedler bestimmt, stammten aus der heimischen Landwirtschaft. Kupfer kam über Antwerpen aus Süddeutschland, Korallen insbesondere aus Nordafrika, Quecksilber aus Spanien, Textilien aus Italien, England und den Niederlanden. Auch Waffen, Spiegel, Papier und Bücher stammten meist aus dem Ausland.[361]

Der wichtigste Einzelposten war Kupfer, das in Portugal in der ersten Jahrhunderthälfte wenig gefragt war, in Indien und Westafrika aber reißenden Absatz fand. Von 1495 bis 1521 kaufte die Krone in Antwerpen etwa 5 200 Tonnen Kupfer, das von den Fuggern vor allem aus Ungarn geliefert wurde, und reexportierte den Großteil davon auf den Schiffen der Carreira. 1520 bis 1526 schickte die portugiesische Faktorei in Antwerpen jährlich 8 650 Quintalen Kupfer nach Lissabon.[362] Die Verfügbarkeit großer Kupfermengen und steigende Silberexporte hielten die Ausfuhr des aus Schwarzafrika bezogenen Goldes in Grenzen. Dies bedeutet freilich nicht, dass das Gold aus dem westafrikanischen Mina, von wo jährlich bis zu 450 kg in die Münze Lissabons flossen, und aus dem ostafrikanischen Monomotapa, von wo die Portugiesen Anfang des 16. Jahrhunderts etwa 500 kg, später wesentlich mehr, direkt nach Indien exportierten, keine wichtige Rolle für die Pfeffer- und Gewürzimporte der Krone gespielt hätte. Gerade in der Anfangsphase des Estado da India war afrikanisches Gold als Zahlungsmittel auf den Märkten der indischen Westküste unverzichtbar.[363]

Bisweilen floss Gold, das man beim Verkauf europäischer Waren in Goa eingenommen hatte, sogar zurück nach Lissabon, was die portugiesische Zahlungsbilanz wesentlich verbesserte. Diesbezüglich wirkte es sich besonders günstig aus, dass die erforderlichen Edelmetallmengen nicht immer in Form von Bargeld geladen werden mussten, da Wechselbriefe schon bald einen reibungslosen Zahlungsverkehr ermöglichten. Im Jahr 1551 wurden beispielsweise nur 40 Prozent der erforderlichen 100 000 Cruzados in bar nach Indien geschickt, und das königliche Kapital der Flotte von 1546 bestand zu einem guten Teil in Wechselbriefen.[364] Diese Neuerung im Orienthandel erforderte nicht nur die dauernde Präsenz der Kolonialmacht in Indien, sondern setzte auch regelmäßige Einnahmen des Estado da India, seiner Funktionäre und Kaufleute voraus. Auch in dieser Hinsicht war die Beteiligung am Innerasienhandel bzw. seine Besteuerung, wie bereits dargelegt, sehr wichtig für das gute Funktionieren der Kaproute.

Infolge der sukzessiven Erholung der Levanteroute, der rasanten Zunahme der Silberlieferungen aus Mexiko und Peru sowie der allmählichen Verknappung von Kupfer in Europa erfuhren Portugals Exporte nach Asien um die Mitte des 16. Jahrhunderts einen bemerkenswerten Wandel. Obwohl Portugiesisch-Asien schon längst finanziell weitgehend unabhängig geworden war und sogar einen Teil der Pfeffer- und Gewürzlieferungen nach Lissabon bezahlte oder zumindest kreditierte, verschlang das größer werdende Ungleichgewicht importierter Güter im traditionellen Warenverkehr mit Süd- und Südostasien immer größere Silbermengen, die zunächst fast ausschließlich auf der Kaproute nach Goa gelangten. Die Aufnahme ständiger Handelsbeziehungen mit China verstärkte diesen Trend noch. Im Jahr 1580 exportierte eine fünfschiffige Flotte 1,3 Millionen Cruzados in Form spanischer Realen und die fünf Schiffe des Jahres 1583 sollen sogar mehr als 1,5 Millionen Cruzados, teilweise allerdings in Form von Handelsgütern, ausgeführt haben, was auch unter Berücksichtigung hoher Inflationsraten eine enorme Steigerung gegenüber der ersten Jahrhunderthälfte darstellt.[365]

Seit der Union mit Spanien gelang es den Portugiesen offenbar besonders gut, einen Teil des amerikanischen Silbers in Sevilla, auf den Azoren und in Manila, auf legalem Weg und auch illegal, in ihre Taschen umzulenken. Die seit 1570/71 rasch expandierenden Exporte spanischen Silbers auf der Pazifikroute gingen zwar über Manila vielfach im Tausch gegen Seide direkt nach China, stützten aber auch den portugiesischen Innerasienhandel substanziell.[366] Der zusätzliche Zugriff auf den Großteil der japanischen Silberproduktion seit dem letzten Quartal des 16. Jahrhunderts bewirkte keine Reduktion des Edelmetallabflusses aus Europa, sondern ermöglichte ein verstärktes Engagement in China. Chinesische Waren, die äußerst profitable Geschäfte erlaubten, aber nur schwer gegen europäische Produkte eingetauscht werden konnten, trugen maßgeblich zum Fortbestand der Carreira da India im 17. Jahrhundert bei, als die Niederländer die Vorherrschaft in Südostasien errungen hatten und die Ära des Pfeffers in Lissabon zu Ende ging.[367] Der massive Einsatz amerikanischen Silbers hatte es dem ›Pfefferkönig‹ immerhin gestattet, den Gewürzhandel auf der Kaproute bis zum Eintreffen militärisch und ökonomisch überlegener europäischer Konkurrenten erfolgreich weiterzuführen, obwohl Portugal eher eine ›Refeudalisierung‹ als eine gewerblich-kommerzielle Modernisierung erlebte. »Ohne jeden Zweifel wurde während der zweiten Hälfte des 16. Jahrhunderts bis zum Beginn des 17. Jahrhunderts der Gewürzhandel mit Ostindien, sofern es sich nicht um einen Tausch europäischer Waren oder um einen Kauf gegen Kupfer handelte (denn es wurde oft in Münzen oder mit Barren aus Kupfer bezahlt), durch Barzahlung mit Edelmetallgeld abgewickelt.«[368]

Der gewaltige finanzielle Aderlass Portugals in der zweiten Hälfte des 16. Jahrhunderts deutet zwar auf veränderte Austauschbeziehungen mit Asien hin und verweist auf die Grenzen des wenigstens theoretisch immer noch angestrebten Pfeffer- und Gewürzmonopols gegenüber dem levantinischen Karawanenhandel, er hat aber den Handel auf der Kaproute keineswegs zu einem Verlustgeschäft gemacht, da Silber in Indien und China kaufkräftiger war als in Europa und durch die koloniale Ausbeutung Spanisch-Amerikas relativ wohlfeil zur Verfügung stand.

Eine verlässliche Einschätzung der Gewinne bzw. Verluste auf der Kaproute im Zeitverlauf ist infolge der unzureichenden Datenlage unmöglich und stößt auch methodisch auf große Probleme, da sich der Kronhandel mit Asien, isoliert von den Gesamtbudgets des Mutterlandes und des Estado da India, nur schwer sinnvoll interpretieren lässt, diese Budgets aber äußerst fragwürdig strukturiert sind, da die Schiffe der Carreira zwar vorrangig dem königlichen Monopolhandel, immer aber auch Privatgeschäften dienten und da ein erheblicher Teil der portugiesischen Pfeffer- und Gewürzimporte sicherlich durch Frachtdienste und kommerzielle Leistungen in Asiens Gewässern finanziert wurde, deren Größenordnung jedoch ungewiss ist.[369] Im Übrigen bildeten die Einnahmen aus der Kaproute zwar einen wichtigen Posten des portugiesischen Budgets im 16. Jahrhundert, unmittelbare Rückschlüsse von der Finanzlage Portugals auf den Monopolhandel sind aber wertlos. Unter solchen Umständen bleibt nichts übrig, als sich mit einigen Hinweisen zu begnügen, die im Zusammenhang mit einer Gesamteinschätzung des wirtschaftlichen Nutzens Portugiesisch-Asiens für das ›Mutterland‹ möglicherweise noch etwas an Aussagekraft gewinnen könnten.

Auf der Basis der zumindest in groben Zügen bekannten Entwicklung der Einkaufspreise für Pfeffer in Indien und der Verkaufspreise in Europa sowie mit Hilfe einer zeitgenössischen Schätzung aus dem Jahr 1558 hat etwa Wolfgang Reinhard im Anschluss an Magalhães-Godinho eine Gewinnrechnung für eine Flotte von fünf Schiffen, von denen eines bei der Überfahrt verloren geht, vorgelegt, die zwar Infrastrukturkosten und Verluste berücksichtigt, sich aber nur auf die Pfefferladung bezieht. Bis zur Ankunft in Lissabon sind nach dieser Kalkulation pro Quintal Pfeffer 17,8 Cruzados aufgewendet worden, was bei einem Verkaufspreis von 34 Cruzados in der Casa da India einen Gewinn von etwa 90 Prozent ergibt. Lässt man die Infrastrukturkosten beiseite, so beläuft sich der Gewinn auf gut 150 Prozent.[370] Generell geht Reinhard davon aus, dass die portugiesische Krone während der ersten Hälfte des 16. Jahrhunderts, solange der Monopolanspruch auf Asiens Gewürze noch mehr als eine leere Forderung darstellte, im günstigsten Fall Endgewinne von 60 Prozent erzielen konnte. Dem stand aber die Überanstrengung ihres Kredits infolge der langen Liefer- und Absatzfristen gegenüber.[371]

Auch Michael Pearson geht von hohen Profiten auf der Kaproute aus. Die von ihm angeführten Schätzungen gehen für die ersten Dekaden der Carreira von einem kombinierten Einkaufs- und Frachtpreis von etwa sechs Cruzados für ein Quintal Malabarpfeffer aus, während der Verkaufspreis in Lissabon bei 22 Cruzados lag, was einen Profit von über 260 Prozent ermöglichte. Später im Jahrhundert soll dann die Profitquote nach Einbeziehung von Schiffbrüchen und schrumpfenden Frachten immer noch an die 150 Prozent erreicht haben, wovon weniger als die Hälfte die Erhaltung der Forts an der Malabarküste erlaubt hätte.[372]

»Andere Einschätzungen weisen sogar auf noch höhere Gewinne beim Pfeffer hin, der stets das wichtigste nach Lissabon transportierte Gut blieb. Eine typische Seereise auf der Lissabon-Indien-Route 1520–21 wurde wie folgt beschrieben: Drei portugiesische Schiffe, die mit Gewürzen im Wert von 20 000 Cruzados und Waren im Wert von 64 000 Cruzados beladen waren, liefen in Cochin ein. Die Schiffe luden in Mozambique Elfenbein zu, sodass sich der verfügbare Kapitalwert auf 96 000 Cruzados belief. Dieser wurde für 30 000 Quintals Pfeffer zu 2,5 Cruzados pro Quintal und andere Waren ausgegeben. Der Pfeffer würde sich in Lissabon dann für 30 bis 40 Cruzados pro Quintal verkaufen lassen.«[373]

Umfassender und differenzierter noch erörtert Niels Steensgaard, welche Gewinnaussichten die Krone auf der Kaproute hatte, seit im späten 16. Jahrhundert das Pfeffer- und Gewürzmonopol stückweise verpachtet war.

»Von 1588 bis 1592 wurden jährlich fünf Schiffe mit jährlichen Ausgaben von weniger als 250 000 Cruzados ausgerüstet. Die Silberausfuhr für die angepeilten Pfefferaufkäufe am Ende des 16. Jahrhunderts lagen bei 150 000–200 000 Cruzados per anno. Der Rohertrag der Krone aus dem Pfeffermonopol lag zwischen 1587 und 1598 bei ungefähr 535 000 Cruzados jährlich. Die Abgaben für andere Warenposten, die von 1586 bis 1598 nach Lissabon importiert wurden, beliefen sich auf über 165 000 Cruzados jährlich. Der unmittelbare Eindruck ist der eines beträchtlichen, aber nicht übermäßigen Profits, selbst in solchen Jahren, als gegen Ende des 16. Jahrhunderts viele Schiffe auf See verloren gingen. Begründeterweise müssen diese Zahlen mit größter Vorsicht betrachtet werden: Hinter ihrer vordergründigen Genauigkeit … liegen durch die Umstände beträchtliche Unsicherheiten verborgen; alles war verpachtet und Teile der Pacht wurden mittels Anleihen, wobei ein Teil davon Obligationen waren, vorausbezahlt. Zu den sichtbaren Einnahmen und Ausgaben sollten die verborgenen hinzugerechnet werden: Ausgaben für die Schiffskonvois, Einkommen aus Ämterverkauf etc.«[374]

Eine Berechnung des venezianischen Konsuls in Lissabon, der mit günstigen Zahlen seine Heimatstadt im Jahr 1584 zur Zusammenarbeit mit Portugal überreden wollte, setzt für die Zeit vor 1570 pro Quintal eingeführten Pfeffer sogar einen Gewinn von über 27 Cruzados an, wobei er allerdings einige Infrastrukturkosten weglässt und von europäischen Spitzenpreisen ausgeht, die nicht immer realisiert wurden. Die Kalkulation des Venezianers war sicherlich bewusst optimistisch, entspricht aber in den Grundzügen der von Reinhard verwendeten portugiesischen Kostenaufstellung von 1558, die im Original ebenfalls zu einem Profit von etwa 24 Gruzados gelangt, den die Krone im günstigsten Fall pro Quintal Pfeffer kassierte.[375]

Die theoretisch sehr hohen Profite setzten natürlich einiges kommerzielles Geschick, vor allem aber ein einigermaßen funktionierendes Monopol voraus. Dem entspricht, dass die Budgets der Krone bzw. der Funktionäre des Estado keine Gegenüberstellung von Gewinnen und Verlusten aufwiesen: Offensichtlich war man noch nicht gewohnt, ebenso strikt in kaufmännischen Kategorien zu denken wie die Venezianer, Genuesen und Oberdeutschen oder später die Beamten der Ostindienkompanien. In der Praxis waren die Gewinne der Krone vermutlich bescheidener. Sie dürften nach der Jahrhundertmitte außerdem abgenommen haben, was seit 1576 zur Verpachtung des Pfeffermonopols für 18 Cruzados pro Quintal führte. Die für die Krone äußerst lukrative Höhe der Gebühr ermöglichte den Vertragspartnern in der Folge nur unter außergewöhnlich günstigen Umständen eine angemessene Gewinnspanne, sodass sich das Kaufmannskapital noch vor der Jahrhundertwende wieder völlig aus dem Geschäft zurückzog.[376]

Neben der jeweiligen Situation auf den Pfeffer- und Gewürzmärkten Asiens und den Kosten der Carreira entschieden insbesondere die Qualität des Vertriebs in Europa und die Preisentwicklung auf den europäischen Märkten über die Profitabilität der Kaproute. Zu Beginn des 16. Jahrhunderts hatten die Portugiesen wenig Probleme gehabt, ihre Gewürzimporte an der Atlantikküste abzusetzen und sogar Venedig angestammte Märkte in Mitteleuropa sowie im westlichen Mittelmeer streitig zu machen. Mit Hilfe von Kaufleuten aus Genua, Florenz und Deutschland wurden wichtige süddeutsche, aber auch französische und spanische Märkte wie Lyon und Medina del Campo erobert.[377] Lissabon erwies sich jedoch als relativ ungünstig gelegene Verteilerstelle im europäischen Fernhandel und verfügte weder über die notwendige Erfahrung noch über ausreichende Ressourcen, um die Aufteilung der großen Gewürzmengen auf die Märkte Europas organisieren zu können. Die portugiesische Krone suchte daher nach den ersten Erfolgen nach einer zentralen europäischen Handelsstadt als Drehscheibe des Pfeffer- und Gewürzverkaufs, die Venedig finanziell und kommerz-technisch gewachsen war. Die Wahl fiel auf Antwerpen, das sich als Etappe für den Export englischer Tuche bereits bewährt hatte und das über wichtige Kontakte zu den oberdeutschen Handelshäusern verfügte, die den Stapelmarkt an der Schelde vor allem mit Kupfer und Silber belieferten.[378]

Das erste Gewürzschiff hatte 1501 Anker geworfen, seit 1503 begann der portugiesische Vorsteher der Faktorei regelmäßige Gewürzlieferungen gegen Kupfer, Silber und andere Waren zu tauschen, im Jahre 1508 gründete der König in Antwerpen die Feitoria de Flandres als Filiale der Casa da India in Lissabon, seit 1507 deckte die Große Ravensburger Handelsgesellschaft ihren Bedarf in Antwerpen, nach 1515 gelingt es den Fuggern und Welsern, sich in den Pfefferverkauf einzuschalten, der vorher von den Florentinern Affaitadi und Gualterotti dominiert worden war.[379] Die Zwischenhandelstätigkeit Antwerpens in Nordeuropa – hier und in Zentraleuropa lebten die meisten Konsumenten von Pfeffer und Gewürzen – war im ersten Quartal des 16. Jahrhunderts so erfolgreich, dass Venedig nicht nur seine Vormacht im Pfeffergeschäft einbüßte, sondern auch die dominierende Position in der Weltwirtschaft an die Konkurrentin im Norden verlor. 1502/03 hatte Antwerpen lediglich 24 Prozent des von den Fuggern exportierten ungarischen Kupfers erlangt, 1508/09 war der Anteil auf 49 Prozent gestiegen, für Venedig blieben dagegen nur 13 Prozent. Zusammen mit Silber und ein wenig Gold gingen große Kupfermengen nach Lissabon, das aus der Prosperität Antwerpens erheblichen Nutzen zog.[370]

Spätestens um 1520 war die Scheldestadt zum Zentrum der wichtigsten Kommerz- und Finanztransaktionen ganz Europas und der damit verbundenen überseeischen Gebiete geworden. Trotz der negativen Auswirkungen der Kriege zwischen Karl V. und den französischen Valois funktionierte die Pfefferachse zwischen Lissabon und Antwerpen zufrieden stellend, obwohl Portugals Schulden beim Verkaufssyndikat rasch wuchsen. In den 40er-Jahren beginnt sich die Situation dramatisch zu verschlechtern: Die Zahl der jährlich Antwerpen anlaufenden Schiffe sinkt auf ein Drittel, Venedig gewinnt mit seinem besseren, wenn auch teureren Pfeffer viele Märkte, beispielsweise Lyon, zurück, während Antwerpens Marktanteile zurückgehen und die Krone schließlich mit mehr als zwei Millionen Cruzados verschuldet. Die Schließung der portugiesischen Faktorei im Jahr 1549 war ein deutliches Zeichen der Krise, wenngleich der eben einsetzende Zustrom gewaltiger Mengen amerikanischen Silbers nach Sevilla bei gleichzeitigem Niedergang der zentraleuropäischen Silberminen die Entscheidung erleichtert haben mag.[381]

Lissabon stellte auch im dritten Quartal des 16. Jahrhunderts die Gewürzlieferungen nach Antwerpen nicht völlig ein. Die neue Konjunktur der Handelsmetropole stand aber nicht mehr im Zeichen des portugiesischen Pfeffers, sondern des spanischen Silbers und eines beachtlichen Gewerbe- bzw. Industriewachstums. Bezeichnenderweise kehrte sich der Geldstrom zwischen Antwerpen und Lissabon um: Anstatt Silber und Kupfer gelangten insbesondere Textilien, Rohstoffe für die Glaserzeugung und gewerbliche Luxusprodukte nach Portugal, zu deren Bezahlung die abnehmenden Gewürzlieferungen nicht mehr ausreichten. Im Jahre 1569/70 wies die defizitäre Handelsbilanz mit Antwerpen neben Pfeffer- und Edelsteinexporten auch hohe Bargeldbeträge auf.[382] Es war schließlich nur noch eine Frage der Zeit, bis Antwerpens Gewürzhandel völlig zum Erliegen kam. Der Großteil der portugiesischen Gewürze wurde direkt in Lissabon von der Casa da India verkauft, das internationale Kaufmannskapital wählte Hamburg, Zürich, Rouen oder Lyon als neue Verteilungszentren. An eine völlige Ausschaltung der venezianischen Konkurrenz war nicht mehr zu denken. Die Kontakte zwischen Lissabon und Antwerpen führten im Gefolge des portugiesischen Staatsbankrottes 1560 zum Zusammenbruch des angesehenen Handelshauses der Affaitadi. In der allgemeinen Finanzkrise des Jahres 1569 stellte König Sebastian schließlich alle Zahlungen nach Antwerpen ein.[383]

In der Phase der Gewürz- und Pfefferkontrakte ab 1570/76 behielt Antwerpens Gewürzmarkt nur noch regionale Bedeutung, längst überflügelt von anderen Städten. Das Konsortium der Jahre 1591 bis 1597 wählte, infolge der politischen Wirren in den Niederlanden, das sichere Hamburg zum Hauptumschlagsplatz, wohin 1591 etwa 48 Prozent der Pfefferimporte Portugals gingen. Amsterdam setzte 28 Prozent und Lübeck 23 Prozent um. Die Krone war auf diese Weise das leidige Problem des Detailverkaufes losgeworden. Der Europavertrieb blieb aber, wie immer seit 1530, ein Minuspunkt der Kaproute gegenüber dem Levantehandel Venedigs und anderer Städte des Mittelmeerraumes.[384]

Einem gut funktionierenden Verteilungssystem in Europa kam umso größere Bedeutung zu, je mehr der Gewürzhandel Venedigs seine alte Bedeutung zurückerlangte. Bald nach 1500 hatte ja der Levantehandel knapp vor dem Zusammenbruch gestanden und trotz verschiedenster Gegenmaßnahmen war der Nachschub auf der Karawanenroute vorerst so unregelmäßig und gering geblieben, dass die Signoria 1521 in Lissabon wegen größerer Pfefferkäufe vorgefühlt hatte – infolge der Hochpreispolitik des ›Pfefferkönigs‹ allerdings ohne Erfolg.[385]

Langfristig erwiesen sich die Hoffnungen Venedigs auf eine wenigstens teilweise Wiederbelebung der Levanteroute als nicht unbegründet, da ›Asia Portuguesa‹ weder den Willen noch die Ressourcen hatte, die traditionellen Handelswege durch das Rote Meer und den Persischen Golf lückenlos und dauerhaft zu blockieren, wie bereits dargelegt wurde. »Seit längerem ist bekannt, dass der venezianische Gewürzhandel nicht gänzlich und unwiederbringlich durch die portugiesische Entdeckung der Kaproute nach Indien ruiniert wurde, dass der europäische Handel mit der Levante sich faktisch im Verlauf des 16. Jahrhunderts wiederbelebte, und dass die Portugiesen niemals in der Lage waren, ein vollständiges Monopol für die Einfuhr von Pfeffer und Gewürzen zu halten.«[386]

Die Straße von Ormuz – zu Jahrhundertbeginn allerdings von viel geringerer Bedeutung als die Seeverbindungen nach Kairo, Alexandria und Damaskus durchs Rote Meer – wurde von den Portugiesen zugunsten Persiens, eines potenziellen Verbündeten gegen das Mamlukenreich, immer offen gehalten und nahm einen raschen Aufschwung. Damaskus und Beirut verfügten in den 20er-Jahren schon wieder über große Pfeffer- und Gewürzmengen, und in den 30er-Jahren soll der Levantehandel nach Meinung vieler Autoren – etwa Frederic C. Lane und Fernand Braudel – allmählich wieder ein Übergewicht gegen Portugal erlangt haben. Diese Annahme dürfte überzogen sein, es verdient aber Erwähnung, dass damals sogar in Antwerpen wieder Pfeffer dieser Herkunft auftauchte.[387]

Die osmanische Expansion, die seit 1543 zu einer dauerhaften

Präsenz im unteren Mesopotamien führte, sowie die Sonderinteressen des Estado da India nahmen der Blockade des Roten Meeres und Persischen Golfes viel an Bedeutung, da man die Eigenversorgung der islamischen Schießpulverreiche Westasiens via Ormuz keinesfalls behindern wollte. Dies ermöglichte aber auch regelmäßige Gewürztransporte nach Aleppo und Beirut, wo die Venezianer binnen kurzem rege Aktivitäten entfalteten. Selbst die Funktionäre des Estado nahmen ihre Dienste zunehmend in Anspruch. Solange die Besteuerung der neuen Hauptroute des Levantehandels infolge der günstigen Lage der Festung in Ormuz fast komplett gelang und die eingehobenen Mautgebühren substanziell zum Budget des Estado beitrugen, war man in Goa mit dieser für Lissabon nicht unproblematischen Entwicklung zufrieden. Da auch der ›illegale‹ Handel durch das Rote Meer, nicht zuletzt von Portugiesen selbst betrieben, wieder zunahm, dominierten die traditionellen Routen ins Mittelmeer, auf denen freilich immer auch Persien und das Osmanische Reich beliefert wurden, seit der Jahrhundertmitte möglicherweise wieder über die Carreira da India. Allein in Alexandria stieg das Gewürzangebot 1550/1560 wieder auf jährlich 30 000 bis 40 000 Quintalen, nicht viel weniger als nach Lissabon kam.[388]

Die ausschließlich über Lissabon versorgten Länder erlebten in manchen Jahren eine empfindliche Verknappung, gleichzeitig fielen die Gewinne auf der Kaproute. England plante sogar Direktkontakte zu Persiens Pfefferquellen über Moskau. Ob der portugiesisch-osmanische Krieg 1560 bis 1563 Offensivgeist oder Schwäche ausdrückt, ist ungewiss. Jedenfalls überlegte man in Lissabon gleichzeitig den Einstieg in den Levantehandel, da die Carreira nicht immer zufrieden stellend funktioniere. Nach 1570 gab es für Venedig infolge der Auseinandersetzungen mit den Osmanen, mehrfach Rückschläge, von denen aber nicht nur Portugal, sondern auch Marseille und Ragusa profitierten.[389]

Am Wiederaufstieg und Prosperieren des Levantehandels im zweiten Drittel des 16. Jahrhunderts wird seit der Revision des Forschungsstandes durch Frederic C. Lane nur selten gezweifelt.[390] Besonders in den 60er-Jahren sollen auf den alten Karawanenrouten größere Gewürzmengen als vor der Etablierung des Seeweges transportiert worden sein, wobei freilich ungeklärt und umstritten bleibt, wieviele Lieferungen ins christliche Europa gelangten und was für die islamischen Staaten Westasiens bestimmt war. René J. Barendse beispielsweise vertritt mit recht guten Argumenten die Meinung, dass die verschiedenen See- und Karawanenwege die arabisch-osmanischen und persischen Kunden im gesamten 16. Jahrhundert, unbeschadet wechselnder Konjunkturen der Kaproute und der venezianisch-südeuropäischen Märkte, immer reichlich mit Pfeffer und Gewürzen versorgten.[391] Besonders umstritten ist dagegen die Entwicklung nach 1570. Viele Autoren gehen von einem harten Wettkampf zwischen den verschiedenen Nachschublinien für den europäischen Pfeffer- und Gewürzmarkt aus, in dem für beide Seiten Zeiten der Krise und des Erfolges rasch aufeinander folgten, was den Einstieg von immer mehr Konkurrenten aus Dalmatien, Italien und Südfrankreich ins lukrative Geschäft erleichterte.[392] »Von den 1580er-Jahren bis zum Ende des Jahrhunderts spielte die Levante-Gewürzroute bis zur vollständigen Eroberung des Indischen Ozeans durch die Holländer eine wichtige Rolle ... Um 1600, sofern es Pfeffer und Gewürze betraf, war eine Vorherrschaft der Seeroute bei weitem noch nicht erreicht worden. Die Rivalität zwischen den Routen währte mit Höhen und Tiefen über ein Jahrhundert, und auf beiden Seiten wechselten sich dabei Krisen mit Phasen des Aufschwunges ab.«[393]

Geoffrey V. Scammell und Niels Steensgaard argumentieren sogar mit großer Bestimmtheit – mit der das Gewicht eindeutiger Belege nicht ganz mitzuhalten vermag –, dass der Levantehandel ungebrochen bis zum Vorstoß der nordwesteuropäischen Ostindienkompanien zu Asiens Gewürzmärkten prosperierte, während Portugals Position immer prekärer wurde.[394] Dies hat G. H. Wake umgehend zu einer neuerlichen Revision veranlasst, in der die Dominanz der portugiesischen Kaproute bis knapp vor der Jahrhundertwende betont und die zunehmende Belieferung der europäischen Pfeffermärkte durch den Levantehandel relativiert wird. Der Karawanenhandel habe zwar, infolge der Durchlöcherung der portugiesischen Blockaden, im größten Teil des 16. Jahrhunderts die islamische Welt des Nahen Ostens wieder ausreichend mit Gewürzen versorgt, sei aber hinsichtlich Europa bis in die 90er-Jahre der Carreira da India unterlegen geblieben. Sinkenden portugiesischen Pfefferimporten sei in der zweiten Jahrhunderthälfte die gesteigerte Einfuhr anderer Gewürze und fernöstlicher Luxusgüter gegenübergestanden; sie sind demnach kein Indiz für den ökonomischen Bedeutungsverlust der Kaproute. Sanjay Subrahmanyam hat später diese Position um einige Details erweitert und immer wieder mit großer Vehemenz vertreten.[395]

»Wenn die Tendenz manchmal dahin ging, die Dauerhaftigkeit des Levantehandels unterzubewerten, ist es nun an der Zeit, die reale Bedeutung von Portugals Vorherrschaft im Handelsverkehr zwischen Indien und Europa aufs Neue zu bestätigen und die ökonomische und politische Bedeutung der Kaproute im 16. Jahrhundert neu einzuschätzen. Es ist hierfür notwendig, zwischen dem Überlandhandel als ganzem, der die Nachfrage des muslimischen Mittleren Ostens während des 16. Jahrhunderts weiterhin deckte – teilweise sogar durch Abkommen mit portugiesischen Behörden, die im Osten den Handel besteuerten –, und dem untergeordneten Handel zwischen der Levante und Europa zu unterscheiden. Die Tatsache, dass portugiesische Maßnahmen gegen muslimische Händler im Osten lediglich eine vorübergehende Stockung des Pfeffer- und Gewürzstromes auf den Karawanenrouten verursachten, bedeutet für sich genommen nicht die Wiederbelebung des Levantehandels nach Europa ... Der Levantehandel blieb, verglichen mit dem Handel der Portugiesen, immer marginal und blühte nur dann und insoweit auf, wenn portugiesische Importe durch Schiffbruch beeinträchtigt wurden.«[396]

Die Korrekturen von Wake, der sich teilweise auf nicht unproblematisches statistisches Material stützt und qualitative Aussagen über die Lage auf den großen europäischen Pfeffermärkten weitgehend vernachlässigt, gehen wahrscheinlich zu weit: Der Pfeffer- und Gewürzimport Venedigs und anderer Mittelmeerstädte war in der zweiten Hälfte des 16. Jahrhunderts nie marginal. Wake warnt aber zweifellos zu Recht vor einer Unterschätzung der ökonomischen Bedeutung der Kaproute für Portugal und ganz Nordwest- und Mitteleuropa. Subrahmanyams Ehrenrettung der Kaproute wirkt dagegen überzogen. Seine Verweise auf das Nachfragepotenzial des großen persisch-osmanischen Binnenmarktes rücken jedoch, im Verein mit den ausgewogenen, materialreichen Texten von Barendse über die frühneuzeitliche Handelsentwicklung im Bereich der Arabischen See, einen wichtigen Tatbestand ins Bewusstsein.

Bezüglich der Entwicklung um die Jahrhundertwende herrscht einigermaßen Übereinstimmung darüber, dass abnehmende Pfeffer- und Gewürzmengen Lissabon erreichten, während Venedigs Asienimporte ein letztes Mal anstiegen. Dass die Entwicklung um 1600 zugunsten der traditionellen Handelswege durch den Nahen Osten verlief, geht auch aus einer Schätzung der aus Indien verschifften Frachten hervor, deren empirische Basis und Plausibilität aber nicht überbewertet werden sollte. Man weiß vor allem nicht, welche Käufer die ins Rote Meer oder via Ormuz transportierten Waren fanden, d. h. welche Gütermengen überhaupt über das Osmanische Reich hinaus in den Mittelmeerraum und in verschiedene europäische Länder gelangten.

Bestimmungsgebiete und Tonnage des Schiffsverkehrs von Indien (ca. 1600) [387]

Westen		Osten	
Kaproute	6 000	Pegu	5 000
Ostafrika	1 000	China und Japan	3 000
Rotes Meer	10 000	Molukken	1 000
Ormuz	10 000	Malakka (Westküste)	1 000
Sri Lanka	3 000	Malakka (Ostküste)	1 000

Als wenig später im frühen 17. Jahrhundert sowohl der Transithandel durch Persischen Golf und Rotes Meer als auch die Karawanenrouten ins westliche Anatolien – etwa von Persien nach Aleppo – erheblich schrumpften, trug dies zusammen mit einem empfindlichen Nachfragerückgang im Osmanischen Reich und Strukturproblemen des venezianischen Textilgewerbes naturgemäß zum Niedergang des italienischen Levantehandels bei. Mit dem Vorstoß der Ostindienkompanien nach Asien hing diese Entwicklung wahrscheinlich viel weniger zusammen, als lange Zeit angenommen, und ein neuerlicher Bedeutungsgewinn der portugiesischen Kaproute ist als Ursache vollends auszuschließen.[398]

Ins Bild einer abnehmenden Bedeutung der Carreira da India am Übergang vom 16. zum 17. Jahrhundert würde auch der schrumpfende Anteil der Einnahmen auf der Kaproute am Budget Portugals passen, wenngleich sich daraus eher Schlüsse über die erfolgreiche Konkurrenz der niederländischen Ostindienkompanie als über die Relation zum Levantegeschäft ziehen lassen. Möglicherweise glich der Aufschwung des Privathandels auf der Kaproute den Niedergang der königlichen Gewürztransporte sogar völlig aus, was die Bedeutung des Nahost-Transits schmälern würde.[399]

Das Fortbestehen des Levantehandels in Konkurrenz zur portugiesisch dominierten Kaproute wurde durch vielfältige politische und ökonomische Entwicklungen im Nahen Osten, in Europa und in Süd- bzw. Südostasien erleichtert. Der relative Erfolg der Venezianer und anderer Kaufleute des Mittelmeerraumes im Pfeffer- und Gewürzgeschäft hing nicht nur mit ihrer finanziellen Potenz und kommerziellen Tüchtigkeit zusammen, sondern erklärt sich auch aus dem Charakter der Carreira und des Estado da India als lange Zeit stark von Feudalinteressen geprägte – häufig als redistributiv eingestufte – Unternehmen, deren gemeinsamer Zweck zwar die Sicherung hoher Monopolprofite für Portugals Krone war, die in der Realität aber nicht selten widersprüchliche Ziele und Strategien verfolgten. Eine radikale Unterscheidung zwischen ›mittelalterlich-konservativen‹, nur an Eroberung, Raub und Plünderung interessierten Portugiesen und ›kaufmannskapitalistisch-modernen‹ Oberitalienern, Niederländern und Engländern wäre zwar stark übertrieben, da die Portugiesen – vor allem die privat wirtschaftenden *casados* – selbstverständlich ebenfalls kommerzielle Kompetenz besaßen und die Ostindienkompanien der Nordwesteuropäer im 17. Jahrhundert ihre koloniale Expansion in Asien vielfach mit ähnlichen Mitteln vorantrieben wie ihre lusitanischen Vorgänger. Sowohl die niederländische als auch die englische Kompanie griffen asiatische Schiffe ziemlich willkürlich an und konfiszierten deren Frachten, sie verkauften Schutzpässe zum ungehinderten Befahren gewisser Routen und erhoben in den Flotten- bzw. Handelsstützpunkten Mautgebühren.[400] Trotz dieser Parallelen, denen auch wichtige Unterschiede gegenüberstehen, liefert das von Lane und Steensgaard entwickelte Konzept des ›redistributiven Geschäfts‹ aber zumindest einen diskussionswürdigen Rahmen zum Verständnis der Stärken und Schwächen der staatlichen portugiesischen Handels- und Kolonialaktivitäten auf der Kaproute und in Asien, solange der Vergleich zwischen Estado und nordwesteuropäischen Handelskompanien oder auch italienischem Kaufmannskapital nicht in Schwarz-Weiß-Malerei ausartet.[401]

Als redistributive Unternehmen bezeichnen beide Autoren jene politischen Institutionen, die organisierte Gewalt einsetzen, um Schutz als spezielle Dienstleistung zu ›produzieren‹ und zu ›verkaufen‹.

»Nach der Meinung Lanes sollte die Anwendung von Gewalt als produktive Tätigkeit, die Schutzleistungen bereitstellt, betrachtet werden. Lane entwickelte das Konzept der Tribut- und

Protektionsrente. Tribut ist als jenes Einkommen definiert, welches die Bereitstellungskosten der Schutzmaßnahmen übersteigt und transferiert wird. Die Protektionsrente wird als Differenz zwischen den Unternehmergewinnen mit niedrigeren oder höheren Protektionskosten definiert. Lane geht darin so weit, dass er die Protektionsrente mit Landrente, Zinsen und Löhnen vergleicht. ... Die Bereitsteller von Protektion werden als redistributive Unternehmer betrachtet und beschrieben, in der Annahme, dass das Hauptziel der Einrichtung nicht in der erweiterten Befriedigung von Nachfrage durch die Produktion von Protektion liegt, sondern in der Umverteilung der verfügbaren Warenmenge durch bewaffnete Mittel.«[402]

Bei der Etablierung des Luxusgüterfernhandels vertrauten die Portugiesen nach Meinung von Lane und Steensgard nicht ausschließlich oder auch nur vorrangig auf die kommerzielle Konkurrenz im Sinne jüdischer, islamischer oder italienischer Kaufleute – Pisaner und Venezianer unterschieden in der Frühphase ihrer kommerziellen Expansionen übrigens auch nicht zwischen Piraterie und Handel –, sondern, in Übereinstimmung mit der Gesellschafts- und Wirtschaftsentwicklung in der Heimat, häufig auf eine politische Lösung: auf den Einsatz von Gewalt, auf die Erzwingung eines umfassenden Gewürzmonopols, auf die Erhöhung der im Karawanenhandel erforderlichen Schutzkosten.

Ob die Portugiesen wesentlich anders hätten optieren können, ist zweifelhaft. Sowohl Curtin als auch Pearson gehen davon aus, dass eine friedliche Politik die Portugiesen langfristig reicher gemacht hätte als eine auf Waffengewalt basierende koloniale Ausbeutung, in deren Mittelpunkt Plünderung, Handelsblockaden, Monopolansprüche und Tributforderungen standen. Ihrer Meinung nach wären friedliche portugiesische Händler den meisten asiatischen Potentaten willkommen gewesen.[403] Pearson nimmt sogar an, ohne allerdings klare Belege zu bieten, dass die reinen Transportkosten auf der Kaproute niedriger gewesen seien als im Karawanenhandel, sodass auch ohne Gewalt ein großer Teil der Gewürzfrachten umzulenken gewesen wäre. Die religiöse Komponente in der portugiesischen Expansion hätte aber den friedlichen Wettbewerb mit islamischen Kaufleuten unmöglich gemacht, da es der Krone nicht bloß um Profit, sondern auch um die Bekämpfung der ›Mohren‹ gegangen sei.[404] Diese Bewertung der religiös-ideologischen Motive des portugiesischen Vorstoßes nach Asien macht zumindest für die Frühphase unter König Manuel I. Sinn, erweist sich vor dem Hintergrund der sozioökonomischen Stukturen des frühneuzeitlichen Portugal insgesamt aber doch als unhistorisch. Der Sieg kriegerisch-aristokratischer Elemente über das Handelsbürgertum nach 1383 hatte das traditionelle Feudalsystem und die Macht der Krone gestärkt, eine bestimmende Führungsrolle des heimischen Kaufmannskapitals bei den Kolonialaktivitäten in Übersee aber äußerst unwahrscheinlich gemacht.[405]

Der Aufbau des Estado und die Einrichtung der Carreira verursachten verständlicherweise keine Revolutionierung der europäisch-asiatischen Handelsbeziehungen. Diese erfolgte erst wesentlich später und außerdem nur ganz allmählich durch die Ostindienkompanien, die den levantinischen Gewürzhandel schrittweise zurückdrängten. Portugals Aktivitäten bewirkten immerhin, dass ein Teil der Gewinne in neue Taschen floss, dass die mediterranen Kaufleute, die bisher nur an arabische, kurdische oder osmanische Nomaden Protektionsabgaben bezahlt hatten, höhere Schutzkosten und damit höhere Verkaufspreise auf Europas Märkten kalkulieren mussten.

Abgesehen von den wenigen Jahren der großen Flottenexpeditionen nach 1500, erlangte Portugal nie auch nur annähernd das Monopol auf Pfeffer und andere Gewürze, sondern lediglich auf eine mit Waffengewalt geschützte Route. Die Krone strebte auch keine Vorteile durch eine Tiefpreispolitik im europäischen Detailhandel an, was die mit höheren Schutzgebühren belasteten Konkurrenten schwer getroffen hätte. Die Preise orientierten sich nicht an eigenen Aufwendungen, sondern an denen Venedigs, die Profite dienten zu wenig der Verbesserung der ökonomischen Transaktionen, die nach Portugal importierten Gewürzmengen konnten im Verlauf des 16. Jahrhunderts nicht substanziell ausgeweitet werden, die steigende europäische Nachfrage nach Pfeffer, Gewürzen, Drogen und Seide wurde bis knapp nach 1600 zusammen mit dem Levantehandel befriedigt.[406]

»In aller Vereinfachung haben wir hier das Geheimnis für das Überleben der Karawanen im sechzehnten Jahrhundert. ... Es ist zwar nicht ganz sicher, ob der Transport über das Meer als technische Verbesserung hinsichtlich der Transportkosten zu Einsparungen führte; die Ersparnisse wurden vordergründig und zuallererst durch die Umgehung von Räubern, Steuer- und Abgabeneinnehmern mittels Internalisierung und Zentralisierung der Protektionskosten erreicht. Die Übernahme des Pfefferhandels durch die Portugiesen war nur durch die Übernahme bereits existierender Strukturen möglich; die Schutzkosten wurden, solange die Preise durch die Karawanenrouten vorgegeben wurden, eher erhöht als reduziert. Was den Teil am Pfefferhandel, der auf die Seeroute umgeleitet wurde, betrifft, so sind Protektionsrente und Tribute vom portugiesischen König abgeschöpft worden. Als ökonomische Innovation hatte die Entdeckung der Seeroute nach Indien während des ersten Jahrhunderts, über diese Transfers hinaus, keinerlei Auswirkungen.«[407]

»Während des sechzehnten Jahrhunderts blieb Europas Asienhandel über das Kap dem Geist und seinem Verständnis nach dem Mittelalter verhaftet: als die militärische Schlagkraft der Kriegsherren dem Landwirt, Handwerker und dem Händler diktierte, welchen Lohn er einfordern sollte. Steensgaard sieht den Estado da India Portugals in keiner direkten Linie mit dem aufsteigenden Handelskapitalismus des Westens.«[408]

Bezeichnenderweise sollen die reinen Transportkosten im Levantehandel noch um 1600 günstiger als auf der Kaproute gewesen sein. Der Sieg der nordwesteuropäischen Ostindienkompanien, die etwas kostengünstiger operierten als die portugiesische Carreira da India, gelang im Verlauf des 17. Jahrhunderts unter anderem infolge geringerer, internalisierter Schutzkosten bei etwas größerer kommerzieller Kompetenz, obschon der Einsatz von Gewalt überaus häufig und wichtig blieb. Die Teilerfolge der Portugiesen hingen zwar ebenfalls maßgeblich von der Asymmetrie der Protektionskosten ab, sie setzten aber aufwendige Handelsblockaden voraus, die nur vorübergehend zufrieden stellend funktionierten und schon nach kurzer Zeit immer deutlicher mit den Bedürfnissen des Estado in Konflikt gerieten. Wie bereits dargestellt, trug die weitgehende materielle Autonomie von Portugiesisch-Indien einerseits zur Steigerung der königlichen Monopoleinkünfte bei; andererseits setzten hohe Einnahmen des Estado das Florieren des traditionellen Asienhandels und den Verkauf von Geleitbriefen, d. h. von Schutz voraus, was den Levantehandel keineswegs unterband, sondern umso eher aufleben ließ, solange Lissabon keine Preiszugeständnisse machte.[409]

Ohne grundlegende gesellschaftliche und wirtschaftliche Modernisierung im Mutterland gab es aus diesen Widersprüchen keinen Ausweg und blieb die Ausschaltung des Levantehandels eine Illusion. Da die spätmittelalterlichen Fortschritte des Kaufmannskapitals im Portugal des 15. und insbesondere 16. Jahrhunderts im Zuge einer allmählichen Refeudalisierung vielfach wieder zunichte gemacht worden waren, brachte nicht die Eröffnung der Kaproute, sondern erst deren effizientere Nutzung durch Niederländer und Engländer, zusammen mit dem allmählichen Wandel der geopolitischen und sozioökonomischen Strukturen in West-, Süd- und Südostasien ab dem 18. Jahrhundert, das Ende des levantinischen Gewürzhandels. Da der Vorstoß der nordwesteuropäischen Ostindienkompanien Portugals Carreira da India sogar schon früher vor langfristig unlösbare Probleme stellte – der Estado da India brach zu Beginn des 17. Jahrhunderts allerdings nicht schlagartig zusammen, sondern verteidigte einige Positionen bis in die Ära von Industrieller Revolution und Imperialismus[410] –, trug keiner der Konkurrenten um das Gewürzgeschäft des 16. Jahrhunderts schließlich den Sieg davon, vielmehr setzte nach 1620/30 der gemeinsame, freilich nur relative Abstieg des gesamten christlichen und islamischen mediterranen Raumes gegenüber den sich konsolidierenden Staaten und rasch wachsenden Ökonomien im Nordwesten Europas ein.[411]

SÜD- UND SÜDOSTASIEN:
HANDELSPARTNER EUROPAS ODER PERIPHERIE?

Obwohl die Zahl der Europäer im Estado da India immer sehr gering blieb, wie bereits dargelegt wurde, erlangten Portugals Kolonialaktivitäten in Asien doch mehr als nur marginalen Einfluss auf die im Entstehen begriffene ›Weltwirtschaft‹ und ›Weltpolitik‹ des frühneuzeitlichen 16. Jahrhunderts.[412] Infolge der kurzfristig erfolgreichen Blockade der Levanteroute brach das Mamlukenreich umso leichter unter den Angriffen der Osmanen zusammen, die Weltmetropole Venedig geriet vorübergehend in schwere ökonomische Probleme und verlor die absolute Vormacht im europäischen Handels- und Finanzsystem, Antwerpen profitierte von den Schwierigkeiten der Markusrepublik und signalisierte durch seinen Aufstieg erstmals die im Abendland bevorstehende Schwergewichtsverlagerung vom Mittelmeerraum nach Nordwesteuropa. Die entsprechenden ökonomischen und politischen Veränderungen des 16. Jahrhunderts hatten nicht nur für die islamischen und südeuropäischen Länder, sondern auch für die Verdichtung globaler Interaktionen und die Ausformung weltwirtschaftlicher Netzwerke weitreichende Konsequenzen, denen an dieser Stelle aber nicht weiter nachgegangen werden soll.[413] Dass der Kolonialpionier Portugal letztendlich nicht ins Zentrum des sich im Laufe der Neuzeit wirtschaftlich und politisch modernisierenden Westeuropa aufrückte, sondern allmählich an die Peripherie von kapitalistischer Weltökonomie und Weltpolitik gedrängt wurde, sollte freilich nicht den Blick dafür verstellen, dass sich die Expansions- und Handelsaktivitäten in Asien zumindest im 16. Jahrhundert nicht bloß für die privat operierenden *casados*, sondern auch für Lissabon rechneten.[414]

Eine statistisch fundierte Kosten-Nutzen-Rechnung der portugiesischen Kolonialunternehmungen in Asien bis etwa 1620, d. h. bis zur Phase ständiger, aufwendiger Konflikte mit den nordwesteuropäischen

Ostindienkompanien, lässt sich naturgemäß nicht erstellen. Die vorangegangenen Kapitel haben aber zumindest viele Hinweise für ein erstaunlich gutes administratives und wirtschaftliches Funktionieren des Estado und der Carreira gebracht. Sowohl der Innerasienhandel als auch die Kaproute bescherten der Krone in Lissabon in der Mehrzahl der Jahre stattliche Einnahmen – ganz abgesehen von den vielfältigen realpolitischen und symbolischen Positionsgewinnen, die Portugals Königen aus der Asienexpansion erwuchsen. Ein Teil der Erfolge erklärt sich freilich aus dem Umstand, dass viele portugiesische Händler ihren Geschäften außerhalb oder an den Rändern des Kolonialsystems – teils auch illegal – nachgingen, was eine stärkere Betonung kommerziell-rationaler Komponenten gegenüber dem feudalen, auf Gewalt und Plünderung basierenden Expansionkonzept von Krone und Adel erlaubte. Portugiesische Kaufleute unterschieden sich diesbezüglich in geringem Ausmaß von Venezianern, Niederländern oder Briten. Dies umso weniger, als die Geschäfte Venedigs und der Ostindienkompanien im Mittelalter und im 17. Jahrhundert ebenfalls des Öfteren stärker auf Gewalt als auf kaufmännischer Rationalität basierten.[415] Bedeutsam waren dagegen die Unterschiede zur spanischen Kolonialexpansion in Amerika, die zwar ebenfalls Kontinuitätslinien zu italienischen Praktiken im Mittelalter aufwies, im Kern jedoch auf Territorialerwerb sowie Ausbeutung von Bodenschätzen und Arbeitskräften abzielte.

Im Unterschied zur Expansion Venedigs im östlichen Mittelmeer und insbesondere Spaniens in der Neuen Welt zerstörte Portugals Vorstoß nach Asien keine großen Reiche und schuf weder in Indien noch in Südostasien – schon gar nicht in Japan oder China – neue politische Kräfteverhältnisse. Es kam auch zu keiner kolonialen Durchdringung der großen asiatischen Landmassen mit politischen Institutionen und sozialen Organisationsformen der Portugiesen.[416] Da diese zudem von einer ökonomischen Penetration des riesigen Kontinents weit entfernt blieben, könnte sich durchaus die Vermutung aufdrängen, das Wirken der ersten europäischen Kolonialmacht sei den Gesellschaftsformationen Asiens absolut äußerlich geblieben und habe keinen Einfluss auf deren weiteren Entwicklungsgang genommen. Eine die einzelnen Regionen und Zeitabschnitte sowie die verschiedenen Sektoren von Wirtschaft, Politik und Kultur gebührend berücksichtigende Einschätzung gelangt zu einem differenzierteren, in vielen Punkten freilich vorläufig noch thesenhaften Ergebnis.

Ungeachtet erheblicher Meinungsunterschiede bei der Bewertung des portugiesischen Engagements im innerasiatischen Fernhandel gilt heute als gesichert, dass die zur See militärisch überlegene Kolonialmacht die vorgefundenen kommerziellen Verhältnisse nicht schlagartig und radikal verändern konnte. Für die traditionellen Händlergruppen Asiens sowie die großen Stapelhäfen im Bereich des Indischen Ozeans bedeutete der Estado da India keinen totalen Bruch der bisherigen Entwicklung, aber doch mehr als eine unerhebliche Randerscheinung. Portugals Flotte vernichtete keineswegs die alten Handelskreisläufe: Die arabischen, persischen, indischen, südostasiatischen und chinesischen Kaufleute – Letztere freilich in geringerem Maß – sahen sich aber doch zu beträchtlichen Anpassungsleistungen gezwungen. Trotz vieler Kontinuitäten erfuhr das Netz der Handelsbeziehungen und internationalen Umschlaghäfen der asiatischen Weltökonomie im Laufe des 16. Jahrhunderts folgenreiche Modifikationen. Die Ergebnisse von Van Leur – nach dessen Meinung die portugiesische Expansion keinen nennenswerten Wandel im Handelsleben Asiens hervorrief – etwas korrigierend, hat Meilink-Roelofsz zumindest für Südostasien im Zusammenhang mit der europäischen Intervention auf ein deutliches Handelswachstum, die Entstehung neuer Handelszweige und Handelsrouten sowie das Aufblühen neuer Handelszentren wie Atjeh oder Bantam verwiesen, allerdings auch das hohe Maß an Kontinuität sowie die relativ engen Grenzen portugiesischen Einflusses betont.[417]

Wahrscheinlich trifft McPherson in seiner Überblicksdarstellung der Geschichte des Indischen Ozeans den Kern der Sache recht gut, wenn er das 16. Jahrhundert sowohl als Zeitalter ständiger Konflikte als auch funktionierender Partnerschaft charakterisiert, in dem weder Portugiesen noch nachdrängende Niederländer die kommerziellen Strukturen Asiens nachhaltig umformen und noch viel weniger die einheimischen Gesellschaften dominieren konnten. Im Bereich der Chinesischen See, im Fall der ostasiatischen Mächte China und Japan, entfalteten sich Konflikte oder Kooperation wesentlich seltener, sodass die Rolle der frühen Europäer insgesamt sogar noch marginaler blieb. Aber sowenig der Estado da India monolithisch und statisch war, sowenig war er selbst an seinen Rändern folgenlos.

»Es war nicht das erste territoriale Kolonialimperium, sondern ein Handelsnetzwerk, das mehr mit der Distribution von Gütern als mit deren Produktion befasst war; mehr mit personalen

Beziehungen als mit der Kontrolle über Land. ... Offizielle und private Initiativen entwickelten sich in konstanter Anpassung an wechselnde lokale Gegebenheiten und waren bemerkenswert erfolgreich in der Verschmelzung mit indigenen Handelsnetzwerken. Wenn der Erfolg der Portugiesen an den Bedingungen eines sich diversifizierenden Handels mit Europa gemessen wird, so müssen sie und andere Europäer als nur teilweise erfolgreich beurteilt werden. Wenn aber die portugiesische Leistung auf Basis ihrer Fähigkeit gemessen wird, eine Nische in der traditionellen Handelswelt des Indischen Ozeans gefunden zu haben, dann muss dies als Erfolg beurteilt werden.«[418]

Als Ergebnis der vorangegangenen Kapitel wird man wohl kaum annehmen können, dass die politischen und kommerziellen Aktivitäten der Portugiesen die Ökonomien Süd- und Südostasiens lediglich marginal gestreift, in der Grundstruktur aber überhaupt nicht verändert hätten, selbst wenn man das Gewicht des portugiesischen Vorstoßes in den Indischen Ozean im Vergleich mit dem Aufstieg der Großreiche der Osmanen, Safawiden und Moguln eher gering veranschlagt und wenn man den Stellenwert der Binnenmärkte in Relation zum Außenhandel für die Entwicklung der asiatischen Gesellschaften sehr hoch einschätzt.

»De facto waren die europäischen Handelsniederlassungen in Asien nicht weniger effektiv als jene der Hanse oder der Holländer im Baltikum und in der Nordsee, oder als die venezianischen und genuesischen Handelsposten im byzantinischen Reich – um nur einige Beispiele herauszugreifen. Wenn Europa auch nur kleine Siedlergruppen nach Asien aussandte, wo sie eine verschwindend kleine Minderheit bildeten, so stand doch gerade diese Minorität im direkten Kontakt mit dem fortschrittlichsten Kapitalismus der westlichen Welt. Diese europäischen Minoritäten, von denen behauptet wurde, dass sie nur eine ›von Natur aus brüchige und oberflächliche Struktur‹ (Boxer) bildeten, unterhielten zwar mit dem Großteil Asiens keinen Kontakt, wohl aber mit lokalen Kleingruppen, die den Handelsaustausch mit dem Fernen Osten dominierten. Und es stellte sich heraus, dass gerade diese zahlenmäßig kleinen Gruppen vor Ort – teilweise unter Druck, teilweise aus eigenem Antrieb –

den Weg für die europäische Durchdringung ebneten, indem sie zuerst die Portugiesen, dann die Niederländer und Engländer in das Labyrinth des ›country trade‹ einführten.«[419]

Die Funktion der Portugiesen als Wegbereiter der kommerziellen Erschließung Asiens im Dienste der europäischen Weltökonomie hatte bereits ein niederländischer Zeitgenosse im 17. Jahrhundert klar zu erkennen geglaubt. Er formulierte sehr pointiert, dass den lusitanischen Entdeckern, Eroberern und Kolonialfunktionären in Übersee die Rolle von »setting dogs to spring the game, which as soon as they had done, was seized by others«, zufiel, wovon insbesondere seine Landsleute zu profitieren vermochten.[420]

Wenn die Portugiesen die traditionellen asiatischen Händlergruppen auch nie aus dem Geschäft verdrängen konnten und im Verlauf des 16. Jahrhunderts ihr Wiedererstarken tolerieren mussten bzw. sogar zunehmend auf Kooperation setzten, markiert ihr Eindringen in die Weltwirtschaft des Indischen Ozeans dennoch den Anfang der allmählichen Zurückdrängung asiatischer Kaufleute durch Europäer und ihre Partner, beispielsweise Armenier – zumindest in einigen Branchen und auf manchen Routen.[421]

Michael Pearson maß der portugiesischen Beteiligung am Asienhandel bzw. der Kontrolle und Besteuerung der asiatischen Kaufleute zumindest in Bezug auf den Westen Indiens in seiner Mitte der 70er-Jahre publizierten Fallstudie über die Kaufleute und Herrscher von Gujarat noch größere Bedeutung bei. In seinen Augen handelte es sich um mehr als eine Vorreiterfunktion für die spätere Monopolisierung des indischen Außenhandels in europäischen Händen, ein Zustand, der seiner Meinung nach im Zeichen britischer Kolonialherrschaft seit dem Ende des 18. Jahrhunderts herrschte.

»Portugiesische Aktivitäten während des 16. Jahrhunderts waren keine bloß anachronistische ›Renaissance‹, Vorspiel für die Ankunft der ›modernen‹ Briten oder Niederländer. Man kann durchaus annehmen, dass die Portugiesen im 16. Jahrhundert mehr ›Einfluss‹ auf Indien ausübten als die Niederländer und Briten im 17. Jahrhundert. In ihrem ersten Jahrhundert in Indien fügten sich die Nordeuropäer lediglich als zwei weitere ausländische Gruppen in ein bereits bestehendes Handelsnetzwerk ein; es gibt reichlich Präzedenzfälle für solche Vorgänge, weil Indien für handelsuchende Ausländer stets aufgeschlossen blieb. Anders jedoch die Portugiesen: Sie hatten keine Absicht, friedvoll und Seite an Seite mit den dominierenden muslimischen Händlern im Indischen Ozean Handel zu treiben. Sie versuchten einige Güter des Asienhandels zu monopolisieren und alle anderen Waren zu steuern und zu besteuern.«[422]

Obwohl Pearson bei der Beurteilung der Konsequenzen der portugiesischen Expansion für die soziopolitische und ökonomische Entwicklung Indiens letztlich ambivalent blieb – er schwächte im Verlauf seiner Untersuchung die eingangs betonten institutionellen Auswirkungen der portugiesischen Präsenz auf Asiens Handelssystem immer weiter ab, verwies auf zahlreiche Kontinuitäten und trennte vor allem die großen, agrargebundenen indischen Binnenreiche radikal von den unter europäischen Einfluss geratenden Küstenregionen –, räumte seine Fallstudie mit dem alten Vorurteil auf, dass sich die Portugiesen lediglich der Schlüsselstellen eines etablierten Handelsnetzes bemächtigt hätten, ohne dieses in erkennbarer Weise zu modifizieren.

Interessanterweise argumentiert Pearson etwa ein Jahrzehnt später noch vorsichtiger und räumt der portugiesischen Präsenz in Asien zumindest für den indischen Subkontinent nur noch sehr geringe ökonomische und politische Folgen ein. Gemessen am Gesamtvolumen des asiatischen Gewürzhandels war Portugals Rolle selbst in diesem Zentralbereich von Kolonialhandel und Imperialpolitik nach Pearsons neuer Sicht der Dinge nahezu irrelevant. Auf die selbst gestellte Frage, ob man die Portugiesen als die notwendigen Vorläufer späterer europäischer Kolonialherrschaft seit dem 18. Jahrhundert auffassen könne, antwortet er nun mit einem dezidierten Nein.[423]

Frank Perlin argumentiert fast diametral, indem er die von den Portugiesen ausgehenden Impulse zur Veränderung nicht auf Indiens Küstengebiete beschränkt sehen will und die Idee einer autonomen historischen Entwicklung Südasiens seit dem 16. Jahrhundert als theoretisch und empirisch unhaltbar zurückweist.[424]

»Die orthodoxe Sichtweise, dass die Portugiesen lediglich ein altes, etabliertes Handelssystem übernahmen, nicht jedoch die politischen Gemeinwesen der Küsten und insbesondere den Handel modifizierten, erfordert für mich die Frage nach der Dynamik dieser Substitutionsprozesse zu stellen. Aus Sicht der

Entstehung moderner kapitalistischer Institutionen besitzt dieser Punkt offensichtlich Bedeutung. Im Unterschied zu den Holländern und Engländern scheinen die Portugiesen tatsächlich zu einer anderen (und altertümlicheren) institutionalisierten Lebens- und Auffassungsweise gehört zu haben. Und es ist auch nicht zu übersehen, in welchem Umfang feudale Formen mit modernen Geschäfts- und Finanzpraktiken vermischt worden sind. ... Strukturell sollte die institutionell tief dem Mittelalter verhaftete Art und Weise des portugiesischen Vorstoßes auch dahingehend interpretiert werden, ob dieser Anzeichen eines entstehenden Handelskapitalismus besaß, wie er von den Niederländern und Engländern in Asien vertreten wurde. ... Jeder Punkt erscheint hingegen eindeutig anfechtbar, wenn man das Problem aus der Perspektive der vorkolonialen Gesellschaften sieht.«[425]

Eine ähnliche, etwas differenziertere und empirisch besser abgesicherte Position findet sich inzwischen in den zahlreichen Standardtexten von Sanjay Subrahmanyam und L. F. Thomaz, auf die in weiterer Folge nochmals zurückzukommen sein wird.[426]

Wie hoch oder gering man die Folgen der portugiesischen Intervention in den innerasiatischen Handel auch veranschlagen mag, man sollte jedenfalls als Maßstab für die Auswirkungen der ersten Welle europäischer Expansion die Ausdehnung, Komplexität und Funktionsweise der um 1500 bestehenden, von Ostafrika bis Japan reichenden Weltökonomie wählen. Man sollte des Weiteren nicht übersehen, dass die meisten asiatischen Gesellschaften und Ökonomien schon lange vor Vasco da Gama vielfältige, teilweise zyklische Transformationen durchliefen, die neben Fortschritten natürlich auch Rückschläge brachten und deren Entwicklungsdynamik sich in der frühen Neuzeit unter Einbeziehung der Portugiesen und Niederländer oft einfach fortsetzte:

»Die Geschichte des Indischen Ozeans kann nicht als eine Geschichte europäischer Unternehmungen, die sich über althergebrachte, beharrliche Strukturen des heimischen Handels stülpten, geschrieben werden. Es kam zu dramatischem Wandel in der Struktur des Handels, in der Nachfrage, in der Landwirtschaft und in der politischen Organisation im Bereich des Indischen Ozeans, welcher nicht – oder nicht nur – von Europäern verursacht wurde, sondern infolge der Strukturen des Welthandels als ganzem, von dem das europäische System nur einen Teil bildete, zustande kam.«[427]

Vor diesem Hintergrund schrumpfen auch langfristig folgenreiche Wandlungsprozesse, die sich in einigen Regionen vollzogen, zu relativ geringen Modifikationen. Diese allerdings als nicht geschichtsmächtig, als unwesentlich für das allmähliche Entstehen von Abhängigkeitsbeziehungen zwischen den europäischen Staaten und großen Teilen Asiens, zwischen europäischem Zentrum und asiatischer Peripherie abzutun, heißt, langwierige Entwicklungen ihres Erklärungszusammenhangs zu berauben und dadurch zu bagatellisieren.

Gemessen am Zerstörungs- und Deformationspotenzial der Spanier in Amerika oder an der im späten 17. und 18. Jahrhundert einsetzenden Penetration Indonesiens und Indiens durch Niederländer und Engländer traf Portugals Intervention die asiatischen Großreiche nicht unmittelbar in ihrem ökonomischen und sozialpolitischen Kern. Das portugiesische Kolonialregime führte wenig neue Elemente in die Produktionsstruktur Süd- und Südostasiens ein, die Gesellschafts- und Herrschaftsordnung blieb nahezu unverändert, und von der nur begrenzten Umstrukturierung der Handelsbeziehungen war schon wiederholt die Rede. Abgesehen von einigen Küstenregionen und kleinen Inseln erfolgte kein tiefgreifender Wandel der sozioökonomischen Verhältnisse und blieb Portugals Einfluss am Rande der traditionellen Gesellschaften und Kulturen.

Auf dieser allgemeinen Ebene der Bewertung, die sich vorrangig an radikalen und gleichzeitig umfassenden Transformationen orientiert, lässt sich sinnvollerweise behaupten, dass keinesfalls das 16. Jahrhundert die maßgebliche Wasserscheide in der Kolonialgeschichte Indonesiens gewesen sei, sondern erst die spätere niederländische Territorialherrschaft – die sich lange nach dem Vorstoß der Ostindienkompanie erst im 18. Jahrhundert über einige Stützpunkte hinaus dauerhaft zu etablieren begann – prägenden Einfluss gehabt und folgenreiche Deformationen bewirkt habe.[428] Insofern ist Immanuel Wallerstein wohl zuzustimmen, wenn er betont, dass der indisch-indonesische Raum im 16. Jahrhundert im Gegensatz zu den Atlantikinseln, zu Amerika und zu einigen Regionen Westafrikas, größtenteils noch nicht zur Peripherie der entstehenden Weltwirtschaft, des Europäischen Weltsystems, wurde. Ob allerdings seine Beschreibung der Gesellschaften und Staaten Süd- und Südostasiens, deren Interaktion mit Europa seit dem späten 15. Jahrhundert kontinuierlich zunahm, als externe Handelspartner gerechtfertigt ist, scheint zumindest fragwürdig.[429] Einige seiner Folgerungen, soweit sie die Rolle der Portugiesen betreffen, wiederholen lediglich alte Klischees.

»Die Portugiesen fanden bei ihrer Ankunft eine blühende Weltökonomie vor. Sie organisierten sie ein bisschen besser und transportierten als Entgelt für ihre Bemühungen einige Güter in die Heimat. Die soziale Organisation der Ökonomie blieb ebenso wie ihr politischer Überbau davon weitgehend unberührt. Der wichtigste Umbruch erfolgte in der Pfefferproduktion, das einzige Gewürz, das ›Gegenstand der Massenerzeugung wurde‹ (Magalhães-Godinho). Nur war die Technologie der Pfefferherstellung derart einfach, dass es zur Produktionsausweitung lediglich eines geringen zusätzlichen Arbeitseinsatzes bedurfte. ... Daher bedeutete ein Jahrhundert portugiesischer Vorherrschaft für fast ganz Asien eigentlich nur, dass die Portugiesen statt den Arabern die Gewinne einstreichen konnten. ... Asien, die Randregionen des Indischen Ozeans, wurde kein Teil der europäischen Weltökonomie des 16. Jahrhunderts. Asien war eine externe Region. ... In Chaunus Worten kam es zu einer ›thalassokratischen Conquista‹ der Portugiesen. Die Lebenswelt Asiens blieb von diesem Kontakt praktisch unberührt. Es spricht sicher wenig für das Argument, dass zu dieser Zeit Asiens Primärgüterproduktion integraler Bestandteil europäischer Arbeitsteilung war.«[430]

Dass Asien bzw. der Großteil Asiens, der schon seit Jahrhunderten vielfältige Kontakte zu Afrika und Europa aufwies, vor dem Zeitalter der Ostindienkompanien keine sehr intensive Integration in das noch junge System der internationalen Arbeitsteilung erfuhr, bedarf keiner weiteren Erörterungen. Ob die innere Entwicklung, abgesehen von belanglosen Ausnahmen, von der dauerhaften Präsenz Portugals aber fast unberührt blieb, ist eine andere Frage. Diesbezüglich gehen die Meinungen weit auseinander. Während Boxer betont, dass der Einfluss des Estado an den Küsten Ostafrikas und am indischen Subkontinent vergleichsweise stark, in Südostasien dagegen viel schwächer gewesen sei, belegt Meilink-Roelofsz fast das genaue Gegenteil. Beide stimmen immerhin darin überein, dass sich die gravierendsten Veränderungen auf den Gewürzinseln vollzogen. Diese Meinung wird von vielen Autoren geteilt, die die Anfänge kolonialer Deformation auf den Molukken, auf Ambon, Timor und den Bandainseln, aber auch auf Sri Lanka, schon im 16. Jahrhundert datieren.[431]

Geoffrey Scammell, Anthony Reid und eine ganze Reihe weiterer Autoren vertraten in den 80er- und 90er-Jahren eine weitergehende Position, indem sie dem Wirken des ökonomisch wenig fortgeschrittenen Portugal ganz allgemein starke wirtschaftliche, politische und kulturelle Einflüsse zuschrieben. Sie alle wussten natürlich, dass die Portugiesen, anders als die Spanier, nirgends große Erzlager in Eigenregie abbauen ließen, weder Plantagen noch Manufakturen in Betrieb nahmen, dass sie die Produkte anderer in ihren Schiffen transportierten, dass die Agrarverhältnisse weithin unberührt blieben. Immerhin habe die Gewürzproduktion auf Ternate, Tidore, Ambon etc. stark zugenommen und sei auf andere Inseln ausgedehnt worden. Im gesamten Bereich portugiesischer Aktivitäten seien neue wichtige Hafenplätze entstanden oder – wie Goa – aufgewertet worden, alternative Routen aufgekommen und neue Händlergruppen in den Vordergrund getreten – manche islamischen Kaufleute im Westteil des Indischen Ozeans und in der Arabischen See büßten ihre Position unter dem Druck der Portugiesen allerdings auch ein und so mancher traditionelle Umschlagplatz verlor an Bedeutung. Der Edelmetallzufluss habe die Monetarisierung und den Geldumlauf – mit allen Konsequenzen – in großen Regionen gefördert: Um 1600 kauften javanische Kaufleute Baumwollwaren in Malakka für Silber ein, in China setzte sich Silber als Zahlungsmittel für Steuern durch, die Silber- und Goldimporte nach Indien beeinflussten das Fiskalsystem und Preisgefüge im Mogulreich und in den südlichen Staaten grundlegend, belebten Handel und Gewerbe in Gujarat, Hindustan und sogar in Bengalen. Die portugiesische Nachfrage stimulierte in Japan die Silber- und Kupferproduktion, in Südchina die Seidenerzeugung auf Kosten des Reisanbaus. Die kulturellen Einflüsse des portugiesischen Jahrhunderts – naturgemäß wieder sehr stark regional differenziert – seien sogar noch profunder gewesen und hätten in den Sprachen, Denkweisen und Religionen, in der Architektur und im Geschmack vieler Asiaten dauerhafte Spuren hinterlassen. Und schließlich seien auch viele Formen von Technologietransfer – der keineswegs als Einbahnstraße verlief – vor allem in den Bereichen Schiffbau, Waffenproduktion, Eisenverarbeitung, Kommerztechniken mittelfristig überaus folgenreich gewesen.[432]

Ob man die angeführten Veränderungen – die Beispiele ließen sich vermehren – als wesentlich oder unwichtig einschätzt, hängt zum einen vom Vergleichsmaßstab, zum anderen davon ab, welchen Stellenwert man ihnen für die weitere Entwicklung einräumt. Nach Ansicht von Frank Perlin und John Richards handelt es sich um Hinweise auf die zunehmende Verflechtung der Geschichte Asiens und Europas seit dem 16. Jahrhundert, mitverursacht durch die iberische Expansion und die davon ausgehende Verdichtung des Weltmarktes.[433] Diese Veränderungen waren sicherlich keine Belege für eine irreversibel einsetzende Penetration Asiens durch die abendländische Wirtschaft und Kultur, für den unaufhaltsamen Weg der asiatischen Gesellschaften in die Abhängigkeit von europäischen Metropolen, sondern ganz allgemein das Ergebnis eines umfassenden globalen Strukturwandels, dessen wichtigste Merkmale sich rasch aufzählen lassen: allgemeines Bevölkerungswachstum, Etablierung weltumspannender Schifffahrtsrouten, Aufstieg einer sich nachhaltig verdichtenden Weltwirtschaft und eines silberinduzierten weltumspannenden Handelsnetzes, Intensivierung der Landwirtschaft, globale Diffusion wichtiger Kulturpflanzen und neuer Technologien, Ausformung großer und stabiler Staaten.[434] Zu all dem trug die Tätigkeit europäischer Händler in bescheidenem Maße wohl ebenso bei wie die Entwicklung der Gesellschafts- und Produktionsverhältnisse sowie der politischen Konstellationen in Indien, Indonesien und China.[435] Eine getrennte Einschätzung Indiens und des indonesischen Archipels, ergänzt um einige Hinweise auf Ostasien, kann diesbezüglich etwa Klarheit schaffen.

Im Fall des indischen Subkontinents wird in der Regel angenommen, dass vor der Mitte des 18. Jahrhunderts lediglich einige Küstengebiete unter europäischen Einfluss gerieten. Insbesondere für Gujarat, das Hinterland von Goa und für Ceylon sind langfristige Auswirkungen der portugiesischen Expansion nicht bloß zu vermuten, sondern in ihrem tatsächlichen Ausmaß immer klarer fassbar. Dies deswegen, weil sich die ältere Forschung zwar überwiegend mit Schifffahrt, Seehandel, Flottenstützpunkten und Handelsorganisation, aber nur wenig mit den Strukturen portugiesischer Territorialherrschaft in Asien beschäftigt hatte, neuere Arbeiten dieses Manko aber sukzessive beheben, sodass inzwischen gute Kenntnisse über die Gesellschaftsgeschichte der kolonialen Kernräume des Estado da India vorliegen.[436]

Formelle Kontrolle über größere Landstriche übten die Portugiesen insbesondere in den Besitzungen um Goa (*velhas conquistas*), im Bassein-Damão Abschnitt der Küste von Gujarat (*governo do norte*) sowie auf Ceylon aus. In den entsprechenden Gebieten lebten Ende des 16. Jahrhunderts etwa eine halbe Million Menschen – darunter als kleine Minderheit einige tausend *casados*, Soldaten und Kleriker –, die das Gros der Landtruppen des Estado stellten und mit ihren Wirtschaftsaktivitäten und Steuerleistungen maßgeblich zur Finanzautonomie von *Asia Portuguesa* beitrugen.[437] Ein Hauptziel der Christianisierungs- und Lusitanisierungsstrategien waren naturgemäß die einheimische, oft hinduistische Bevölkerung der aufgezählten Territorien sowie etwas später auch die chinesischen Einwohner des Hinterlands von Macao. Die Aktivitäten der christlichen Missionare, die am besten hinsichtlich der erzielten Bekehrungserfolge dokumentiert sind, griffen zweifellos tief ins soziale und wirtschaftliche Leben dieser das Stützpunktsystem sprengenden portugiesischen Kolonialgebiete ein. Wahrscheinlich wäre die Stabilität lusitanischer Herrschaft ohne die von der Kirche getragene ›geistige Eroberung‹ gar nicht zu erreichen gewesen.[438]

Eine gewisse Bedeutung kam in dieser Hinsicht wohl auch jenen zugewanderten Portugiesen zu, denen die Krone Herrschaftsrechte über ein indisches Dorf verlieh. Im Unterschied zur spanischen *encomienda* ging es aber nur um Rechte auf Steuern und Tribute, nicht jedoch um die Arbeitskraft der Dorfbewohner. Anfänglich bemühten sich die neuen europäischen Herren, die Organisation der Agrarproduktion und das damit verknüpfte Steuersystem möglichst unverändert zu lassen. Im Lauf der Zeit kam es aber, insbesondere in der Nordprovinz, mittels erhöhter Steuerforderungen und Landerwerb durch *casados* zur allmählichen Auflösung der im 16. Jahrhundert vorherrschenden Subsistenzwirtschaft und zu ersten Ansätzen einer Agrarkommerzialisierung, da sich die Reis- und Zuckerüberschüsse des Bassein- und Damão-Distriktes gewinnbringend nach Cambay, Goa und Ormuz exportieren ließen. Nach dem Verlust großer Teile des innerasiatischen Zwischenhandels an die Holländer und Engländer sicherte die Ausbeutung der Agrarbevölkerung vielen Portugiesen in Indien auch weiterhin ein Leben in Wohlstand.[439]

Für die Wirtschaft Portugals und Europas blieb die Umstrukturierung der Agrarverhältnisse in einigen Küstenterritorien Indiens freilich eher belanglos. Im Globalzusammenhang war die Rodung der indischen Teakwälder viel eher von Bedeutung. Ein ausreichender Nachschub an Teakholz ermöglichte sowohl die Konstruktion ausgezeichneter Schiffe für die Carreira auf den Werften Goas als auch umfangreiche Exporte nach Portugal, wo der Flottenbau immer unter der unzulänglichen Qualität des verwendeten Materials litt, wo Teakholz aber auch zur Produktion von Möbeln und Häusern stark nachgefragt wurde. Gemessen an den Edelmetall- und Massengüterimporten aus der Neuen Welt, stellte dies aber nur einen minimalen Faktor im Warenverkehr der europäischen Weltwirtschaft dar.[440]

Von größerer Wichtigkeit für Indiens Wirtschafts- und Gesellschaftsentwicklung als die Etablierung und Umformung kleiner, an den Rändern der großen Binnenreiche gelegener Kolonialterritorien war Portugals Zugriff auf billige Edelmetalle, die zur Bezahlung indischer Güter dienten. Gold aus Westindien und Schwarzafrika, Silber aus Amerika und dann auch aus Japan, flossen in immer größerer Menge nach Südasien.[441]

»Im Süden deckten die portugiesischen Goldeinfuhren einen Großteil der Edelmetallnachfrage für die weitverbreiteten ›Pagoda‹ Goldmünzen, die von Münzanstalten regionaler Hindu- und Muslimkönigreiche ausgegeben wurden. Im Norden trugen amerikanisches und japanisches Silber zu den steil in die Höhe gekletterten Stückzahlen von Silberrupien bei, welche die Prägestätten des Mogulreichs während der Regierungszeit Akbars ausgaben. Abgesehen vom Prozess der Enthortung, der durch Tributforderungen oder Eroberungen bewirkt wurde, bildeten Importe die einzige Möglichkeit, um an Metalle für umfangreiche Münzausgaben in der Frühen Neuzeit zu gelangen. Mit Ausnahme einer in Rajasthan erschlossenen Silbermine ... blieb die heimische indische Gold- und Silberproduktion jahrhundertelang eine vernachlässigbare Größe. In aller Kürze zusammengefasst: Ausmaß, Liquidität und Flexibilität – Charakteristika des staatlich kontrollierten Währungssystems Indiens im 16. Jahrhundert – hingen von den ständig wachsenden Edelmetallimporten aus neu erschlossenen Quellen ab.«[442]

Die Verdichtung der Handelsbeziehungen zwischen Indien, Ostafrika, Westasien und Europa, der kontinuierliche Zufluss von Gold, Silber, Kupfer und Kaurimuscheln und die daraus resultierende gewaltige

Steigerung des Geldumlaufes wirkten nicht nur auf die gewerblichen und kommerziellen Aktivitäten am indischen Subkontinent, sondern beeinflussten ganz allgemein das gesellschaftliche und politische Leben in vielfältiger Hinsicht.[443] Traditionellerweise hat man Indien oft als Land beschrieben, in dem unermessliche Schätze gehortet wurden, zufließende Edelmetalle also gleichsam spurlos aus den Wirtschaftskreisläufen verschwanden. In Wirklichkeit dürfte die Nachfrage nach immer größeren Mengen an Gold, Silber und anderen Zahlungsmitteln aber von Wirtschaftswachstum und Staatsentwicklung ausgegangen sein. Die im 16. Jahrhundert beginnende Phase steigender Edelmetall- und Geldimporte war gekennzeichnet durch ein beträchtliches Wachstum der Bevölkerung, der Städte und der Agrarproduktion sowie intensive Prozesse von Klassendifferenzierung, durch den Ausbau staatlicher Zentralisierung und Institutionen, durch politische Schwerpunktverlagerungen und rapide steigende Militärausgaben (Feldartillerie) sowie – unter dem Eindruck der europäischen Herausforderung – durch technologischen und kulturellen Wandel.[444]

Der gesellschaftliche, wirtschaftliche und politische Wandel, der sich im 16. Jahrhundert in den meisten Regionen des südasiatischen Kontinents erkennen lässt, ist vorerst hinsichtlich seiner Dimensionen und Ursachen noch sehr umstritten, weswegen sich der Stellenwert der portugiesischen Expansion für die vielfältigen Veränderungsprozesse im Einzelnen nicht genau bestimmen lässt. Es steht aber außer Frage, dass die Mogul-Herrscher des Nordens vom ›iberischen‹ Silber massiv profitierten. Ohne diesen neuen Edelmetallzustrom, der die traditionellen Silbertransporte auf den Levanterouten im 16. Jahrhundert weit überflügelte, hätte sich das Grundsteuersystem – und damit auch die Militärbasis – des Mogulreiches nicht annähernd so effizient gestalten lassen. Analog zu Persien oder auch China hingen der Agrarsektor – auch die expandierende Kultivation von *cash crops* profitierte vom wachsenden Edelmetall- bzw. Geldangebot – und die Staatseinnahmen eng mit weltweiten Gold-, Silber- und Kupferströmen zusammen. Besonders die Forschungen von Sanjay Subrahmanyam haben darüber hinaus gezeigt, dass sich das komplexe politische System des Staates der Moguldynastie nicht auf ein effizientes Agrarfiskalsystem und die darauf aufbauende Armee reduzieren lässt, sondern seit der Zeit Akbars auch in vielen anderen Wirtschafts- und Politikbereichen folgenreiche Modernisierungsprozesse durchlief, zu deren Auslösern auch die portugiesische Präsenz an Indiens Küsten zählte.

Mit den Binnenfürstentümern und Großreichen Südindiens verhielt es sich nach Meinung desselben Autors nicht anders: Auch hier entstand aus der komplexen Interaktion zwischen – teilweise von Portugiesen ausgehenden – Außenhandelsimpulsen und intern ausgelösten sozioökonomischen Wandlungs- und Wachstumsprozessen ein beachtliches Modernisierungspotenzial für Wirtschaft und Gesellschaft.[445] Viele Modifikationen der sozialen, ökonomischen und staatlichen Strukturen des vorkolonialen Indiens dürften also, wie im Fall des frühneuzeitlichen China, auf die eine oder andere Weise mit der durch die iberische Expansion geförderten Ausweitung und Intensivierung des transkontinentalen Handels zusammenhängen, wenngleich, wie gesagt, das Ausmaß und die Konsequenzen der verdichteten Interaktion und zunehmenden gegenseitigen Beeinflussung noch längst nicht geklärt sind und von einer kolonialen Abhängigkeit oder gar Deformation Indiens gar keine Rede sein kann.[446]

»Nicht nur das Mogulreich, sondern auch andere Staaten auf dem Subkontinent wurden durch zunehmende Verfeinerung ihres Verwaltungsapparates charakterisiert, durch fortschreitende Monetisierung der Steuerabgaben und eine Anzahl neuer Maßnahmen, um die Steuerforderung zu prüfen, zu schätzen und einzuheben. Es ist eine Ära, in der die kommerzielle Landwirtschaft und das heimische Manufakturwesen – wichtig für Export und Binnenmarkt – stark wuchsen. ... Des Weiteren finden wir Güter, die zu Land und zur See über weite Strecken transportiert wurden ... Fallbeispiele einer zunehmend ausgereiften regionalen und spartenmäßigen Arbeitsteilung, die Stadt und Land, Küste und Hinterland verknüpfte.«[447]

»Die Rolle der europäischen Expansion und des komplexen Beziehungsgeflechtes, das sich zwischen dem Handel in Asien, der Münzherstellung in Südamerika und Japan und der vollständigen Transformation der Gesellschaften Europas entwickelte, sind – so kann mit Fug und Recht behauptet werden – unter gewissen Umständen und in unterschiedlichem Ausmaß auf das Engste mit einem Entwicklungs- und Experimentierprozess administrativer Techniken im indischen Herrschaftsbereich des Hinterlandes verbunden gewesen. Was sich daraus hypothetisch folgern lässt, ist die Möglichkeit, dass dieser Vorgang einer internen Bürokratisierung den allgemeinen Wandel im Weltmaßstab ausdrückt.«[448]

Auch ohne weitere Darstellung der sozioökonomischen Entwicklung Südasiens vom 16. bis ins 18. Jahrhundert – der Vorstoß der Ostindienkompanien verstärkte sicherlich den weiterhin klar begrenzten europäischen Einfluss, stellte aber keinen spektakulären Bruch zum Handels- und Kolonialsystem des Estado da India dar und wies viele Kontinuitäten zur Praxis der Portugiesen auf – lässt sich immerhin anmerken, dass die Konsequenzen der portugiesischen Präsenz für Indien größer waren, als oft angenommen wird. Sie waren aber in vielen Fällen, zumindest anfänglich, sicherlich nicht überwiegend nachteilig und bedeuteten vorerst keine erzwungene Einbindung des Subkontinents in ein von Europa dominiertes Weltsystem, keine irreversible Entwicklung zu Abhängigkeit und Unterentwicklung. Die Zeiten kolonialer Deformation und massiver Ausbeutung lagen noch in der Zukunft. Der Estado da India hatte aber der europäischen Penetration erste Möglichkeiten eröffnet, die Zurückdrängung der asiatischen Kaufleute eingeleitet und in einigen kleinen Territorien sogar die Möglichkeiten von Kolonialherrschaft vorexerziert. Die Portugiesen hatten insbesondere die europäische Flottendominanz eingeleitet, die später von den Ostindienkompanien behauptet und ausgebaut wurde und schließlich England befähigte, Indien als Musterkolonie zu organisieren. Dass die Folgen der portugiesischen Präsenz, unbeschadet all dieser Einschränkungen, für Indien schon im 17. Jahrhundert erheblich waren, hat wiederum Subrahmanyam kompetent und prägnant summiert:

»Erstens war die Wirtschaft des Indischen Ozeans um 1700 ganz eindeutig und klar sowohl mit der Wirtschaft der Neuen Welt als auch mit Europa verbunden gewesen, sodass man seit dem späten 16. Jahrhundert von einer den ganzen Globus umspannenden kommerziellen Verflechtung sprechen kann. Diese Verknüpfung wurde in späteren Jahrhunderten stärker ... aber die grundlegenden Verbindungen wurden um 1600 gelegt. – Zweitens hatte sich die Logik im Staatswesen Asiens grundlegend geändert. Im späten 16. und 17. Jahrhundert ist es nicht mehr länger möglich, die Unterscheidung zwischen kleinen Handelsstaaten und großen, auf Agrartributen basierenden Reichen aufrechtzuhalten. Weit typischer für diese Epoche war ein Mischsystem, ein Regime aus halbagrarisch und halbkommerziell, beispielsweise der Iran, das Mogulreich, Golconda und auch Burma ... – Drittens verdichteten sich die kommerziellen Handelsnetze, und die Produktion für die Märkte in den verschiedenen Teilen Asiens wuchs in ihrer Bedeutung. Die Lehrzeit für den neuen Mitbewerber im Asienhandel neigte sich somit ihrem Ende zu und erleichterte den Händlern Zugang zu den Gewinnen des Asienhandels. Die Veränderung war fundamental. Die Kenntnis über Märkte, Handelskonditionen und politische Umgangsformen war jetzt bei weitem stärker verbreitet als zuvor, es existierte auch eine *lingua franca* – mit Portugiesisch als Grundlage. In einem sehr praktischen Sinn waren die Risken und Ungewissheiten – Folgen einer vergleichsweise geringen Markttransparenz infolge unzulänglicher Informationen – weitgehend verschwunden.«[449]

Mit noch größerem Nachdruck als im Fall von Indien wird üblicherweise China als weitgehend unberührt von der ersten Welle europäischer Expansion beschrieben. In vielen Darstellungen erscheinen Portugiesen und Niederländer bis ins 18. Jahrhundert als völlig marginal für China, Japan und die gesamte Chinesische See. Gemessen an den fundamentalen Veränderungen, die aus der imperialistischen Präsenz der Europäer seit dem 19. Jahrhundert folgten, wirkt diese Annahme durchaus plausibel. Dass sie nichtsdestoweniger revisionsbedürftig ist, haben spätestens drei vorzügliche Artikel William Atwells aufgezeigt. In diesen wird beispielsweise darauf verwiesen, dass infolge der durchwegs positiven Handelsbilanz in China alle Phasen kommerzieller Expansion von einem massiven Silberzufluss begleitet waren, was die Monetarisierung förderte, sowohl Geschwindigkeit als auch Richtung der allgemeinen Wirtschaftsentwicklung mitbestimmte und das Reich der Mitte langfristig zum größten Exporteur im Weltmaßstab machte. Der seit dem 16. Jahrhundert zu beobachtende Schwenk des Außenhandels von den Karawanenrouten Zentralasiens zu den Häfen der südöstlichen Küste soll darüber hinaus zur Kommerzialisierung und Diversifizierung der Landwirtschaft beigetragen haben.[450] Eine Passage aus Atwells erstem Artikel stellt die Bedeutung des gesamten Problemkreises, der anderswo im Rahmen der Erörterung der frühneuzeitlichen Entwicklung Chinas näher ausgeführt werden soll, vorläufig wohl ausreichend klar:

»Die inländische Nachfrage für Importsilber und die ausländische Nachfrage für chinesische Luxusgüter verband China während des 16. und frühen 17. Jahrhunderts so direkt mit der Weltgeschichte, insbesondere mit der Wirtschaftsgeschichte der Welt, wie nie zuvor. Die Auswirkungen dieser Einbindung waren von fundamentaler Bedeutung für die anschließende Weiterentwicklung der chinesischen Zivilisation. Tatsächlich gibt es mehr als ausreichend Beweise, die zeigen, dass viele der ökonomischen Fortschritte, sozialen Änderungen und sogar der Monumentalbauten der späten Mingzeit nur im Lichte der riesigen Silbermengen, die von so entfernt liegenden Stätten wie Iwami und den Bergen des oberen Perus herkamen, vollständig verstanden werden können.«[451]

Etwas anders verhielt es sich im südostasiatischen Raum. Auch hier war der unmittelbare Einfluss der Portugiesen zwar in einigen Küstenorten sowie auf mehreren kleinen Inseln am folgenreichsten, während die größeren Inseln und Staaten Indonesiens relativ – nach Meinung mancher Autoren sogar völlig unberührt blieben. Anders als in Indien übte der Estado östlich von Sri Lanka nirgends längere Zeit Herrschaft über ein geschlossenes Territorium aus, konnte sich nirgends auf eine größere Gruppe portugiesischer Siedler stützen, verfügte über keine ausgeprägte Flottenüberlegenheit und bezog seine Einnahmen fast zur Gänze aus eigenen kommerziellen Aktivitäten bzw. der Besteuerung des über Malakka laufenden Handels. Die mit dem Auftauchen der Portugiesen verbundenen Verschiebungen im Luxus- und Massengüterhandel trafen selbstverständlich auch jene Königtümer Javas und Sumatras, deren Macht- und Produktionsbasis im Landesinneren lag, die dessen ungeachtet aber auch meerorientiert waren. Wahrscheinlich haben sie den endgültigen Zusammenbruch von Majapahit vorangetrieben und beschleunigt. Vor allem aber haben sie den raschen Aufstieg von Atjeh unterstützt, worauf in der Folge etwas näher einzugehen ist.[452]

Nach dem Abstieg und Auseinanderfallen von Majapahit waren es nicht die Portugiesen, die das politische, wirtschaftliche und kulturelle Leben auf Java und Sumatra bestimmten – die christliche Mission erlangte hier gegenüber dem expandierenden Islam keinen nennenswerten Einfluss –, sondern die neuen mächtigen Moslemstaaten Atjeh, Bantam, Surabaya und Mataram.[453] In der ersten Hälfte des 16.

Jahrhunderts hatte vorübergehend Demak, dessen herrschende Oberschicht und Bevölkerung sich mehrheitlich dem Islam zuwandte und das auf der Basis der traditionellen Agrarproduktion sowie der engen Einbindung in den Fernhandel eine beträchtliche ökonomische Stärke entfaltete, das Erbe von Majapahit angetreten. Vom bald einsetzenden Autoritätsverfall dieses Staates profitierten insbesondere Bantam auf Westjava, aber auch Mataram im Landesinneren, die zusammen den portugiesischen Ambitionen im indonesischen Zentralraum enge Grenzen steckten. Mataram entwickelte sich zu einem mächtigen Reich, das seine materiellen Ressourcen primär aus dem Bewässerungs-Reisanbau zog, in der ersten Hälfte des 17. Jahrhunderts die Autonomie der nordjavanischen Hafenstädte beschnitt und seit der Unterwerfung der östlichen Vormacht Surabaya im Jahr 1625 den Großteil Javas beherrschte.[454] Nur der vergleichsweise moderne, stark am Handel orientierte Staat Bantam im Westen blieb unabhängig und hier lag auch Batavia als Zentrum der neuen Kolonialmacht Holland. Bis ins zweite Viertel des 17. Jahrhunderts bedeutete Mataram, das viele Kontinuitäten zu altjavanischen Gesellschafts- und Wirtschaftsstrukturen aufwies, gleichzeitig aber auch portugiesische Militärberater in Dienst stellte, eine ständige Bedrohung für die Niederländer. Der Einfluss der europäischen Kolonialmächte blieb bis dahin relativ gering, von Abhängigkeit war keine Rede.[455]

Wesentlich stärker von Portugals Präsenz in Malakka wurde die Geschichte Atjehs auf Sumatra geprägt. Der seit 1520 im Zuge einer Militärkampagne einsetzende Aufstieg dieses islamischen Sultanates, das die Gold und Pfeffer produzierende Ostküste unterwarf und schließlich die Kontrolle der Meerenge gegen das portugiesische Malakka und dessen islamische Konkurrenz auf der malaiischen Halbinseln Johore anstrebte, war die direkte Reaktion auf die Eroberung der wichtigsten Handelsdrehscheibe Südostasiens durch die Europäer. Nur wenige Jahre nach der Eroberung von Malakka durch Albuquerque demonstrierte das Hafenfürstentum eine beträchtliche militärische Stärke, indem es 1521 eine Flotte der Portugiesen besiegte und diese aus Nordsumatra verdrängte. Der Außenhandel der unter der Herrschaft von Atjeh vereinten, vormals autonomen Hafenstädte Baras, Daya, Lamri und Pasai wurde künftig ausschließlich über Banda Atjeh abgewickelt, dessen Position als wichtigster regionaler Stapelhafen bis ins 17. Jahrhundert unangefochten blieb. Damit war eine wichtige Voraussetzung für eine erfolgreiche Expansionspolitik ins Landesinnere und den Ausbau weiterer Handelsbeziehungen geschaffen. Der Unterwerfung von Pariam an der Westküste, die das Königreich Minangkabau seines Meerzugangs beraubte, folgte 1539 der Angriff auf die Bataks im Landesinneren.[456]

Alle Kriegszüge dienten wirtschaftlichen und religiösen Zielen. Während die Verbreitung des Islam aber nur im Westen gelang, erwiesen sich beide Regionen als ökonomisch sehr einträglich: Aus dem Herzland von Minangkabau kamen Gold und Pfeffer an die Küste und die Bataks lieferten die verschiedensten Produkte des Waldes.[457]

Fast noch wichtiger war die Ausweitung der Handelstätigkeiten, die seit dem zweiten Drittel des 16. Jahrhunderts auf Kosten der Portugiesen gelang. In den 50er-Jahren befand sich der Pfefferhandel von Atjeh im Bereich des Roten Meeres bereits in voller Blüte. Die portugiesischen Blockadepatrouillen blieben gegenüber den kampfstarken Schiffen aus Sumatra meist erfolglos, da Atjeh inzwischen über eine schlagkräftige Flotte mit hochwertiger Artillerie verfügte, was möglicherweise mit den guten diplomatischen Kontakten zum Osmanischen Reich zusammenhing. Außerdem hatte Atjeh mit Zähigkeit und Erfolg ein maritimes Netzwerk, das von den Gewürzinseln bis zum Golf von Bengalen und nach Westasien reichte, aufgebaut, welches den Vorrang der Fernhandelsdrehscheibe Malakka immer mehr untergrub. Seit 1560 versuchten die Portugiesen gar nicht mehr, Schiffe aus Atjeh an der Einfahrt ins Rote Meer zu hindern, sondern dachten eher an einen direkten Angriff auf die Machtbasis in Nordsumatra, was aber ebenso wenig gelang wie ein Jahrzehnt später die Eroberung Malakkas durch eine islamische Flotte unter dem Kommando von Atjeh.[458] Das anschließende Abflauen der Konflikte infolge eines relativen Machtgleichgewichts – später wohl auch infolge der gemeinsamen niederländischen Bedrohung – führte schließlich dazu, dass die Konvois aus Atjeh ziemlich unbehelligt den Indischen Ozean befahren und ins Rote Meer einlaufen konnten. Gegen Ende des Jahrhunderts sollen nach Meinung mancher Autoren größere Pfeffermengen von Atjeh nach Dschidda gelangt sein als auf der Kaproute nach Lissabon.[459]

Der Aufstieg des Fernhandels zog im Inneren des Staates den Aufstieg einer ›Kaufmannsaristokratie‹ des Stapelhafens nach sich, deren Kampf um die politische Vormacht aber schließlich an den starken Sultanen der Jahre 1589 bis 1636 scheiterte.[460] Eine wichtige Voraussetzung für den Sieg der Zentralgewalt dürfte die zunehmende Verankerung im Landesinneren, die neben der Besteuerung des Handels zusätzliche Einnahmequellen erschloss, gewesen sein. Im ersten Drittel des 17. Jahrhunderts verfügte der mächtige, nach zeitgenössischen Quellen überaus tyrannische Sultan Iskandar Muda – der übrigens ein hervorragendes Beispiel für das eurozentrische Klischee des grausam-wollüstigen orientalischen Despoten abgibt – über das Monopol auf Waffengewalt und beträchtliche Staatseinkünfte, was die Fortsetzung der Expansionspolitik ermöglichte. Diese war für die Monopolisierung des Pfefferhandels und die Sicherung der Reisversorgung offenbar unabdingbar.[461]

Das in ständigen Auseinandersetzungen mit dem portugiesischen Estado zu beträchtlicher ökonomischer und politischer Stärke gelangte Atjeh wurde aber nie zur Vormacht des indonesischen Raumes. Dafür war der Druck der Gegner zu groß, die Ressourcenbasis zu schmal und die innere Stabilität zu gering. Überdies überspannte Iskandar Muda seine militärischen Möglichkeiten bei einer neuerlichen, desaströs endenden Belagerung Malakkas dramatisch, weswegen Atjeh ab 1630 auf Dauer gegenüber den Europäern in die Defensive geriet. Der Vorstoß der Niederländer untergrub daher in relativ kurzer Zeit die einträgliche Stellung im Gewürzhandel und leitete folgenreiche Prozesse von Dezentralisierung und Agrarisierung der Gesellschaft ein. Dass Mataram, die muslimische Großmacht auf Java, deren Interaktionen mit dem Estado marginal geblieben waren, zeitgleich die Überlegenheit der Niederländer zur See und im Handel allmählich akzeptieren und die Angriffe auf deren Hauptquartier Batavia einstellen musste, passt ins Bild.[462]

Auch im Fall des Hafenfürstentums Atjeh führte die portugiesische Expansion also weniger zu kolonialer Abhängigkeit oder fremdbestimmter, abhängiger Entwicklung als zu Verschiebungen in den politischen Kräfteverhältnissen der Region sowie den traditionellen Handelskreisläufen. Bezeichnenderweise kämpften die beiden islamischen Sultanate Atjeh und Johore kaum einmal gemeinsam gegen Malakka, sondern viel häufiger gegeneinander. In der zweiten Hälfte des 16. Jahrhunderts verdichtete sich sogar die militärische und kommerzielle Kooperation zwischen den Portugiesen und Johore. Atjeh konnte sich aber, unterstützt vom Osmanischen Reich, gegen diese europäisch-asiatische bzw. christlich-islamische Allianz gut behaupten, sodass es Ende des 16. Jahrhunderts keinen ausgesprochenen Sieger gab, wenngleich Malakka schließlich einen Teil seiner Funktionen im Fernhandel an Atjeh verloren hatte.[463]

Während Minangkabau, das bevölkerungsmäßig größte, agrarisch geprägte Königreich Sumatras, durch Atjeh gleichermaßen von der Küste als auch von den Handelskonflikten abgeschnitten, von der portugiesischen Präsenz nur wenig verspürte, bewirkte diese im Südwesten von Sulawesi erhebliche wirtschaftliche und politische Transformationen.[463] Die kleinen politischen Einheiten dieser Region wiesen zu Beginn des 16. Jahrhunderts wenig staatliche Strukturen auf. Ihre Wirtschaft war geprägt von subsistenzorientierter Landwirtschaft. Nach dem Fall von Malakka waren viele malaiische Händler nach Südwestsulawesi ausgewichen. Insbesondere Makassar, das aus der Allianz der bevölkerungsreichen, militärisch starken Stadt Goa und dem Stapelhafen Tallo hervorging, erlebte einen steilen Aufstieg. Dieser resultierte teilweise aus den vielfältigen Kontakten mit Portugiesen, die sich beispielsweise waffentechnologisch als überaus vorteilhaft erwiesen, vor allem aber aus der günstigen Lage im asiatischen Fernhandelsnetz, die eine hervorragende Ausgangsbasis für regelmäßige kommerzielle Kontakte mit den Gewürzinseln darstellte. Die Bevölkerung von Makassar reagierte prompt auf die neuen Möglichkeiten und beteiligte sich in zunehmendem Maß am Gewürzhandel. Überdies setzte ein Prozess staatlicher Zentralisierung ein, der sicherlich durch die einträgliche Rolle im Asienhandel unterstützt wurde.[465] »Durch die Bildung von größeren politischen Einheiten fand im 16. Jahrhundert ein Konsolidierungsprozess von kleineren Einheiten statt, und die Institution des Königtums scheint in dieser Region ein Phänomen jüngeren Datums zu sein.«[466]

Diese Aufwärtsentwicklung setzte sich im frühen 17. Jahrhundert sogar noch fort, als das niederländische Vordringen die javanischen Konkurrenten ausschaltete und sogar zur Kooperation mit Portugiesen führte. Mit dem Islam als neuer Staatsreligion und ausgerüstet mit portugiesischen Waffen, gelang bis 1630 eine beachtliche territoriale und kommerzielle Expansion.[467] Erst der etwas spätere Zusammenstoß mit den Niederländern beendete diesen Aufstieg und leitete den langen Weg in die koloniale Abhängigkeit ein.

Nach Atjeh und Mataram musste schließlich auch Makassar zwischen 1630 und 1670 die militärische und in weiterer Folge auch kommerzielle Dominanz der Niederländer akzeptieren, womit der letzte starke Staat in Südostasien dem zunehmenden Druck der Europäer zum Opfer fiel.[468] Die Erfolge der Niederländer dürften sowohl das Handelsnetz im Indischen Ozean als auch das politische Gefüge Südostasiens seit dem 17. Jahrhundert allmählich zu destabilisieren begonnen haben. Diese Destabilisierung wirkte sich sehr nachhaltig aus, da sie das weitere Vordringen der Europäer erleichterte und damit ein Vorspiel für den Aufbau der holländischen und englischen Kolonialreiche in Indonesien sowie in Südasien darstellte, deren langfristige Folgen jene des langen portugiesischen 16. Jahrhunderts bei weitem übertrafen. Um 1600 war davon freilich wenig zu bemerken. Den Portugiesen, deren Kolonialpraxis sich zunächst nicht grundlegend von jener der Ostindienkompanien unterschieden hatte, fiel diesbezüglich lediglich eine Vorreiterrolle zu, wobei sich der portugiesische Einfluss im Bereich der Ökonomie von Südostasiens Inselwelt sogar noch schwerer bestimmen lässt als in der politischen Arena. Beispielsweise ist es alles andere als klar, in welchem Ausmaß die offensichtliche kommerzielle Prosperität vieler südostasiatischer Gesellschaften europäischen Einflüssen geschuldet war.

Die wachsende Handelstätigkeit der Südostasiaten bzw. mit Südostasien im 16. Jahrhundert zog wirtschaftliches Wachstum nach sich. Von China, Japan und den großen Reichen Indiens gingen vermehrte Nachfrageimpulse aus, wozu sich die expandierenden Exporte und Importe der iberischen Kolonialmächte gesellten. Portugals Kriege gegen islamische Machthaber schwächten den innerasiatischen Handel nur vorübergehend bis etwa 1530. Um die Jahrhundertmitte hatten sich die Gegner schon vielerorts arrangiert und die islamische Seefahrt bediente wieder, oft auf neuen Routen, die alten Märkte. Vom alternativen muslimischen Handelsnetz, das Portugals innerasiatische Routen umging oder überlagerte, profitierten unter anderem der arabisch-iranische sowie der gesamte östliche Mittelmeerraum, die großen Bevölkerungszentren Indiens und insbesondere die Märkte Ostasiens. Südostasien belieferte all diese Gebiete und passte sich durch gesteigerte Nachfrage an deren wachsende Produktion an. Von welcher Region mittelfristig die größte Nachfrage und somit die intensivste Wirkung auf Südostasien ausgegangen sein könnte, lässt sich infolge des Mangels an schlüssigem Zahlenmaterial kaum bestimmen. Dass Südasien, Europa und wohl auch der Nahe Osten eine erhebliche Rolle spielten, ist gewiss. Man sollte aber vor allem die Sogwirkung Ostasiens nicht unterschätzen.[469]

Wie dem auch gewesen sein mag: Die folgenreichsten Transformationen vollzogen sich im Verlauf des portugiesischen Jahrhunderts auf Ambon, Timor, den Molukken und den Bandainseln. Hier hatten bereits die zunehmenden Kontakte mit asiatischen, insbesondere islamischen Fernhändlern neue Konzepte und Organisationsformen in das bestehende Sozialsystem eingefügt. Um 1500 war der Wandel von kleinräumigen Gesellschafts- und Herrschaftsgebilden zu etwas zentralisierteren Kleinstaaten, häufig Sultanaten, bereits in vollem Gange gewesen. Das Eindringen der Portugiesen, die anschließende Errichtung befestigter Handels- und Flottenstützpunkte sowie ihre Interventionen in den Außenhandel begannen Gesellschaft, Kultur und alltägliches Leben auf allen betroffenen Inseln dauerhaft zu verändern.

Die verstärkte Nachfrage nach Gewürzen, Sandelholz und anderen Luxusgütern führte zu erheblichen Produktionssteigerungen sowie zur Erweiterung der Produktionsgebiete. Beispielsweise breiteten sich Gewürzkulturen auch in den südlichen Molukken mehr und mehr aus. Das Handels- und Produktionswachstum förderte nicht nur politische Zentralisierung, Klassendifferenzierung und Monetarisierung, sondern bewirkte auch die Spezialisierung der Landwirtschaft auf Exportgüter, was bald eine prekäre Abhängigkeit von Nahrungsmitteleinfuhren nach sich zog. Dies wurde seit dem späten 17. und 18. Jahrhundert von der niederländischen Kolonialpolitik gezielt als Herrschaftsinstrument eingesetzt. Die von den Portugiesen initiierten Transformationen drückten die kleinen Inseln aber nicht nur ökonomisch auf den Status von peripheren Rohstoff- und Nahrungsmittellieferanten, sondern schufen mancherorts nachhaltige ökologische Probleme und hinterließen bis zum heutigen Tag deutliche Spuren in der Verwaltung, der Religion, der Sprache, den Ess- und Kleidungsgewohnheiten.[470]

Dies konnte nicht einmal die im 16. Jahrhundert rasch voranschreitende Islamisierung, langfristig viel folgenreicher als die lediglich punktuelle Christianisierung, verhindern, obwohl einige Herrscher die neue Religion gezielt dem europäischen Einfluss entgegensetzten. Der Grad der lusitanischen kulturellen Durchdringung war auf den einzelnen Inseln aber sehr verschieden: am höchsten zweifellos auf Ambon, Solor und Timor – letzteres wurde von der Islamisierung kaum erfasst –, wo die portugiesischen Missionare große ›Erfolge‹ errangen.[471] Ambon war ja nach 1570 überhaupt zum Zentrum portugiesischer Aktivitäten in der ostindonesischen Inselwelt geworden. Die Bewohner Ambons verschlossen sich weder den Handelswünschen noch der Mission, sodass es am Ende des Jahrhunderts, trotz gezielter Islamisierungsanstrengungen durch den Sultan von Ternate seit etwa 1570, viele christliche Gemeinden gab, die mit den Portugiesen wirtschaftlich eng kooperierten und ihren Glauben auch in den Jahrhunderten immer größerer Abhängigkeit und kolonialer Ausbeutung bewahrten. Bezeichnenderweise schätzt ein Niederländer die Gesamtzahl ambonesischer Muslime im frühen 17. Jahrhundert auf maximal 300.[472]

Auf Westtimor hatte die Kontrolle des schon in vorkolonialer Zeit blühenden und infolge europäischer Nachfrage im 16. Jahrhundert weiter expandierenden Handels mit Sandelholz die Zentralisierung im Stammeskönigtum der Wehali vorangetrieben und Ansätze einer politischen Hegemonie über die gesamte Insel ermöglicht. Die zunehmende portugiesische Durchdringung, mit der erhebliche Missionsanstrengungen der Dominikaner einhergingen, stoppte aber im 17. Jahrhundert diesen Prozess und führte zu einer Rückbildung von entwickelteren politischen Strukturen.[473]

Das portugiesische Kolonialsystem in Asien hat bis zum Auftauchen nordwesteuropäischer Konkurrenten, im Unterschied zur spanischen Expansion in Amerika, nur einige kleine Gebiete als Peripherien in die Europäische Weltwirtschaft, in das Europäische Weltsystem eingebunden. Und es schuf erste potenzielle Ansatzpunkte für die spätere koloniale Durchdringung großer Teile Südost- und Südasiens, die im eigentlichen Wortsinn erst im 18. Jahrhundert einsetzte und in der Blütephase des Estado trotz des erfolgreichen Vorstoßes der nordwesteuropäischen Handelskompanien nicht im entferntesten abzusehen war.

Dass die großen Reiche Süd- und Ostasiens der ersten Welle europäischer Expansion erfolgreich widerstanden und auch das gesellschaftlich und staatlich zersplitterte Südostasien lediglich an einigen Rändern durch den Estado folgenreich beeinflusst wurde, Amerika dagegen um 1600 bereits weitgehend beherrscht und europäischen Interessen unterworfen war, vermag infolge der unterschiedlichen soziopolitischen und wirtschaftlichen Ausgangslage in der Neuen Welt und den asiatischen Großräumen nicht zu überraschen und scheint geradezu banal. Die These Immanuel Wallersteins über die unterschiedlichen Kolonialstile verdient aber vor einigen abschließenden Überlegungen dennoch Beachtung:

»Die beiden unterschiedlichen Vorgehensweisen scheinen auf zweifache Weise begründet zu sein. Einerseits waren die Gewinne aus der amerikanischen Kolonialisierung in einiger Hinsicht höher. Andererseits waren die mit der Kolonialisierung Asiens verbundenen Schwierigkeiten auch viel größer. Die Kombination dieser beiden Faktoren bedeutete, dass die Amerikas zur *Peripherie* der europäischen Weltökonomie des 16. Jahrhunderts wurden, während Asien eine *externe Arena* blieb.«[474]

Wallersteins prägnante Formulierung aus dem Startband seiner inzwischen zum Klassiker gewordenen Geschichte des Modernen Weltsystems trifft hinsichtlich der unterschiedlichen Möglichkeiten der iberischen Expansion in den verschiedenen Weltregionen sicherlich zu – wobei die Gewichtung des ökonomischen Wertes der europäischen Kolonialsysteme im Westen und Osten nicht mehr als eine plausible Vermutung darstellt. Seine Etikettierung Asiens als eigenständiges Weltsystem – mit intensivem Massengüterhandel, hochdifferenzierter kleiner Warenproduktion und auf Pfründenabschöpfung basierenden Staatsformen – bzw. als ›externe Arena‹ des seit dem 15. Jahrhundert entstehenden, europäischen kapitalistischen Weltsystems ist wesentlich problematischer und daher auch umstrittener.[475]

Die Analyse von Entstehung, Entwicklung, Struktur und Funktionsweise des Estado da India hat nämlich zum einen gezeigt, dass einige Randregionen Süd- und Südostasiens schon im 16. Jahrhundert in eine erste Stufe kolonialer Abhängigkeit mit langfristig problematischen Konsequenzen gerieten, zum anderen aber auch klargemacht, dass die politische und vor allem wirtschaftliche Interaktion der Portugiesen mit Asiens Großreichen keineswegs eine vernachlässigbare Marginalie, die sich im Austausch einiger Luxuswaren und exotischer Kenntnisse erschöpfte, darstellte. Die allmähliche Einbeziehung immer größerer Teile Asiens von Persien über Indien, Südostasien und China bis Japan in globale Edelmetall- und Warenströme hat zwar im 16. und frühen 17. Jahrhundert sicherlich zu keiner intensiven Einbindung in das allmählich entstehende kapitalistische System internationaler Arbeitsteilung mit Zentrum Nordwesteuropa geführt, aber zweifellos wichtige Voraussetzungen für die späteren, wesentlich folgenreicheren Expansionsschübe der Holländer und Engländer geschaffen. Die portugiesischen Aktivitäten im Rahmen des Estado waren noch keine eindeutige Etappe kolonialer Unterwerfung und Deformation.[477] Sie haben aber die wirtschaftliche und soziopolitische Entwicklung der großen Agrarzivilisationen der Alten Welt vielfältig und oft durchaus positiv beeinflusst, was für das Mogulreich und die südindischen Staaten insbesondere Sanjay Subrahmanyam mit seinen facetten- und kenntnisreichen Werken überzeugend vorgeführt hat[66] und was auch für China oder Westasien gut belegt ist.[478] Ob diese Zusammenhänge auch nahe legen, nach dem Muster von Andre Gunder Frank ein bereits jahrtausendealtes Weltsystem mit Zentrum in China zu postulieren, das erst seit dem späten 18. Jahrhundert im Zeichen des Imperialismus zugunsten Westeuropas umgepolt worden sein soll, scheint überaus fragwürdig, da der durchaus sympathisch wirkende Versuch eurozentrische Denk- und Analysemuster radikal in Frage zu stellen, weder auf einem plausiblen Konzept – der Generalverzicht auf jede Art von Kapitalismuskonzept hilft diesbezüglich nicht weiter – noch auf einer tragfähigen empirischen Basis aufbaut.[479]

Wenn Frank primär China zum Zentrum seines bis etwa 1800 währenden Weltsystems macht, bezieht er sich zweifellos auf jenes Großreich, dem im 16. Jahrhundert nicht einmal die militärtechnologische Überlegenheit der Portugiesen zur See etwas anhaben konnte. Auch das Mogulreich erwies sich diesbezüglich als wenig anfällig, da die Präsenz der europäischen Kriegsschiffe und Händler an den nicht dem Reich einverleibten Küsten keine Bedrohung darstellte. In der Regel war nicht Konflikt angesagt, sondern vorteilhafte Kooperation oder zumindest neutrale Duldung.[480] Deutlich anders lagen die Dinge in der Inselwelt Südostasiens, wo die Aktivitäten und die Etablierung der Portugiesen im Fall der Gewürzinseln nachhaltige sozioökonomische und politische Transformationen, die bereits Merkmale kolonialer Abhängigkeit aufwiesen, bewirkten, während die Staaten und Gesellschaften der großen indonesischen Inseln auf die europäische kommerzielle und militärische Herausforderung mit offensiven Anpassungsleistungen reagierten. Dies zeigte sich am Aufstieg der starken Staaten Atjeh, Bantam und Makassar, der erst in der Niedergangsphase des Estado sein Ende fand, ebenso wie in militärtechnologischen Fortschritten, deren Ausmaß wahrscheinlich sogar die Bezeichnung ›Militärische Revolution‹ rechtfertigt. Die Neuerungen in den Bereichen von Artillerie und Kriegsmarine hielten die militärische Überlegenheit der Portugiesen in Grenzen und der Anteil Atjehs oder auch Makassars am Fernhandel reduzierte die Bedeutung Malakkas ganz empfindlich.[481] Im Verlauf des 17. Jahrhunderts gelangten die ökonomischen und politischen Erfolge freilich an ein Ende, was sich in Niederlagen gegen die Niederländer, kommerziellem Abschwung, teilweisem Rückzug aus der Weltökonomie – auf einigen Gewürzinseln versuchte man einen weitgehenden Ausstieg aus der exportorientierten Agrarproduktion – und schließlich in kolonialer Unterwerfung ausdrückte.[482] Im 18. Jahrhundert war die Phase positiver Interaktion zwischen internationalem Handel und expandierenden südostasiatischen Sultanaten unwiederruflich zu Ende.

Das Eintreffen der Portugiesen in den Weiten des Indischen Ozeans gegen Ende des 15. Jahrhunderts zerstörte keine asiatischen Gesellschaften und Staaten, wohl aber manch traditionelle Handelsverbindung und die Prosperität einiger Kaufmannsfamilien. In der Regel stützten sich die kommerziellen Aktivitäten der Portugiesen – und später der Niederländer – auf vielfältige Formen von Zusammenarbeit mit heimischen Händlern und Seeleuten. Ganz allgemein waren die Europäer mit keinen absinkenden ökonomischen und politischen Systemen konfrontiert, sondern erlebten den Aufstieg militärisch potenter, soziopolitisch und kulturell dynamischer Staaten vom Nahen Osten bis Ostasien. Dessenungeachtet begannen sie den Prozess »der wirtschaftlichen Verknüpfung zwischen der europäischen Welt und dem Indischen Ozean, was den Indischen Ozean zu einer Region in einer viel größeren kapitalistischen Weltwirtschaft im 18. und 19. Jahrhundert reduzierte, ... als die geänderten Umstände in Europa und Asien den Europäern Vorteile verschafften, die sie zur weltweiten ökonomischen und politischen Hegemonie führten«.[483]

Auf dem Höhepunkt der Ausdehnung des Estado da India in der zweiten Hälfte des 16. Jahrhunderts waren die Weichen aber noch keineswegs irreversibel zuungunsten der mit den Portugiesen konfrontierten asiatischen Gesellschaften, Regionen und Staaten gestellt. Entschieden war aber bereits, dass seit dieser Zeit die anschwellenden Interaktionen strukturbildend und systemprägend wurden, ohne dass jeweils Gewinner und Verlierer klar feststanden und überhaupt so ohne weiteres auszumachen waren. Im Grunde macht es für das 16. Jahrhundert noch wenig Sinn zu fragen, wieviel Portugals Expansion zum Aufstieg Europas sowie zum Niedergang Asiens beigetragen hat, da zunächst gemeinsame Entwicklungen und wechselseitige Einflüsse dominierten – Europas kommerzielle Expansion seit dem späten 15. Jahrhundert findet ihre Entsprechung in mehreren asiatischen Großregionen –, weil, zumindest im überregionalen bzw. transkontinentalen Handel, Kontinuitäten eine größere Rolle spielten als Brüche und weil beispielsweise asiatische Großkaufleute der europäischen Konkurrenz in keiner Hinsicht unterlegen waren.[484]

»So sehr manchmal in Asien lokale Faktoren bestimmend waren, so waren sie in anderen Fällen weniger wichtig: So wie die Erhöhung des japanischen Silberausstoßes von Ereignissen in Portugal unabhängig blieb, hatten die Gründe der europäischen Gegenreformation wenig bis gar nichts mit Japan zu tun. ... Jedoch, ohne die Gesellschaft Jesu und ohne japanisches Silber wäre die Geschichte der Portugiesen in Asien im 16. und 17. Jahrhundert wohl anders verlaufen. In abschließender historischer Analyse sind die Jesuiten und japanisches Silber offenbar eine komplexe historische Interaktion eingegangen.«[485]

Ob man das 16. Jahrhundert im Einflussbereich des Estado da India eher als Zeitalter unablässiger Konflikte zwischen Europäern und Einheimischen oder eher, sicherlich euphemistisch, als Zeitalter der Partnerschaft etikettiert, ist letztlich eine Geschmacksfrage. Ganz sicherlich aber war es ein Zeitalter kontinuierlich zunehmender, folgenreicher Interaktionen, die die Integration von Welthandel und Weltökonomie vorantrieben und – zumindest langfristig – Technologietransfer, Akkulturation sowie internationale Arbeitsteilung beförderten.[486] Dass sich die Europäer bzw. der Westen als Hauptnutznießer all dieser Entwicklungen entpuppen sollten, ließ sich um 1620 freilich noch nicht absehen. Im Abstand von vier Jahrhunderten besteht diesbezüglich natürlich Klarheit. Mit Hilfe einer kontrafaktischen Spekulation von Anthony Reid gewinnen die Folgen der portugiesischen Kapumrundung sogar recht klare Konturen: Wahrscheinlich hätte sich die Verdichtung der Kontakte und Interaktionen zwischen Ost und West mit den beschriebenen Konsequenzen auch mittels der traditionellen Levanterouten vollzogen: etwas langsamer zwar, aber vermutlich mit viel positiveren Vorzeichen für Asiens Gesellschaften.[487]

ANMERKUNGEN

1 Boxer 1980: 1; auch in der vorliegenden Darstellung wurden fremdsprachige Zitate – bis auf wenige Ausnahmen – ins Deutsche übertragen.
2 Die Angriffe auf Marokko, die mit der Okkupation von Ceuta begonnen hatten, weiteten sich ab etwa 1480 zum grandiosen Plan einer kompletten Eroberung Nordafrikas und des Mamlukensultanats, die in der Befreiung Jerusalems gipfeln sollte; vgl. Thomaz 1991: 98f. und spezifischer Rosenberger 1993: 329-348. Eine gute Zusammenfassung der Expansionsschritte bieten etwa Subrahmanyam 1997: 38 ff.; Lelièvre 1998: 181ff. oder auch Vergé-Franceschi 2000; ergänzend zu Heinrich dem Seefahrer auch Vergé-Franceschi 1998.
3 Sehr pointiert dazu Subrahmanyam/Thomaz 1991: 300 und Thomaz 1991: 99; allgemeiner ders. 1994; Lelièvre 1998; Oliveira-Marques 2001: 92 ff. und 134 ff. Die reichhaltigsten Informationen zum unterschiedlichen ökonomischen und kolonialpolitischen Stellenwert von Marokko, Atlantikinseln und Guineaküste noch immer in Magalhães-Godinho 1981–83/1: 140 ff.; 1981–83/3: 231 ff. und 245; 1981–83/4: 69 ff., dessen abgekürzte französische Version freilich etwas zugänglicher ist. Siehe jetzt auch die einführenden Beiträge in Bethencourt/Chaudhuri 1998a.
4 Vgl. Magalhães-Godinho 1969: 551 ff.; ders. 1981–83/2: 160 ff.; Thomaz 1991: 100; Subrahmanyam 1997: 42 ff. und Magalhães 1998a: 315 f.
5 Bequem zusammengefasst in Daus 1983: 36 f.; Reinhard 1983: 47 ff.; Martiniere 1994: 39 ff. und Riley 1998: 153 ff.
6 Siehe dazu Diffie/Winius 1977: 175f.; Reinhard 1983: 49; Martiniere 1994: 63ff. und 69 f.; Subrahmanyam 1997: 50f.; Chaudhuri 1998a: 165 f. und Magalhães 1998a: 316f. Wieviel in Portugal vor der Rückkehr Vasco da Gamas über Asien bzw. Indien bekannt war, lässt sich nicht genau sagen. Bouchon 1994: 6f. nimmt den gut dokumentierten Kenntnisstand der italienischen Renaissance auch für Lissabon an.
7 So zumindest die Meinung von Lach 1965: 92 ff.
8 Diffie/Winius 1977: 196 f. sowie insbesondere Thomaz 1991: 101 und – für die Einordnung des Messianismus in Manuels imperiales Konzept – ders. 1990a: 35-103; zu Manuel als erwähltem Herrscher jüngst mit neuer Perspektive Kriegel/Subrahmanyam 2000, bes. 58. Die Kreuzzugspropaganda hatte übrigens schon im frühen 14. Jahrhundert Genuas Bestrebungen, den arabisch-islamischen Asienhandel mit Hilfe der Mongolen zu blockieren oder mittels einer direkten Seeroute zu unterlaufen, begeistert aufgenommen. Vgl. dazu Brühne 1992: 143 f. sowie als Ergänzung Verlinden 1987: 48.
9 Lach 1965: 94 f. Allgemein zur Rolle der Florentiner, Genuesen und anderer Ausländer siehe auch Diffie/Winius 1977: 209 ff.
10 Magalhães 1998a: 317. Zu Person, Werdegang und Karriere Vasco da Gamas vorzüglich die Monographie von Subrahmanyam 1997; im vorliegenden Zusammenhang siehe vor allem 58 ff. und 67; sehr lesenswert auch das ebenfalls

zum Jubiläum erschienene Werk über da Gama von Bouchon 1997. Ergänzend zur Bestellung da Gamas zum Flottenkommandanten Kriegel/Subrahmanyam 2000: 58.
11 Daus 1983: 37. Vgl. auch Magalhães-Godinho 1981–83/2: 166 f.
12 Vgl. Diffie/Winius 1977: 175 ff.; Padfield 1979: 34 ff.; Bouchon 1997: 104 ff.; Subrahmanyam 1997: 79 ff. sowie die Kurzfassung in Magalhães 1998a: 317 f.
13 Zum Mythos um Ibn Majid siehe Subrahmanyam 1997: 121 ff. Vgl. dagegen Mathew 1988: 111.
14 Cortesão 1962: 173 ff.; Chaunu 1977: 179 f. Siehe auch Mathew 1988: 52 ff. zur kartographischen Erfassung des Indischen Ozeans durch die Portugiesen.
15 Daus 1983: 38. – Vasco da Gamas erste Kontakte mit Indien, seinen Herrschern und Kaufleuten sind vielfach dargestellt und gewürdigt worden, besonders kompetent in den Arbeiten von Bouchon und Subrahmanyam; sehr prägnant Martiniere 1994: 75f. und wiederum Magalhães 1998a: 318 f.
16 Boxer 1953: 186; ders. 1969a: 39.
17 Panikkar 1954. Zur Problematik dieser Epochencharakterisierung siehe Wills 2000: 350-360. Subrahmanyam 1990a: 1 sieht im Eintreffen Vasco da Gamas in Indien keine Epochengrenze, sondern verbindet mit dem Ereignis einen scharfen Bruch in der Historiographie infolge der veränderten Quellenlage.
18 Lach 1965: 337 ff. und 571 ff.
19 Pointiert dargestellt von Subrahmanyam 1993: 9 f.
20 Wolf 1982: 48; Kulke/Rothermund 1998: 207 ff. und Rothermund 2002: 251.
21 Vgl. dazu Rothermund 1986: 47 ff.
22 Ausführlich dargestellt in Habib 1982a: 48 ff.; ders. 1982b: 76 ff.; Digby 1982a: 93 ff.
23 Boxer 1969a: 41; Richards 1981: 295.
24 Banerjee 1982: 51 f.; Kulke/Rothermund 1998: 227 ff.
25 Siehe dazu Rothermund 1986: 48 f.
26 Vorzüglich Richards 1981: 296 und ders. 1983, bes. 1-6.
27 Grundlegend Richards, 1993: 6 ff. sowie ergänzend Rothermund 2002: 251 ff. Sehr kritisch und anregend der Forschungsbericht von Alam/Subrahmanyam 1998b: 1-71.
28 Embree/Wilhelm 1967: 210 ff.; McPherson 1993: 147 f.; Kulke/Rothermund 1998: 230 ff. Das Standardwerk zu Vijayanagar ist sicherlich Stein 1989, wenngleich sein Konzept des ›segmentären Staates‹ umstritten ist.
29 Neben vielen Aufsätzen wegweisend Subrahmanyam 1990a – eine Monographie zur politischen Ökonomie des Handels in Südindien; vgl. auch ders. 1995: 763.
30 Stein 1982: 104; ders. 1989: 63 f.; vgl. ergänzend Rothermund 1986: 52.
31 Die Position von Stein, 1982: 118 ff. wird teilweise modifiziert durch Subrahmanyam 1990a und ders. 1997: 100.
32 Boxer, 1969a: 41. Vgl. auch Pearson 1976: 7 ff.; Dale 1980: 12 ff.; Bouchon 1987a, III und X; dies. 1987b: 162 ff.; dies. 1988a: 1 ff.; Steensgaard 1987: 130 f.; Subrahmanyam 1997: 103 ff.
33 Pearson 1976: 82 ff.

ANMERKUNGEN

34 Rothermund 1978: 15. Eine hervorragende Detailstudie zum Verhältnis zwischen Herrscher und Kaufleuten bietet Bouchon 1988a; siehe auch dies. 1987a (mit Wiederabdruck älterer Aufsätze zu Kerala und Gujarat).
35 Kulke/Rothermund 1998: 268 f. und Dale 1980.
36 Richards 1981: 296.
37 Kubitschek/Wessel 1981: X; Das Gupta 1987a: 240 f.; Lombard 1990a: 13 und 15; Shaffer 1996: 2 ff.
38 Meilink-Roelofsz 1962: 8; Diffie/Winius 1977: 361; als Basisinformation vorzüglich Lombard 1990a: 13 ff.
39 Als knappe Einführung Wolf 1982: 56 ff.; Reid 1988: 3 ff. und 18 ff.; McPherson 1993: 148 ff. Ausführlicher der deskriptive Überblick von Shaffer 1996.
40 Adas 1981: 226; Breman 1982: 221.
41 Vgl. dazu Gordon 1979: 130 f.; Tichelman 1980: 37 ff.
42 Adas 1981: 222 f.; Ricklefs 1993: 15 f. Allgemein zu nahezu allen Aspekten der Gesellschafts- und Kulturgeschichte Javas Lombard 1990.
43 Villiers 1965: 109 ff.; Duby/Mantran 1982: 468 f.; Hall 1992: 217 f.; Shaffer 1996: 90 ff. und Ptak 1999: 118.
44 Vgl. Kubitschek/Wessel 1981: 24 f. und 29; Hall 1992: 219 ff. und 227; Ricklefs 1993: 18 f.
45 Siehe dazu Boxer 1969a: 43; Taylor 1992: 180 und Shaffer 1996: 102 f.
46 Ricklefs 1979: 103 f.; ders. 1993: 5 ff.
47 Etwas schematisch Tichelman 1980: 41; siehe auch Hall 1992: 227 f.
48 Tjandrasasmita 1978: 144 f.; Lombard 1990b: 34 ff. sowie Hall 1992: 217 ff.
49 Tichelman 1980: 41.
50 Ricklefs 1979: 104 f.; ders. 1993: 8 ff. sowie Lombard 1990b: 41 der die Chinakontakte eher positiv interpretiert.
51 Braudel 1984: 24 ff.; Shaffer 1996: 102 f.; Ptak 1999: 119 f.
52 Einander ergänzend Meilink-Roelofsz 1962: 27 ff.; Wolf 1982: 58; Chaudhuri 1985: 110 ff.; Dunn 1984: 30 ff. und 56; Das Gupta 1987a: 245 ff. und Reid 1993a: 205 f.
53 Braudel 1984: 526 ff.
54 Ricklefs 1993: 19 sowie die vorzügliche Studie von Thomaz 1993. Zur Position Malakkas auf der malaiischen Halbinsel siehe auch Dunn 1984: 32 ff.
55 Vgl. Thomaz 1993: 71 ff.; Ptak 1999: 119 f.
56 Lach 1965: 512 ff.; Boxer 1969a: 42; Dunn 1984: 40-52; Das Gupta 1987b: 249 f.; Thomaz 1988: 31-43; ders. 1993: 71-82; Villiers 1994: 152 ff.
57 Braudel 1984: 528.
58 Überzeugend argumentiert in Friedberg 1974: 404 ff.; dies. 1982: 138 ff.; Ekholm/Friedman 1980: 66.
59 Grundlegend dazu noch immer Berthe 1970: 721; vgl. auch Ptak 1985b: 197.
60 Villiers 1965: 277 f.; Lach 1965: 593 ff.; Abdurachman 1978: 163 ff.; Reid 1993a: 2 ff. sowie Ricklefs 1993: 8.
61 Caldwell/Utrecht 1979: 6 f. Nach Reid 1988 und ders. 1993a, bes. 267 erlebte Südostasien seit dem 15. Jahrhundert einen allgemeinen Prozess wirtschaftlicher Kommerzialisierung, der vielfältige soziopolitische Modernisierungspoten-

ziale aufwies. Erst die militärischen Niederlagen gegen die Niederländer sollen diese Entwicklung gestoppt haben.

62 Tate 1977: 36 f.
63 Siehe Braudel 1984: 484 und recht ähnlich Chaudhuri 1985; Steensgaard 1987: 129 f.; Verlinden 1987 sowie McPherson 1993: 122 ff. und 139. Subrahmanyam 1995: 754 f. überzeugt mit seiner Skepsis gegen den Begriff Weltökonomie nicht. – Eine vorzügliche Diskussion des ›Konzepts‹ Indischer Ozean bietet Pearson 1987c.
64 Randles 1975: 115; Curtin 1974: 34 und 122; Chittick 1984; Barendse 2000: 183 ff.; Pearson 2000: 123 ff.
65 Wolters 1967: 252 f.; Simkin 1968: 142 ff.; Lewis 1976: 456 ff.; Curtin 1984: 125 f.; Chaudhuri 1985: 60 f.; Ray 1987: 116 ff.; Levathes 1994: 87-173.
66 Vgl. Subrahmanyam 1995: 754.
67 Einander ergänzend Meilink-Roelofsz 1962: 27 ff.; Braudel 1984: 486; Bouchon/Lombard 1987: 60 f.; McPherson 1993: 148 f. und Reid 1993a: 64 ff.
68 Richards 1981: 296; McPherson 1993: 153. Allgemein zum gesamten Themenkomplex ›Indien und Indischer Ozean‹ informieren Chaudhuri 1985, Kapitel 2 sowie viele Beiträge in Chandra 1987 und ebenso in Das Gupta/Pearson 1987. Ganz vorzüglich zuletzt Barendse 1998.
69 Schön dargestellt in Bouchon 1999: 43 und bes. 46 ff.
70 Braudel 1984: 484.
71 Chaudhuri 1985: 21 f. sowie ders. 1998a: 168 f.; vgl. auch Ray 1987: 122 f. Problematisch die Idee eines durchwegs islamisch dominierten Merkantilsystems in McPherson 1993: 139 – unter Indiens Kaufleuten gab es einflussreiche Hindugruppen und auch Südostasiens Händler waren nicht ausschließlich Muslime, worauf beispielsweise Bouchon/Lombard 1987: 61 ff. verweisen.
72 Zusammengefasst von Curtin 1984: 128. Siehe auch Pearson 1987c: 13; Subrahmanyam 1995: 756 ff. bzw. ders. 1997: 100 ff.
73 Curtin 1984: 129.
74 Vorzüglich dazu Chaudhuri 1985: 98-118; Rothermund 1991; Ptak/Rothermund 1991 und McPherson 1993: 143 ff. Zur Rolle der Makler siehe Pearson 1988.
75 Vgl. Pearson 1987a: 23 f.; ders. 1988: 468; Verlinden 1987: 47 ff. und Subrahmanyam 1995: 755 f.; zu Malabar siehe Bouchon 1987b: 167 ff.
76 Curtin 1984: 122. Ausführlicher nachzulesen bei Subrahmanyam 1995: 763 ff. oder Bouchon 1999: 46 f.
77 Boxer 1969a: 44 f. oder auch Pearson 1987b: 73 und Bouchon 1999: 43.
78 Einander ergänzend und korrigierend Pearson 1976: 10 ff.; Digby 1982b: 127 f.; Banerjee 1982: 180 f.; Pearson 1987a: 23 f.; Subrahmanyam 1990a: 96; ders. 1990b: 21 f.; McPherson 1993: 154 ff.; Bouchon 1999: 47.
79 Mc Pherson 1993: 139 postuliert für das 15. Jahrhundert ein islamisch dominiertes einheitliches Merkantil- und Kultursystem, das den gesamten Indischen Ozean umfasst haben soll, und Bouchon 1999: 47 f. sieht die muslimischen Kaufleute um 1500 überall im Vormarsch auf Kosten anderer Gruppen.
80 Needham 1970: 147; Yamamoto 1981: 19 ff.; Curtin 1984: 127; Ray 1987:

ANMERKUNGEN 201

118 f.; Levathes 1994, bes. 172 ff.; Ptak 1994b: 35 ff. Allgemein zur Chinesischen See siehe Klein 1989, zu den sehr aktiven chinesischen Piraten Ptak 1993.
81 So zumindest die Meinung von Van Leur 1955: 193; Lewis 1976: 466; Tichelman 1980: 41 und – implizit – wohl auch Klein 1989: 71 f.; vgl. aber Das Gupta 1987a: 241 ff.; Ptak 1992b: 36 ff. sowie Reid 1993a: 10 ff.: 115 f. und 124 ff. zur Relativierung.
82 Grundlegend Thomaz 1988: 34 ff.; ders. 1993: 80; ähnlich auch Van Leur 1955: 132; Lewis 1973: 244; Curtin 1984: 122; Das Gupta 1987a: 247; Ptak 1992b: 35 ff. sowie Subrahmanyam 1995: 757.
83 Lewis 1976: 468.
84 Aus der Literaturfülle zu diesem Thema sei lediglich verwiesen auf Meilink-Roelofsz 1962: 60 ff. und 89 ff.; Magalhães-Godinho 1969: 591 ff.; ders., 1981–83/2: 197 ff.; Pearson 1976: 10 ff.; Chaudhuri 1985: 102f.; Mathew 1986: 70-72; Pearson 1987a: 25 f.; Flores 1990: 29 ff.; Ptak 1992b: 35 ff. und Prakash 2000: 132.
85 Nachdrücklich betont bereits von Hourani 1951: 87 ff. und Lewis 1973: 247 ff. und 256 ff. Siehe auch Manguin 1985 und Reid 1993a: 36 ff
86 Curtin 1984: 120
87 Vgl. die Edition von Barbosa 1918/1921 und Pires 1944. Die beiden berühmten Chronisten der Welt des Indischen Ozeans in der Frühphase portugiesischer Präsenz berichten aber keinesfalls nur über Luxusgüter, was sich beispielsweise aus Mathew 1986: 69-72 schön ablesen lässt.
88 Die klassischen Analysen von Van Leur 1955 und Steensgaard 1974 erweisen sich diesbezüglich bei genauer Lektüre allerdings als viel differenzierter, als die oft sehr scharfe Kritik erwarten lässt.
89 Siehe dazu Kieniewicz 1986: 1 f.; Reid 1993a: 7 f.
90 Grundlegend dazu noch immer die Standardwerke von Meilink-Roelofsz 1962: 60 ff.; Magalhães-Godinho 1969: 577 ff.; ders. 1981–83/2: 183 ff. Siehe weiters Lewis 1976: 449 f.; Reid 1993a: 2-10; Ptak 2000: 148 ff. und 152 ff.
91 Nach Magalhães-Godinho 1969: 591 sowie etwas detaillierter ders. 1981–83/2: 196. Vgl. auch die leicht modifizierte Tabelle bei Dunn 1987: 23.
92 Magalhães-Godinho 1969: 591 ff.; Pearson 1976: 11 ff. und Reid 1993a: 19. Zur Rolle des Arabischen Meeres als asiatisch-europäischer Scharnierbereich des Gewürzhandels vorzüglich Barendse 2000: 178 ff. und 193 ff.
93 Lewis 1973: 255 f.; ders. 1976: 449 ff.; Curtin 1984: 131; Pearson 1987a: 25 f.; Newitt 1987: 204 ff.
94 Knapp zusammengefasst in Lewis 1976: 452 f.; Pearson 1976: 13 und Bouchon 1999: 44; zu Stellenwert und Konsequenzen des Pferdehandels viele Hinweise auch in Subrahmanyam 1990a. Allgemein zu Kavallerie und Kriegselefanten in Indien vor 1500 siehe Digby 1971.
95 Ausführlich dargestellt von Ptak 1991b: 199-233.
96 Vgl. Meilink-Roelofsz 1962: 68 f.: 72 f. und S 80 ff.; Lewis 1973: 256 f.; Flores 1990: 30 ff.; Bouchon 1999: 45.
97 Siehe etwa Pearson 1987a: 25 f; Subrahmanyam 1990a: 28: 93 f.; ders. 1990b: 99-102 sowie insbesondere Bouchon 1999: 45 f.

98 Lewis 1976: 455 f. – Zu diesem Urteil passt recht gut die Charakterisierung des gesamten Handels an der Malabarküste im 15. Jahrhundert durch Bouchon 1987b: 166 f.
99 Nach Van Leur 1955: 132 f. und 197 ff. contra Meilink-Roelofsz 1962: 4 ff. haben unter anderem Niels Steensgaard, Fernand Braudel, Michael Pearson und Michel Morineau ausführlich Stellung genommen.
100 Steensgaard 1974: 30.
101 Vgl. Rothermund 1978: 16.
102 Van Leur 1955: 133 und 201 ff.
103 Meilink-Roelofsz 1962: 4 ff.; vgl. dies., 1980: 2 ff., wo die Kommentare zu Van Leur in die Rezension von Steensgaard 1974 einfließen.
104 Braudel 1984: 486; ders. 1982: 75 ff. und 120 ff. Eine gute Ergänzung bietet Ptak 1994b: 31 ff.
105 Vgl. Pearson 1987a: 24 oder ders. 1987b: 74 f. Einem besonders eindrucksvollen Großhändler ist die Monographie von Bouchon 1988a gewidmet; weitere Beispiele unter anderem in Subrahmanyam 1990a und ders. 1990b sowie – chronologisch etwas später – Reid 1993a: 114 ff.
106 Hilfreich diesbezüglich Morineau 1999: 123 ff. Wie kontrovers die Einschätzung der asiatischen Kaufleute des 15. bis 17. Jahrhunderts weiterhin ist, verdeutlicht beispielhaft ein Vergleich von Chaudhuri 1985: 209 ff. mit Subrahmanyam 1990a: 298 ff.
107 Lewis 1976: 468.
108 Khachikian, 1967: 231 ff.
109 Steensgaard 1974: 23 ff.; Braudel 1982: 122 f.; Morineau 1999: 124.
110 Lewis 1976: 470 ff.; Subrahmanyam 1995: 756 ff. und 763 ff.
111 Siehe Reinhard 1983: 53.
112 Pearson 1976: 17 f.; Richards 1981: 296; Curtin 1984: 132 f.
113 Die entscheidende Revision wurde vor allem von Sanjay Subrahmanyam geleistet; vgl. etwa Subrahmanyam 1995 bzw. ders. 1997: 94 ff.
114 Rothermund 1978: 17.
115 Diffie/Winius 1977: 205 f. Ansätze zu einer Revision auch dieser Position wiederum in vielen Arbeiten von G. Bouchon und S. Subrahmanyam.
116 Siehe dazu Lewis 1973: 254.
117 Subrahmanyam 1997: 109.
118 Lewis 1976: 474. Allgemein dazu Black 1998 und ders. 1999; ein schönes Beispiel bringt Parker 1996: 105.
119 Pires 1944/1: 45; Barbosa 1918: 217 f.
120 Vgl. dazu Subrahmanyam 1997: 109 ff., der allerdings betont, dass die wenigen nichtchinesischen Kriegsschiffe keine Kanonen trugen.
121 Siehe Guilmartin 1974: 57 ff.; ders. 2002: 82 ff.; Scammell 1981a: 236. Zu den berühmten chinesischen Flottenexpeditionen des 15. Jahrhunderts siehe etwa Ray 1987; Ptak 1992a; Levathes 1994 und Guangqi 2000: 298 ff.
122 Lewis 1976: 475.
123 Vgl. Boxer 1969a: 44; Lewis 1973: 247 ff.; Qaisar 1982, bes. 23 ff. und 43 ff.; Manguin 1985 und Reid 1993a: 36 ff.

124 Siehe dazu Aubin 1987: 67 ff.; Bouchon 1997: 261 ff.; Subrahmanyam 1997: 222.
125 Cipolla 1965: 137 ff.; Parry 1978: 222. Knapp, ausgewogen und vorzüglich Black 1998: 54 f.; ergänzend dazu Parker 1996: 104 f.; Glete 1999: 36 und Guilmartin 2002: 53 ff., bes. 77 ff.
126 Ausgewogen zum Stellenwert von Flotte, Gewalt und Handel Subrahmanyam 1997: 109 ff., bes. 112. Pearson 1987a: 26 ff. dürfte die Meerabgewandtheit asiatischer Staaten überschätzen.
127 Boxer 1961: 15 f.; Diffie/Winius 1977: 219; Mathew 1988: 173 f. und Guilmartin 2002: 82 ff.
128 Scammell 1981b: 164 ff. und zuletzt Black 1998: 36 f. Der Import von Kriegspferden erfolgte für die Sultanate des Dekkan und für Vijayanagar auf dem Seeweg aus dem arabisch-persischen Raum und bot den Portugiesen gute Kontroll-, Vertrags- und Verdienstmöglichkeiten. Siehe dazu Pearson 1987a: 50 f.; Stein 1989: 125; Subrahmanyam 1990a: 125-135.
129 Boxer, 1961: 39 f.; Scammell 1981b: 167 f.; Vgl. weiters Bouchon 1971; Winius 1971; Dale 1980: 34 ff.; Pearson 1987a; Subrahmanyam 1993; ders. 1997.
130 Pearson 1976: 81 ff. sowie ders. 1987a: 26 ff. Vgl. dagegen Subrahmanyam 1990a, bes. 298 ff.; ders. 1993: 17 f.; ders. 1995.
131 Vgl. Daus 1983: 97 ff.; Adshead 1988: 173-242; Kulke/Rothermund 1998: 268-273; Chaudhuri 1998b: 489.
132 Rothermund 1985: 161.
133 Knapp angesprochen in Kulke/Rothermund 1998: 269. Die Zusammenhänge zwischen Edelmetallhandel, Geld- und Fiskalpolitik der indischen Reiche sowie allgemeiner Wirtschaftsentwicklung sind erst ansatzweise erforscht: als Einstieg hilfreich die Aufsätze in Richards 1987 und in Subrahmanyam 1994a, bes. ders. 1994b.
134 Magalhães-Godinho 1969: 561 ff.; Padfield 1979: 42 ff.; Chaudhuri 1981: 230 ff. Eine Fülle an Beispielen in Mathew 1988: 140 f.; Bouchon 1988a; dies. 1992; dies. 1997; Subrahmanyam 1997.
135 Grundlegend dazu Thomaz 1990a: 50-68; ders. 1991: 99 f.; ders. 1994b: 189-206; Santos Lopes 1998: 10 f.
136 Boxer 1953: 211 ff. Siehe jedoch ders. 1969a: 46 oder Pearson 1987a: 30.
137 Vgl. unter anderem Magalhães-Godinho 1969: 561 und 567; Diffie/Winius 1977: 222 f.; Pearson 1987a: 30 und Magalhães 1998a: 319 ff.
138 Scammell 1981a: 265 f.; Subrahmanyam 1993: 61 f.
139 Siehe dazu Rothermund 1985: 157 f.; ders. 1998: 3 f. sowie die theoretisch versierte Diskussion der Möglichkeiten und Grenzen eines portugiesischen Monopols in Dunn 1987: 11 ff. Zu Genuas Plänen einer Ausschaltung des arabischen Levante-Zwischenhandels und deren Fusion mit Kreuzzugskonzepten wegweisend Brühne 1992: 143 f. und 148 ff.
140 Cortesão 1962: 184 ff.; Chaunu 1977: 189 ff.; Diffie/Winius 1977: 220 ff.; Salentiny 1977: 67 ff. und 261 ff.; Padfield 1979: 42 ff.; Magalhães-Godinho 1981–83/2: 175 ff.; Pearson 1987a: 30 f.; Subrahmanyam 1993: 60 ff.; ders. 1997: 184 ff.; Bouchon 1997: 221 ff.; Magalhães 1998a: 324 ff.

141 Magalhães-Godinho 1969: 569 ff.; Diffie/Winius 1977: 222 ff.; Disney 1978: 8 f.; Dale 1980: 34 ff. Zur Sonderstellung von Cochin gegenüber Calicut siehe Aubin, 1987; zu Cannanores Rolle neben Cochin und Calicut vorzüglich Bouchon 1988b: 51 ff.; die beste Zusammenschau liefert Subrahmanyam 1997: 210 ff.
142 Pearson 1987a: 30 und Subrahmanyam 1993: 60 f. McPherson 1993: 142 dürfte den seiner Meinung nach friedlichen Grundcharakter des Estado überzeichnen.
143 Eine ausführliche, differenzierte Würdigung der Amtszeit Almeidas in Subrahmanyam 1997: 239 ff. Einige zentrale Punkte knapp zusammengefasst schon in Magalhães-Godinho 1981–83/2: 179 f. sowie zuletzt in Chaudhuri 1998a: 174.
144 Magalhães-Godinho 1969: 731 ff.; ders. 1981–83/3: 93 ff.; Diffie/Winius 1977: 236 ff.; Mathew 1988: 203 ff.; Subrahmanyam 1993: 67; ders. 1997: 256 f.
145 Reinhard 1983: 57 f.; Pearson 1976: 69 ff. und ders. 1987a: 51 ff.
146 Etwas zu glatt in Daus 1983: 41 f.; auffällig positiv und portugalfreundlich Mathew 1988: 120 f. Vgl. dazu Subrahmanyam 1997: 239-241; die zitierte Passage aus dem berühmten Brief an den König aus Albuquerque 1986: 337.
147 Die Amtszeit von Albuquerque wird in den Standardwerken von Boxer 1969a; Diffie/Winius 1977; Pearson 1987a und Subrahmanyam 1993 ausführlich gewürdigt. Eine knappe Zusammenfassung bieten Martiniere 1994: 99 ff. und Chaudhuri 1998a: 175 f.; eine sehr positive Bewertung steuert wiederum Mathew 1988: 122 ff. bei. Über Charakter, politisches Programm und gesellschaftliche Stellung von Albuquerque informiert vorzüglich Subrahmanyam 1997: 258 ff., während in der lesenswerten, informativen Biographie von Bouchon 1992 nationalistisch-glorifizierende Untertöne nicht ganz fehlen.
148 Nach Thomaz 1991: 103 und Subrahmanyam 1997: 258 f.
149 Boxer 1969a: 46 f.; Pearson 1976: 31; ders. 1987a: 31 und 50; Dale 1980: 34 ff.; Daus 1983: 43 ff.; Ptak 1985b: 198 f.; Bouchon 1988a: 110-149; Subrahmanyam 1990a: 125-135; Black 1998: 35; Magalhães 1998a: 331 f.
150 Reinhard 1983: 60; Pearson 1987a: 31; McPherson 1993: 162. Eine aufschlussreiche Kontrastierung portugiesischer und kastilischer Kolonialpraxis bietet Villiers 1987: 40 f. Eine vorzügliche, sehr quellennahe und mit umfangreichem zeitgenössischen Bildmaterial ausgestattete Beschreibung aller wichtigen Städte, Faktoreien und Militärstützpunkte des portugiesischen Estado da India bietet Santos 1996: 99 ff.
151 Diffie/Winius 1977: 272.
152 Vgl. dazu Chaudhuri 1985: 66; Pearson 1987a: 31 f.; Thomaz 1991: 103 ff.; Mc Pherson 1993: 141 und Subrahmanyam 1990b: 138-143. Subrahmanyams Vorwurf gegenüber Chaudhuri und Pearson, aber auch Magalhães-Godinho, Braudel und Steensgaard, ihr strukturalistischer Ansatz blende die vielfältigen Wandlungsprozesse des Estado im 16. Jahrhundert aus, erscheint mir überzogen (Seite 138, Anm. 3).
153 Pearson 1976: 24 f.
154 Daus 1983: 57 f. Vgl. aber Villiers 1986: 40 ff. der besonders für Südostasien ei-

nen eher gewaltfreien, hauptsächlich kommerziellen portugiesischen Kolonialismus postuliert.
155 Parry 1967: 165; Magalhães-Godinho 1969: 759 f. und Pearson 1987a: 44 ff. Subrahmanyam 1997: 255 ff. schreibt der portugiesischen Blockadepolitik jedoch mehr Effizienz zu. Eine langfristig von den Portugiesen nicht allzu sehr behinderte Handelsentwicklung zwischen Indien und Osmanischem Reich konstatiert Veinstein 1999.
156 Siehe dazu Pearson 1976: 51 f.
157 Dies die Meinung von Villiers 1986: 40 ff. und recht ähnlich Black 1998: 35. Etwas abweichend Chaudhuri 1985: 74 f., der den prinzipiellen Gewaltcharakter des portugiesischen Handels auch für den Osten betont.
158 Vgl. Catz 1994: 105 ff. Zur militärischen Situation in Japan und China siehe Varley 1999 bzw. Lorge 1999.
159 Harrison 1968: 543; Scammell 1981a: 239; Ptak 1985a, bes. 172 f.; Catz 1994: 106; Subrahmanyam 1997: 283 und 286; Black 1998: 55 f.
160 Einander ergänzend bzw. korrigierend Pearson 1987a: 61 ff., bes.: 69 f.; Thomaz 1991: 103 f.; Subrahmanyam 1997: 257 ff., bes. 265 f.
161 Viele Beispiele und Details dazu in Subrahmanyam 1997: 257 ff. Zum Stellenwert der Einkünfte aus der Kontrolle des Innerasienhandels für das Budget des Estado siehe Pearson 1987a: 69.
162 Magalhães-Godinho 1969: 747 f.
163 Schöne Beispiele für Kooperation mit den Portugiesen oder aber für die Vermeidung der portugiesischen Kontrollen in Gujarat, südwestlich von Indien oder im Bereich der Seestraßen von Ceylon und Malakka finden sich in Pearson 1976; ders. 1987a: 40 ff.; Bouchon 1988a: 152 ff.; dies. 1988b; Flores 1990; ders. 1998; Reid 1993a: 65.
164 Magalhães-Godinho 1969: 757 f. bzw. 1981–83/3: 115 f.
165 Pearson 1976: 72 ff.; ders. 1987a: 52 f.
166 Im Rahmen der umfangreichen Literatur zu diesem Themenkomplex empfiehlt sich noch immer die kompakte Zusammenfassung in Magalhães-Godinho 1969: 765 ff. – Veinstein 1999: 100 ff. verweist auf die ungebrochene Rolle alter Karawanenrouten für Textil- und Indigoimporte aus Indien, berücksichtigt im Fall der Gewürze aber nur die viel wichtigeren Seewege.
167 Pearson 1976: 26 ff. Die für die Geschichte des portugiesischen Asienimperiums äußerst folgenreiche Entwicklung an der Malabarküste in den ersten Jahrzehnten lusitanischer Präsenz ist differenziert und spannend dargestellt in Bouchon 1988a und Subrahmanyam 1997.
168 Etwas überspitzt dazu Kahl 1983: 305 ff. Wesentlich ausgewogener Oliveira Marques 2001: 113 ff. und 197 ff. sowie ergänzend Boyajian 1993: 166 ff.
169 Steensgaard 1974: 100 f.; ders. 1981: 258 f.; Chaudhuri 1981: 232 ff.; ders. 1985: 69 ff. contra Subrahmanyam 1990a: 253 ff., 296 f.; ders. 1993: 271 f.
170 Parry 1967: 165; Magalhães-Godinho 1981–83/2: 36 ff. und ders. 1981–83/3: 17 ff.; Pearson 1976: 27 f. Dieses Gesamturteil wird durch Verweise und vielfach überaus problematische Vergleiche zwischen ›feudal geprägter‹ portugiesischer und ›moderner‹ niederländischer Kolonialpolitik sicherlich etwas relati-

viert, nicht jedoch grundlegend verändert. Wahrscheinlich sollte man die Handels- und Kolonialpolitik der niederländischen und auch der englischen Ostindienkompanie, die durchaus Kontinuitäten zur portugiesischen Praxis aufwies, nicht allzu umstandslos als modern, rational oder kapitalistisch etikettieren.

171 Harrison 1968: 532.
172 Braudel 1976: 546.
173 Die Literatur zu Portugals Ausgreifen auf die Molukken sowie zu den daraus resultierenden Konflikten mit Spanien ist überaus umfangreich. Vgl. etwa Magalhães-Godinho 1969: 785 ff.; ders. 1981–83/3: 135 ff.; Diffie/Winius 1977: 364 ff.; Daus 1983: 51 f.; Reinhard 1983: 70 ff.; Catz 1994: 102 ff.; Subrahmanyam 1997: 283 f.
174 Boxer 1969a: 63; Subrahmanyam 1993: 101 ff.; Catz 1994: 106 f. und D'Ávila Lourida 2000: 212 ff.
175 Bouchon 1971: 74 ff.; Diffie/Winius 1977: 295 f.; Magalhães-Godinho 1981–83/3: 164 ff.; De Silva 1989: 31 f.; Subrahmanyam 1993: 130 f.; Flores 1998: 136 ff. und 152 f.
176 Vgl. dazu Thomaz 1991: 104; Subrahmanyam 1997: 286, 295 und 303; Chaudhuri 1998a: 178 ff.
177 Detailverliebt aber vorzüglich das sechste Kapitel in Subrahmanyam 1997: 285 ff.
178 Vgl. Pearson 1987a: 52 f. Die Hauptlast des Angriffs auf die Portugiesen lag nicht sosehr beim Sultan, sondern bei den Handelseliten von Gujarat und den verbündeten Osmanen.
179 Siehe Subrahmanyam 1993: 79; ders. 1997: 296 f.
180 Vorzüglich dazu Hess 1970: 1908 ff.; ders. 1978: 71 ff.
181 Braudel 1976: 546 f. sowie Subrahmanyam 1997: 296 f.
182 Hess 1974: 27.
183 Magalhães-Godinho 1969: 761 ff.; ders. 1981–83/3: 120 f.; Pearson 1976: 73 ff.; Mathew 1988: 213 ff. und zuletzt Brummett 1994: 171-174 mit einem erhellenden Vergleich osmanischer und portugiesischer Flottenpolitik, Schiffs- sowie Kanonentechnologie und Expansionsziele.
184 Grundlegend Hess 1974: 28 f. Vgl. weiters Pearson 1987a: 34; Subrahmanyam 1993: 100 und Black 1998: 35 f.
185 Übereinstimmende Meinung von Mantran 1970: 169 f.; Diffie/Winius 1977: 289 ff.; Reinhard 1983: 63 und vieler anderer.
186 Magalhães-Godinho 1969: 771 ff.
187 Ausführlich argumentiert in Subrahmanyam 1993: 80 ff.; ergänzend ders. 1990b: 142 ff. Nach Magalhães-Godinho 1981–83/4: 216 handelte es sich um eine globale Krise, die den Estado tiefgreifend erfasste und einen umfassenden Strukturwandel einleitete. – Zum Umbruch in Vijayanagar siehe Stein 1989: 113 ff. sowie Black 1998: 37.
188 Einander ergänzend Harrison 1968: 545 f.; Boxer 1969a: 58 f.; Bouchon 1987b: 177 f. und Thomaz 1995: 481-519. Siehe auch Daus 1983: 99 f.; Reid 1993a: 212 ff.; Subrahmanyam 1993: 136 f.; Black 1998: 36; Bethencourt 1998d: 287 und 289 f. und Magalhães-Godinho 2001: 49.

ANMERKUNGEN

189 Übereinstimmende Darstellungen in Diffie/Winius 1977: 378 f.; Abdurachnam 1978: 180 ff.; Reinhard 1983: 73; Ricklefs 1993: 24 f. und Catz 1994: 104 f. Ergänzend zu Timor vgl. Ptak 1985b: 199f. und 205; Villiers 1986: 57 f.

190 Überzeugend, wenn auch in manchen Punkten – etwa bei der Relativierung des wiedererstarkenden Levantehandels – vermutlich etwas überzogen Subrahmanyam 1990b: 137 ff., bes. 156 f. sowie ders. 1993: 107 ff., bes. 122 ff. und 142 f. Zu Reformen und Wandel ab 1570 siehe auch Magalhães 1998b: 8f.

191 Lach 1965: 827 f. und Villiers 1986: 41 ff.

192 Siehe dazu Winius 2000: 486, der auf den enormen Einsatz von Schiffen und Kriegern bei einem weiteren Angriff auf Marokkos Küstenplätze im Jahr 1515 verweist, während kurz vorher die Eroberung von Aden wegen Ressourcenmangel gescheitert war.

193 Harrison 1968: 537; Scammell 1981b: 169 ff.

194 Harrison 1968: 538.

195 Oliveira-Marques 1976: 345 f.; Wallerstein 1974: 330 und Pearson 1987a: 69.

196 Grundlegend Magalhães-Godinho 1982; De Matos 1985; als knappe Ergänzung Bethencourt 1998a: 399 f. sowie ders. 1998d: 294 ff.

197 Vgl. zu diesem schwierigen Thema Steensgaard 1974: 86 ff.; Pearson 1976: 32 f.; Disney 1981b: 151 und 159 f.; Subrahmanyam/Thomaz 1991: 316 f.

198 Disney 1981b: 151 ff.

199 Vgl. dazu, mit unterschiedlichen Meinungen über die Finanzierung der Kaproute,, Oliveira-Marques 1976: 345 f.; Reinhard 1983: 102; De Matos 1985: 93; Pearson 1987a: 69. Zu finanziellen Engpässen im Estado vgl. Disney 1978: 50 und Chaudhuri 1998d: 199.

200 Die Tabelle stammt aus Bethencourt 1998d: 296, basierend auf leicht korrigierten Werten aus Disney 1981a: 72; Magalhães-Godinho 1982: 346; de Matos 1982: 45; ders. 1985: 159 f.; Subrahmanyam 1993: 189.

201 Steensgaard 1974: 86 und 88 f.

202 Siehe Steensgaard 1974: 81 ff. und Magalhães-Godinho 1981–83/1: 51 ff. Vgl. auch Thomaz 1991: 108 f., der die portugiesische Gesellschaft des 16. Jahrhunderts und den Kronhandel zumindest teilweise als redistributiv begreift, während Subrahmanyam 1990a: 253 f.; ders. 1993: 271 das Konzept des redistributiven Unternehmens wiederholt radikal zurückweist.

203 Steensgaard 1974: 83. Grundlegend dazu Pearson 1979: 16-23.

204 Boxer 1980: 11; Pearson 1987a: 63 ff.

205 Boxer 1969a: 298 f.; Pearson 1987a: 63 f.; Subrahmanyam 1997, passim; Winius 2000: 487 ff.

206 Pearson 1979: 18.

207 Boxer 1969a: 304 ff.; Daus 1983: 57; Pearson 1987a: 66 ff.

208 Vgl. dazu unter anderem Daus 1983: 56 ff.; Pearson 1987a: 66 f.; Subrahmanyam 1997, passim.

209 Allgemein dazu Pearson 1979: 19 ff. Zu Ternate siehe Catz 1994: 104 f.

210 Steensgaard 1974: 95.

211 Sogar Thomaz, der wie Subrahmanyam vor der Überschätzung der Unterschiede zwischen portugiesischem und niederländischem Kolonialsystem in Asien

warnt, charakterisiert Portugals Gesellschaft des 16. Jahrhunderts als feudal und redistributiv (Thomaz 1991: 108).
212 Fieldhouse 1965: 89 ff.; Harrison 1968: 532 ff.; Diffie/Winius 1977: 322 ff.; Salentiny 1977: 284 ff.; Villiers 1986, bes. 46 ff.; Pearson 1987a: 34 ff.; Thomaz 1994: Kap. VI; Bethencourt 1998a: 392 ff.; ders. 1998d: 303 ff. und Magalhães-Godinho 2001: 65 ff.
213 Sardesai 1969: 503 ff.; Magalhães-Godinho 1969: 659 f.; Reinhard 1983: 66; Villiers 1986: 49 f. und 54 f.; Thomaz 1988: 43 f.; ders. 1994: 262 f.; Pearson 1987a: 107 ff.; Andaya 1992: 362 ff. und Bethencourt 1998c: 355 ff. und 343 ff. sowie grundlegend zur Hauptstadtfunktion Goas Madeira Santos 1999.
214 Sardesai 1969: 509; Villiers 1987: 46 f.
215 Boxer 1961: 19 f.; Disney 1978: 18 ff. Etwas höhere Zahlen bietet Pearson 1987a: 92 f. Vgl. auch Russell-Wood 1998a: 61 zu Goa und Macao.
216 Vgl. dazu Duncan 1986: 10 ff.; Subrahmanyam/Thomaz 1991: 318 f.; Magalhães-Godinho 1992: 17 f. und 24; Subrahmanyam 1993: 217 ff.; Russell-Wood 1998a: 60.
217 Nach Magalhães-Godinho 1992: 24. Ergänzend Russell-Wood 1998d: 266.
218 Die Tabelle wurde von Subrahmanyam/Thomaz 1991: 319 aus Duncan 1986: 22 adaptiert.
219 Ausführlich dazu Boxer 1975: 63 ff. sowie Russell-Wood 1998b: 232 f.
220 Parry 1967: 305. – Über den Problemkreis Mischehen und Rassenmischung informiert knapp und gut Russell-Wood 1998e: 138 ff.
221 Scammell 1981b: 169 ff.; ders. 1988: 481 ff. Siehe auch Mathew 1988: 144 ff.; Subrahmanyam 1993: 229 und zahlreiche Hinweise in ders. 1997, passim sowie – allerdings fürs 17. Jahrhundert – Barendse 2002: 111 ff. Pearson 1987a: 96 ff. spart die Rolle der Asiaten bei der Besprechung der portugiesischen *soldados* dagegen aus.
222 Scammell 1981a: 268 f.; ders. 1981b: 171; ders. 1988: 485 sowie Subrahmanyam 1993: 228ff.
223 Knapp und kompetent die Diskussion der Kontroversen um die Einschätzung von Rassenverhältnis und Rassismus im portugiesischen Kolonialimperium durch Pearson 1987a: 102ff.
224 Grundlegend Boxer 1978; ders. 1969a: 65 ff. sowie als knappe Ergänzung Bethencourt 1998b: 369-386 und Boschi 1998: 403 ff. und 411. Vgl. auch die heute schon antiquiert wirkenden gewollt provokanten Kommentare von Daus 1983: 61 ff.
225 Reinhard 1983: 67.
226 Übereinstimmend Parry 1967: 305 und Boxer 1969a: 72 ff.
227 Boxer 1961: 36 ff.; Daus 1983: 63 f.
228 Siehe dazu Boxer 1969a: 67 ff. und 269; ders. 1978: 99; Reinhard 1983: 67; Pearson 1987a: 119 f.; Scammell 1988: 475 ff. sowie ergänzend Subrahmanyam 1993: 83 f.; Bethencourt 1998b: 382 ff.
229 Reinhard 1983: 67.
230 Vorzüglich und noch immer grundlegend Boxer 1978: 77 ff. Siehe weiters Pearson 1987a: 120 f.

231 Zu den häufig mit Neid verfolgten erfolgreichen ökonomischen Aktivitäten siehe Souza 1981: 122 f.
232 Boxer 1978: 75.
233 Wallerstein 1974: 330; Braudel 1976: 546; Rothermund 1985: 158.
234 Wallerstein 1974: 332; Frank 1978: 37 sowie zuletzt ders. 1998: 178 ff. und 333.
235 Van Leur 1955: 118 und 165.
236 Meilink-Roelofsz 1962: 9 ff.; Panikkar1954: 53.
237 Braudel 1982: 219.
238 Überzeugend argumentiert von Perlin 1980: 269 ff. Siehe nun auch viele Arbeiten von Subrahmanyam (1990a; 1990b; 1993).
239 Vgl. beispielsweise Magalhães-Godinho 1969: 619.
240 Richards 1981: 300 f.
241 Ricklefs 1993: 24.
242 Vorzüglich dazu Perlin 1980; ders. 1983.
243 Pearson 1976: 35; ähnlich Magalhães 1998a: 329.
244 Vgl. dazu Subrahmanyam/Thomz1991: 311 f.
245 Ausführlich analysiert in Subrahmanyam 1990b: 142 f. und 137 ff. sowie ders. 1993: 80 ff. und 107 ff. Vgl. auch Thomaz 1979: 108; Chaudhuri 1985: 66; Subrahmanyam/Thomaz 1991: 312 ff.
246 Einander ergänzend Pearson 1976: 36 f; Subrahmanyam/Thomaz 1991: 311 ff. und vor allem Subrahmanyam 1993, passim.
247 Siehe dazu Boxer 1969a: 63 f.; Reinhard 1983: 78; Subrahmanyam 1993: 100 ff. und 138; Catz 1994: 107 f.; vgl. auch Chaudhuri 1985: 66, der den ohnehin hohen Stellenwert des Fernosthandels aber überschätzen dürfte, indem er den Strukturwandel des portugiesischen Kolonialsystems im letzten Drittel des 16. Jahrhunderts mit der Öffnung Japans und Chinas für einige Schiffe auf einer Route junktimiert.
248 Thomaz 1981: 101.
249 Siehe insbesondere die Arbeiten von Thomaz, Boyajian und Subrahmanyam.
250 Disney 1978: 27.
251 Recht ähnlich in diesem Punkt Pearson 1976: 38 und Thomaz 1991: 108. Zur privaten Beteiligung von Kolonialfunktionären und portugiesischem Adel am Asienhandel siehe auch Ptak 1994b: 46.
252 Siehe dazu Boxer 1969a: 304; Daus 1983: 59 f.; Pearson 1987a: 81 ff. und vor allem Subrahmanyam 1990a; ders. 1990b; ders. 1993 sowie Boyajian 1993.
253 Daus 1983: 60.
254 Thomaz 1981: 103; Subrahmanyam 1990b: passim und insbesondere Boyajian 1993. Allgemein zu den Portugiesen an den Rändern oder außerhalb der Kolonialadministration vgl. weiters Ptak 1994b: 52 ff.; Russell-Wood 1998c: 256-265.
255 Pearson 1976: 37 ff.
256 Vorzüglich zu diesem Fragenkomplex die einander ergänzenden Fallstudien in Subrahmanyam 1990b, sowie ergänzend ders. 1990a; Winius 1991; Ptak 1994b: 53-56; Flores 1994: 128 f. Allgemein zur kommerziellen und insbesondere auch finanziellen Kooperation zwischen asiatischen Händlern und *casados* siehe auch Scammell 1988: 478 f.

257 Wallerstein 1974: 330.
258 Siehe dazu aus der Fülle an älterer Literatur Harrison 1968: 539 f.; Kellenbenz 1970a: 31; Disney 1978: 26; Newitt 1987: 208 ff. sowie neuerdings Russell-Wood 1998a: 126 f. und 133 ff. Eine Ergänzung aus anderem Blickwinkel bieten Veinstein 1999: 97 ff. sowie insbesondere Barendse 2000: 183 ff. – Pearson 1987a: 45 ff. betont selbst für den Kernraum des portugiesischen Handels die Schwächen des Systems. Ergänzend zu Ormuz vgl. Magalhães-Godinho 1981–83/3: 124 ff. sowie Santos 1996: 150 ff.
259 Scammell 1981a: 242; Boyajian 1993: 54 ff. Dies bestätigt auch Subrahmanyam 1993, passim, trotz seines Insistierens auf profunden Wandlungsprozessen im gesamten Estado um die Mitte und im letzten Drittel des 16. Jahrhunderts. Den beachtlichen Aufstieg des Malabarhafens Cochin, der zwar enger Kooperation mit den Portugiesen, nicht jedoch militärischer Zwangsgewalt geschuldet war, analysiert ders. 1987c: 59-71. – Zeitgenössische Kommentare und Darstellungen der Schwerpunkte portugiesischer Herrschaft an Indiens Westküste in Santos 1996: 172 ff., 200 ff. und 212 ff.
260 Zusammengefasst aus Harrison 1968: 539 f.; Disney 1978: 24 ff.; Scammell 1981a: 242 f.; Russell-Wood 1998a: 133.
261 Pearson 1976: 93 ff. und ders. 1987a: 83.
262 Zur Eroberung Gujarats durch Akbar sowie zur friedlichen Koexistenz zwischen Estado und Mogulreich vgl. Richards 1993: 32 f. und Rothermund 2002: 254.
263 Harrison 1968: 540; Disney 1978: 28; Bouchon 1987b: 179 ff.; Stein 1989: 119 und 125 ff.; Subrahmanyam 1990a: 134 f. und 145 ff.; ders. 1990b: 128 ff., bes. 131 f.; Chaudhuri 1998a: 182.
264 Siehe dazu Diffie/Winius 1977: 295 f.; Disney 1978: 25 und 121; Arasaratnam 1987b: 225 ff.; Flores 1994: 128 ff.; ders. 1998: 136 ff.
265 Harrison 1968: 541 f. bietet einen ersten brauchbaren Einstieg in diese Thematik, die inzwischen vielfach von Subrahmanyam (bes. 1990a und 1990b) aufgegriffen und eingehend abgehandelt wurde; ergänzend dazu Winius 1991: 273 f. und Ptak 1994b: 53.
266 Als Einstieg noch immer empfehlenswert Meilink-Roelofsz 1962: 137 ff. und Harrison 1968: 541 f. Zu Malakka und seinen indonesischen Rivalen siehe auch Dunn 1984: 87 ff.; ders. 1987: 6 ff.; Reid 1993a: 208 ff. und passim; Subrahmanyam 1993: 134 ff. – Zur politisch-ökonomischen Rolle sowie zum Aussehen Malakkas siehe auch Santos 1996: 250 ff.
267 Zur außergewöhnlich gut erforschten Geschichte von Atjeh siehe Reid 1969: 401 ff.; ders. 1975; ders. 1993a; Das Gupta 1987b: 257 f.; Subrahmanyam 1990a: 151 ff.; ders. 1990b: 134 f. und 168 f.; ders. 1993: 134 ff. In den genannten Werken ausführliche Hinweise auf weiterführende Literatur. Zur wachsenden Kriegstüchtigkeit der Schiffe und Flotten Atjehs siehe auch Manguin 1993: 205 ff. und Parker 1996: 105.
268 Reinhard 1983: 102; Chaudhuri 1985b: 114. Etwas skeptischer Das Gupta 1987b: 251 ff.
269 Parry 1978: 429 f.; Scammell 1981a: 241 f.
270 Parry 1978: 429.

ANMERKUNGEN

271 Lang 1979: 19 f.; vgl. insbesondere Reid 1993a, passim.
272 Rich 1967: 365 f.; Kubitschek/Wessel 1981: 47 f.; allgemein zu den Grenzen und Schwierigkeiten portugiesischer Handelsaktivitäten in der südostasiatischen Inselwelt siehe Villiers 1994: 160 ff.
273 Einführend zum umfangreichen Themenkomplex siehe Rich 1967: 365; Ricklefs 1993: 24 ff. und Catz 1994: 101 ff.
274 Vgl. dazu Magalhães-Godinho 1969: 701 ff. und 794 ff.; Thomaz 1975: 46 ff.; ders. 1981: 100 f. sowie Reid 2000: 168 f., dessen aussagekräftige Tabelle auf der umfangreichen Studie von Bulbeck et al. 1998 basiert.
275 Parry 1978: 431 f.; Kumar 1980: 11 ff. und 24 ff.; Souza 1986: 88 ff. und eine Fülle von Hinweisen in Reid 1993a.
276 Siehe unter anderem Magalhães-Godinho 1969: 812 ff.; ders. 1981-83/3: 158 ff.; Diffie/Winius 1977: 374 ff.; Abdurachnam 1978: 167 ff.; Kubitschek/Wessel 1981: 48 f.; Ricklefs 1993: 24 f.; Catz 1994: 103 ff.; Villiers 1994: 161 ff.
277 Vgl. dazu Diffie/Winius 1977: 379 und Abdurachnam 1978: 181 ff.
278 Magalhães-Godinho 1969: 817; Daus 1983: 104; Souza 1986: 89; verstreute Informationen in Reid 1993a; Chaudhuri 1998c: 100 f.
279 Magalhães-Godinho 1969: 820.
280 Die vorangegangenen Abschnitte über Portugals Handelsaktivitäten in Ostasien kombinieren aus einem reichlichen Literaturangebot Informationen aus Kobata 1965: 245ff; ders. 1981: 273 ff.; Harrison 1968: 543; Boxer 1969a: 63 f.; Diffie/Winius 1977: 380 ff.; Scammell 1981a: 240 f.; Atwell 1982: 68 ff.; Ptak 1985a; ders. 1987c; ders. 1991a+b+c; Souza 1986: bes. 12 ff., 46 ff. und passim; ders. 1987: 319 ff.; Kondo 1987: 176 ff.; Cremer 1987; Subrahmanyam 1993: 100 ff.; Chaudhuri 1998a: 182 ff.; ders. 1998d: 209 ff. sowie zur globalhistorischen Einbettung Flynn/Giráldez 1995; dies. 2002: 10 ff. und D'Ávila Lourida 2000.
281 Grundlegend dazu die vielfach zitierten Arbeiten von Pearson und Subrahmanyam sowie Disney 1978; Souza 1986 und insbesondere Boyajian 1993.
282 Ausführlich dazu Lach 1965: 347 ff.; Magalhães-Godinho 1969: 652 ff.; Disney 1978: 4 ff. sowie Subrahmanyam 1990a: 134.
283 Magalhães-Godinho 1969: 631 ff.; ders. 1981-83/3: 19 ff.; Disney 1978: 30 ff.; Kieniewicz 1986, bes. 20 ff. und Subrahmanyam 1996: 326.
284 Pearson 1979: 27 f. Vgl. auch Subrahmanyam 1997, passim.
285 Magalhães-Godinho 1969: 327 und 620 ff. sowie ders. 1981–83/1: 240 ff. und 1981–83/3: 9 ff. Zur bereits ausführlich gewürdigten Rolle und Kolonialkonzeption Albuquerques siehe Thomaz 1991: 103 und Subrahmanyam 1997: 258 ff. Zum Stellenwert jener beträchtlichen Geldmengen, die dem Asienhandel durch Steuern und Schutzgebühren entzogen wurden, siehe Pearson 1987a: 69.
286 Magalhães-Godinho 1963: 266; Reinhard 1983: 103; Subrahmanyam 1994b: 196 f. und Flynn/Giráldez 1995: 204 f. Ergänzend zu den osmanischen Gold- und Silberminen am Balkan vgl. Sahillioglu 1983: 272.
287 Siehe dazu Spooner 1972: 76 ff.; Vilar 1984: 93 und Subrahmanyam 1994b: 188 ff.
288 Magalhães-Godinho 1969: 525 f.; Perlin 1983: 60 ff.; ders. 1984: 97; Yamamu-

ra/Kamiki 1983, bes. 346 ff.; Vilar 1984: 87 ff.; Flynn 1991; Flynn/Giráldez 1994.
289 Vilar 1984: 88 f. – Als allgemeine Einführung in Indiens Münzverhältnisse und Geldgeschichte vgl. Magalhães-Godinho 1981–83/1: 257-281; Richards 1987 und Subrahmanyam 1994 a.
290 Magalhães-Godinho 1969: 523; Cartier 1981: 456 ff.; Atwell 1982: 78 f.; Vilar 1984: 89;
291 Kobata 1965: 245 ff.; Magalhães-Godinho 1969: 403 f. und 524; ders. 1981–83/2: 36 ff.; ders. 1981–83/3: 9 ff.; Atwell 1982: 68 ff.; Vilar 1984: 93 ff.
292 Siehe Pearson 1979: 29 f. Zeitpunkt und Dimension des Wiederaufstiegs des Levantehandels mit dem Mittelmeerraum sind umstritten, worauf noch zurückzukommen ist. Vgl. aus der reichhaltigen Literatur zunächst Braudel 1976: 546 und Lane 1980: 459 contra Wake 1979, bes. 381 ff. und Subrahmanyam/Thomaz 1991: 308.
293 Vorzüglich analysiert von Pearson 1976: 96 ff. Zu Malakka, Bengalen und Indonesien sei nochmals auf die materialreichen Arbeiten von Subrahmanyam 1990a; ders. 1990b und Reid 1993a verwiesen.
294 Scammell 1981a: 139 und 272; ergänzend Souza 1986: 15 f.; Ptak 1992b: 43 ff.; Subrahmanyam 1993: 135 f.
295 Grundlegend Sardesai 1969: 506 ff. Vgl. auch Chaudhuri 1985: 114, der auf Tomé Pires verweist, welcher schon früh an der Fähigkeit der Portugiesen zur tolerant-kompetenten Verwaltung eines multiethnischen Emporiums zweifelte.
296 Noch immer vorbildlich dazu Boxer 1969b: 415 ff. Siehe auch Subrahmanyam 1990b: 134 f.; Subrahmanyam/Thomaz 1991: 316.
297 Braudel 1976: 568, der im Wesentlichen Boxer 1959; Meilink-Roelofsz 1962 und Magalhães-Godinho 1969 zusammenfasst, sowie Thomaz 1981: 100 f.
298 Boyajian 1993.
299 Meilink-Roelofsz 1962: 182 f. contra Steensgaard 1974: 141.
300 Vgl. Boyajian 1993: bes. 53-85, 128-145 sowie 244. Die traditionelle Sicht vom niedergehenden portugiesischen Handel infolge verstärkter asiatischer und nordwesteuropäischer Konkurrenz bietet Arasaratnam 1987a: 107-127.
301 Zum sicherlich nicht unproblematischen Konzept des Estado als ›redistributives‹ Unternehmen sowie zur Rolle von Protektionskosten vgl. Lane 1966: 376 ff.; ders. 1979; Chaudhuri 1981: 232 ff.; Steensgaard 1981: 251 ff.; eine wohl überzogene Kritik bietet Subrahmanyam 1990a: 253 ff. und 296 f.; ders. 1993: 271 f.
302 Das wörtliche Zitat aus Pearson 1976: 41 ff. Ganz allgemein zu den *cartazes* siehe etwa Mathew 1988: 133 ff. sowie – zum Zusammenhang mit Korruption – Pearson 1979: 20. Auf lokale Vorläufer der *cartazes* verweisen Digby 1982b: 153 und Morineau 1999: 122.
303 Siehe DeMatos 1985: 90 ff., bes. 98; Subrahmanyam/Thomaz 1991: 316 f.
304 Pearson 1976: 43 ff.
305 Diese Argumentation findet sich ohne jede Relativierung in Pearson 1976: 54 f.; in Pearson 1987a: 68 ff., bes. 75 f. wird die Grundposition zwar beibehalten, aber in viel differenzierterer Form.

ANMERKUNGEN 213

306 Curtin 1984: 137.
307 Pearson 1987a: 75.
308 Siehe Subrahmanyam 1993, bes. 107 ff. Ähnlich auch in vielen anderen Werken des Autors.
309 Lane 1979; ders. 1966: 376 ff., 393 ff. und 402 f.
310 Lane 1966: 381.
311 Man sollte wohl hinzufügen, dass man auch von der ausgeprägten messianischen- und Kreuzzugsideologie zumindest König Manuels abstrahieren müsste, was die Plausibilität einer historisch-erklärenden Analyse aber wohl konterkarieren würde.
312 Lane 1966: 395 f. und 421 f.; Steensgaard 1981: 251 f.
313 Pearson 1987a: 75.
314 Chaudhuri 1998d: 194
315 Coornaert 1967: 229; Diffie/Winius 1977: 316; Magalhães-Godinho 1993: 2.
316 Diffie/Winius 1977: 316 f.
317 Siehe dazu Lang 1979: 21 oder auch Russell-Wood 1998a: 29 ff.
318 Sehr pointiert in diesem Punkt Reinhard 1983: 90; zur Differenzierung vgl. Subrahmanyam 1993 und ders. 1997, passim.
319 Siehe beispielsweise Disney 1978: 71; Dunn 1987: 21 und Pearson 1987a: 43.
320 Bouchon 1985: 48.
321 Reinhard 1983: 95 und Bouchon 1985: 48.
322 Vgl. dazu Magalhães-Godinho 1969: 683. Das deutsche Kaufmannskapital war in Portugal, im Unterschied zu den Oberitalienern, gesellschaftlich wenig eingebunden.
323 Grundlegend Radulet 1984; dies. 1990: 123 sowie Subrahmanyam 1987b. Siehe auch ders. 1993: 112 f.
324 Subrahmanyam/Thomaz 1991: 310.
325 Lach 1965: 106 ff.; Magalhães-Godinho 1969: 678 f.; ders. 1981-83/3: 58; Reinhard 1983: 95.
326 Magalhães-Godinho 1969: 684 ff.; ders. 1981-83/3: 58 ff.; Disney 1978: 71; Reinhard 1983: 96.
327 Steensgaard 1974: 97 f. hebt sicherlich zentrale Problembereiche hervor, dürfte diese aber überbewerten, indem er dem vielfältigen Wandel der politischen und ökonomischen Rahmenbedingungen in Asien und Europa zu wenig Aufmerksamkeit schenkt. Zur Korrektur siehe etwa Subrahmanyam 1993: 85.
328 Siehe dazu Lach 1965: 131 ff.; Disney 1978: 71; Magalhães-Godinho 1981-83/3: 41; Subrahmanyam/Thomaz 1991: 310; Subrahmanyam 1993: 113; Chaudhuri 1998d: 197 und Magalhães 1998b: 8.
329 Siehe dazu die recht ähnlichen Passagen bei Braudel 1976: 558; Lane 1980: 461 f.; Subrahmanyam/Thomaz 1991: 311; Boyajian 1993: 18 ff.; Subrahmanyam 1993: 113 f.
330 Knapp zusammengefasst in Reinhard 1983: 96 und Subrahmanyam/Thomaz 1991: 311. Vgl. aber auch Kellenbenz 1956: 5 ff.; Magalhães-Godinho 1969: 689 ff.; ders., 1981-83/3: 64 ff.; Steensgaard 1974: 97 f. und erneut Boyajian 1993: 27 f. sowie Subrahmanyam 1993: 113.

331 Grundlegend die Fallstudie von Hildebrandt 1970: 25 ff. Vgl. Magalhães Godinho 1981–83/3: 63.
332 Reinhard 1983: 96.
333 Vorzüglich und einander ergänzend Disney 1978: 80 ff. und 159 f.; Winius 1981: 119 ff.; Dunn 1987: 22; Subrahmanyam 1993: 160 ff.; Chaudhuri 1998d: 205 ff. und Russell-Wood 1998a: 31.
334 Der Themenkomplex Schiffe und Schiffbau ist außergewöhnlich gut erforscht. Siehe etwa Boxer 1953: 216 ff.; ders. 1969a: 207 ff.; ders. 1984: I/34 ff.; Reinhard 1983: 92 f.; Magalhães-Godinho 1993: 13 f.
335 Auch die meisten Fragen von Routen- und Terminplanung sowie der Rekrutierung von Navigatoren, Kapitänen und ihren Mannschaften sind längst vorbildlich analysiert und sollen hier nicht weiter behandelt werden. Eine vorzügliche Basisinformation noch immer Boxer 1984: I/44 ff. und ders. 1984: II/29 ff. Vgl. auch Magalhães-Godinho 1993: 29 ff. und Russell-Wood 1998a: 30 ff.
336 Neben den alten Standardwerken von Boxer 1969a: 379 und Magalhães-Godinho 1969: 672 f.; ders. 1981–83/3: 43 ff., bes. 49 siehe nun auch Duncan 1986: 3-25, bes. 22; Subrahmanyam/Thomaz 1991: 306 f.; Subrahmanyam 1993, passim und erneut Magalães-Godinho 1993: 6 ff. zu diesem schwierigen Thema.
337 Die Tabelle basiert im Wesentlichen auf Duncan 1986: 22, auf den sich auch Chaudhuri 1998d: 195f. stützt. Magalhães-Godinho 1993: 7 enthält eine etwas anders organisierte Aufstellung, deren Zahlenmaterial aber nur geringe Abweichungen aufweist und analoge Trends abbildet.
338 Magalhães-Godinho 1969: 670 ff.; ders. 1981–83/3: 48; Reinhard 1983: 93.
338 Steensgaard 1974: 169 ff. Siehe dazu Subrahmanyam 1993: 142, der freilich etwas andere Schwerpunktsetzungen und Interpretationen anbietet.
339 Vgl. Boxer 1953: 223; Rothermund 1978: 19 f.; Magalhães-Godinho 1981–83/ 2: 49; De Matos 1985: 97 f.; Duncan 1986: 22; Subrahmanyam/Thomaz 1991: 317.
340 Magalhães-Godinho 1969: 676 f. und 700 f. sowie ders. 1981–83/3: 52f. und 69 ff., bes. 72.
341 Vgl. insbesondere die wesentlich niedrigeren Schätzungen von Meilink-Roelofsz 1962: 363; Lane 1966: 31; Steensgaard 1974: 163 ff. und ders. 1985, bes. 20 ff., während Wake 1979: 381 ff. zwischen den Extremen liegt.
342 Die Inventare bzw. Frachtregister aus der Frühzeit der Carreira da India enthalten neben anderen wertvollen Informationen genaue Aufstellungen der in indischen Häfen für den Rücktransport nach Lissabon geladenen Güter. Siehe dazu Bouchon 1976; dies. 1977 und dies. 1985, bes. 50 f. Die komplette Tabelle in Subrahmanyam 1993: 63.
343 Vgl. dazu die Tabelle in Subrahmanyam/Thomaz 1991: 309, die zur Gänze basiert auf Steensgaard 1985: 22 ff.
345 Romano/Tenenti/Tucci 1970: 117 f.; Wake 1979: 372 f.; ders. 1986: 633.
346 Die Exportmenge nach der vorsichtigen Schätzung von Oliveira-Marques 1976: 344 und Wake 1979: 382 f. Zur Pfefferproduktion in Indien vgl. Pearson 1987a: 44.

347 Siehe Boyajian 1983: 220 f. und ders. 1993: 41 ff.
348 Wake 1979: 378.
349 Vgl. Reid 1993a: 16 ff. und bes. ders. 2000: 168 f.
350 Wake 1979: 380. Vgl. dazu auch Steensgaard 1985.
351 Kellenbenz 1956: 3 f.; Magalhães-Godinho 1969: 705 f.; ders. 1981-83/3: 75; Steensgaard 1974: 166; Wake 1979: 383.
352 Nach Wake 1979: 377. Vgl. auch Magalhães-Godinho 1969: 701 ff.; ders. 1981-83/3: 73 ff.; Steensgaard 1974: 168 und Chaudhuri 1998d: 196.
353 Siehe dazu Reid 2000: 168 f. sowie ausführlicher ders. 1993a: 16 ff.
354 Magalhães-Godinho 1969: 698 ff.; Kellenbenz 1970: 16 ff.; Pearson 1976: 36; Disney 1978: 24; Boyajian 1993: 42 ff.
355 Oliveira-Marques 1976: 344 f.
356 Magalhães-Godinho 1969: 709.
357 Die Tabelle adaptiert nach Boyajian 1993: 42 und 44. Danach lag der königliche Anteil an den Kapfrachten im ausgehenden 16. und frühen 17. Jahrhundert gewichtmäßig immer noch sehr hoch, wohingegen er wertmäßig rapide absank. Möglicherweise übertreiben die Zahlen bei Boyajian diese Divergenz: Den Trend geben sie aber sicherlich korrekt wieder.
358 Magalhães-Godinho 1969: 699 f.; ders. 1981-83/3: 71 f.; Steensgaard 1974: 167.
359 Grundlegend Magalhães-Godinho 1969: 316 f. sowie ders. 1981-83/3: 69 ff. Zur vieldiskutierten Frage des Verhältnisses von Kap- und Levanteroute vorzüglich Lane 1966: 25 ff. und ders. 1968: 47 ff. contra Wake 1979 sowie ergänzend Subrahmanyam 1993: 63 ff. und 76.
360 Siehe dazu Ashtor 1971: 66 ff.; Magalhães-Godinho 1981-83/1: 233 und Vilar 1984: 92. Ergänzend vgl. auch allgemein zur Edelmetallverknappung Day 1978.
361 Vgl. Magalhães-Godinho 1969: 698 f.; ders. 1981-83/3: 8 ff.; Attman 1981: 33 und Scammell 1981a: 270.
362 Magalhães-Godinho 1981-83/3: 9 ff. und Reinhard 1983: 101.
363 Noch immer gültig zusammengefasst in Chaunu 1977: 316. Siehe auch Magalhães 1998a: 313 f.
364 Magalhães-Godinho 1969: 324 f. bzw. ders. 1981-83/1: 247.
365 Siehe dazu die teilweise widersprüchlichen, den allgemeinen Trend aber durchwegs bestätigenden Hinweise in Magalhães-Godinho 1969: 329 f.; ders. 1981-83/1: 251; ders. 1981-83/3: 71; Attman 1981: 33 und Subrahmanyam 1994b: 197, wobei Letzterer möglicherweise lediglich das pro Schiff verfrachtete Edelmetall meint. Skeptisch hinsichtlich des enormen Silberabflusses nach Asien zur Jahrhundertwende ist Morineau 1999: 129.
366 Siehe dazu Reparaz 1969: 18 ff.; Scammell 1981a: 241; Vilar 1984: 93 f.; Subrahmanyam 1993: 117 ff. Allgemein zur Verknüpfung des Estado da India mit Spanisch-Amerika siehe Flynn/Giráldez 1994 sowie dies. 1995: 204 ff.
367 Zur Vorgeschichte des Ostasien-Geschäfts der Portugiesen vorzüglich und doch knapp Subrahmanyam 1993: 100 ff. Das Standardwerk über die Rolle des Chinahandels für den erfolgreichen Fortbestand des Estado im späten 16. und frühen 17. Jahrhundert ist Souza 1986; ergänzend vgl. auch Ptak 1991c: 37 ff.

368 Magalhães-Godinho 1969: 332.
369 Ausführlich dazu Steensgaard 1974: 86 ff.; ergänzend siehe auch Cipolla 1965: 136; Subrahmanyam/Thomaz 1991: 316 f.
370 Reinhard 1983: 99 f.; vgl. Magalhães-Godinho 1969: 636 f.; ders. 1981–83/3: 21 f.
371 Reinhard 1983: 106; siehe dazu auch Dunn 1987: 24 f.
372 Siehe Pearson 1987a: 41, gestützt auf Mathew 1983: 197 f. und Magalhães-Godinho 1981–83/3: 20 f.
373 Pearson 1987a: 41.
374 Steensgaard 1974: 87. Vgl dazu Magalhães-Godinho 1969: 688 ff. sowie die wesentlich skeptischeren Berechnungen von Boyajian 1993: 20 f.
375 Steensgaard 1974: 97 f. und Reinhard 1983: 99 f.; grundlegend dazu Magalhães-Godinho 1969: 637 und ders. 1981–83/3: 21.
376 Überzeugend dazu bereits Kellenbenz 1956: 1 ff.
377 Prägnant dazu Gascon 1960: 645 f. und Braudel 1976: 543 f.; vgl. auch Diffie/Winius 1977: 409.
378 Vorzüglich Braudel 1984: 148 ff.; vgl. ergänzend Van Houtte 1952: 89 ff.; ders. 1961:250 ff.; Miskimin 1977: 126.
379 Lach 1965: 107 f. und 121 ff.; Diffie/Winius 1977: 411 ff.
380 Van der Wee 1963: 125 ff.
381 Die Literatur zu diesem Themenkomplex ist sehr umfangreich. Vgl. etwa Lach 1965: 123 ff.; Gascon 1971: 88; ders. 1960: 647 ff.; Diffie/Winius 1977: 412 ff.; Magalhães-Godinho 1981–83/3: 183 ff.; ders. 1981–83/4: 216; Subrahmanyam 1993: 85.
382 Siehe dazu Reinhard 1983: 103; Braudel 1984: 150.
383 Vgl. Lach 1965: 127.
384 Siehe dazu Kellenbenz 1956; Lach 1965: 139 f.; Reinhard 1983: 106.
385 Lane 1980: 457 f.
386 Wake 1979: 361.
387 Vertreter dieser bezüglich Venedig optimistischen Denkrichtung sind neben vielen anderen Magalhães-Godinho 1969: 764 ff.; ders. 1981–83/3: 121 ff., bes. 126 f. und Glamann 1979: 304. Siehe dagegen Subrahmanyam/Thomaz 1991: 308 und Subrahmanyam 1993: 75 f. Ausgewogen argumentiert Wake 1979: 361-403.
388 Dies die reformistische Position von Lane 1966: 25 ff.; Lach 1965: 127 ff.; Braudel 1976: 545 ff.; Reinhard 1983: 104.
389 Siehe dazu Braudel 1976: 552 ff. und Parry 1967: 166 f.
390 Lane 1966: 13 f. und 25 ff.; ders. 1968: 47 ff.
391 Stella 1956: 42 und Scammell 1981a: 140 betonen den Triumph des unter italienisch-südeuropäischer Kontrolle befindlichen Levantehandels, Subrahmanyam 1993: 75 f. verweist dagegen auf die dominante Nachfrage der persischen und osmanischen Binnenmärkte. Vgl. dazu auch Veinstein 1999: 97 ff., bes. 101 f. sowie insbesondere Barendse 1998: 247 ff. und ders. 2000: 193 f.
392 Einander bestätigend und ergänzend Lach 1965: 130 ff.; Glamann 1979: 304 ff.; Lane 1980: 459 ff.

393 Braudel 1976: 562 und 567.
394 Steensgaard 1974: 154 ff.; Scammell 1981a: 140 f.
395 Wake 1979: 381 ff. und 395 sowie Subrahmanyam 1993: 75 f.; ders. 1994b, passim.
396 Wake 1979: 394 f.
397 Nach Reinhard 1983: 105. Die Tabelle basiert auf Serrão 1969: 194.
398 Siehe Barendse 2000: 191 f. Zum Themenkomplex Ostindienkompanien, Gewürzimporte nach Europa und Levantehandel existiert reichhaltig Literatur; siehe etwa Steensgaard 1974; Duncan 1975; Masters 1988; Foran 1989; Risso 1995; Chaudhuri 1998c.
399 Vgl. dazu Rooney 1994: 547 ff. sowie Boyajian 1993: 42.
400 Bastin/Benda 1968: 18; Duncan 1975: 516 f.; Meilink-Roelofsz 1980: 9 f.; Subrahmanyam 1990a: 253 ff.; ders. 1993: 272.
401 Lane 1979; ders. 1966: 373 ff.; Steensgaard 1974; ders. 1981: 247 f. Vergleichend zur Ostindienkompanie siehe Boyajian 1993: 106 ff.; Kirsch 1994: 189-202. Eine knappe Analyse struktureller Unterschiede zwischen portugiesischer und niederländischer bzw. englischer Kolonial- und Handelspolitik bietet Bethencourt 1998e: 361-374, ohne das Klischee ›mittelalterlich‹ contra ›rational-modern‹ zu strapazieren.
402 Steensgaard 1974: 17 f.
403 Curtin 1984: 137 und Pearson 1987a: 74 f. Siehe auch Boyajian 1993: 1.
404 Pearson 1976: 54 und ders. 1987a: 74. Vgl. jedoch Wallerstein 1986, 477.
405 Kahl 1983: 303 ff.
406 Siehe dazu Steensgaard 1974: 100 f. und 154; Chaudhuri 1981: 232 f.; Pearson 1987a: 78; Reid 2000: 168 f. – Wake 1979: 377 ff. und Subrahmanyam 1993: 142 f. gehen dagegen von einer wenig steigenden Nachfrage in Europa und einer klaren Dominanz der Kaproute aus.
407 Steensgaard 1974: 101.
408 Chaudhuri 1981: 233.
409 Steensgaard 1974: 40 f. bringt diesen Tatbestand klar auf den Punkt, hat die Unterschiede zwischen portugiesischen und nordwesteuropäischen Kolonialaktivitäten im 16. und 17. Jahrhundert aber sicherlich überzogen. Die unermüdlich vorgetragene Kritik von Subrahmanyam 1990a, passim; ders. 1993, passim ist aber mindestens ebenso einseitig. Ausgewogener fallen die kritischen Anmerkungen zu Steensgaard in Duncan 1975 und Barendse 2000: 192 aus.
410 Vgl. dazu Disney 1978; Souza 1986; Pearson 1987a: 131 ff. und 144 ff.; Boyajian 1993: 106-127 und 146-165; Magalhães-Godinho 1993: 47; Subrahmanyam 1993: 144 ff. und 181 ff.; Bethencourt 1998e: 364 ff.; Chaudhuri 1998c: 82-106; Magalhães 1998b: 15 ff.; Russell-Wood 1998a, passim; Barendse 2000: 192 f.
411 Musgrave 1999: 112 ff. und 138 ff. hat zuletzt die These eines kontinuierlichen Niedergangs des gesamten Mittelmeerraumes für die frühe Neuzeit allerdings in Frage gestellt; bis zur Industriellen Revolution sollen Wohlstand und Prosperität Südeuropas nicht hinter den Norden zurückgefallen sein: Eine Position, die zumindest in der Geschichte Venedigs einige Argumente findet.

ANMERKUNGEN

412 Zur neuen Qualität globalhistorischer Entwicklungen und Strukturen seit dem ausgehenden 15. Jahrhundert siehe Edelmayer/Feldbauer/Wakounig 2002.

413 Eine erste knappe Information dazu liefern mehrere Kapitel im Sammelband von Feldbauer/Liedl/Morrissey 2001. Zum Zusammenhang Estado und Weltwirtschaft vorzüglich Chaudhuri 1998e: 248–270.

414 Siehe etwa Magalhães-Godinho 1981–83/4: 213 ff.; Subrahmanyam/Thomaz 1991: 328 ff. und Pedreira 1998; wesentlich skeptischer Pearson 1987a, Kap. 2 und Boyajian 1993: XI f., 8 f.

415 Zu Venedig siehe Feldbauer/Morrissey 2002; zur niederländischen Ostindienkompanie stark revisionistisch Boyajian 1993: 106-127, 128 ff. und 146 ff. sowie Subrahmanyam 1990a: 253 ff., 2296 f.; ders. 1993, der allerdings die Kontinuitätslinien zwischen Estado und VOC etwas einseitig auf das Thema Gewalt versus moderner Rationalität bezieht, die unterschiedliche Rolle des Staates dagegen kaum berücksichtigt. Vgl. allgemein dazu Prakash 1987; Kirsch 1994: 192 ff.; ders. 1998: 46 f. sowie Bethencourt 1998e: 364 ff.

416 Dieses Resümee von Scammell 1981a: 283 wurde immer wieder bestätigt, beispielsweise durch Pearson 1987a: 13 ff., der aus Portugals Expansion größere Folgen für Europa als für Asien ableitet (S. 13), durch den um ein ausgewogenes Urteil ringenden McPherson 1993: 140 ff. und sogar – freilich nur implizit – durch Alam/Subrahmanyam 1998b in ihrer vorzüglichen Skizze des Forschungsstandes der Wirtschafts- und Gesellschaftsgeschichte des frühneuzeitlichen Mogulreiches.

417 Siehe Van Leur 1955: 117 f. contra Meilink-Roelofsz 1962: 10; dies. 1980: 13 f. In der Tradition von Van Leur argumentieren Das Gupta 1987a: 31; Pearson 1987b: 89ff. und Chaudhury/Morineau 1999: 2f., die Portugals Rolle generell als sehr gering einschätzen; siehe dazu auch Lombard 1990a: 51f., nach dessen Meinung die Portugiesen im Raum des heutigen Indonesien, abgesehen von den Gewürzinseln, praktisch überhaupt keine Spuren hinterlassen haben.

418 McPherson 1993: 140 und 141 f. Ergänzend zur Chinesischen See und zu Ostasien siehe Klein 1989.

419 Braudel 1984: 496. – Die Relativierung des portugiesischen Imperiums vor dem Hintergrund der drei aufstrebenden islamischen Schießpulverreiche formuliert unter anderem Das Gupta 1987b: 28.

420 Zitiert in Boxer 1969a: 106.

421 Die vorsichtige Position von Richards 1981: 301 wird selbstverständlich nicht allgemein geteilt, stellt aber dennoch eine Art von Minimalkonsens her.

422 Pearson 1976: 1 f.

423 Siehe Pearson 1987a: 12 ff., bes. 14 bzw. ders. 1987b: 89 ff. Als völlig marginal für Asiens wirtschaftliche und politische Entwicklung im 16. Jahrhundert bewerten auch Schmitt 1997: 10 f. und Emmer 2002: 8 den portugiesischen Vorstoß.

424 Am explizitesten diesbezüglich Perlin 1980; ders. 1983; vgl. aber auch ders. 1993; ders. 1994 und ders. 1999.

425 Perlin 1980: 280.

426 Etwa Subrahmanyam 1990a; ders. 1990b; ders. 1993; ders. 1994b; Subrahmanyam/Thomaz: 1991. Vgl. auch Alam/Subrahmanyam 1998a.

427 Barendse 2000: 202.
428 Wie viele andere argumentieren diesbezüglich Ricklefs 1993: 22; McPherson 1993: 137 f. und 167 f. oder auch Chaudhuri 1998b: 490.
429 Vgl. dazu Wallerstein 1987, wo es allerdings vorrangig um die konsequente Inkorporation Indiens in die kapitalistische Weltökonomie geht, deren entscheidende Phase tatsächlich erst nach 1750 eingesetzt haben dürfte.
430 Wallerstein 1974: 331 f.
431 Ergänzend zur älteren Literatur von Boxer 1961: 40 f.; Meilink-Roelofsz 1962: 9 ff. und Bastin/Benda 1968: 18 f. siehe auch Ptak 1985b; Reid 1993a oder Subrahmanyam 1993.
432 Sehr pointiert und auf große Teile Asiens bezogen Scammell 1981a: 283 f.; etwas zurückhaltender Steensgaard 1987: 132 ff.; Reid 1992b: 436 und Boyajian 1993: 66f f. Weniger radikal, differenzierter und empirisch materialreicher, grundsätzlich aber mit gleicher Stoßrichtung argumentieren für Südostasien Reid 1988; ders. 1993a und für Indien Subrahmanyam in zahlreichen Büchern und Aufsätzen (etwa 1990a oder 1994a). Vorsichtig, aber ausgewogen die Position von Chaudhuri 1998b: 487-511, bes. 490 ff. und 493 ff.
433 Diese Position findet sich schon vor gut zwanzig Jahren in Perlin 1980; ders. 1981; Richards 1981.
434 Vgl. dazu allgemein Richards 1997 und Feldbauer 2002, bes. 26 ff. Zum Silberwelthandel und der damit zusammenhängenden Formierung eines umfassenden Weltmarktes siehe weiters Flynn/Giráldez 1995; über den Transfer von Kulturpflanzen und Militärtechnologie informiert knapp und kompetent Reid 1992b: 436 f. und 447 ff.
435 Perlin 1983: 59 f.
436 Gute, den Forschungsstand zusammenfassende Überblicksdarstellungen, deren Hauptaugenmerk freilich der kleinen Gruppe portugiesischer Kolonisten gilt, bieten insbesondere Pearson 1987a, Kap. 4 und 5 sowie Subrahmanyam 1993, Kap. 8 und 9.
437 Russell-Wood 1998a: 49 bezeichnet die genannten Kolonialterritorien als Einflusssphären. Vgl. dazu auch McPherson 1993: 169 sowie speziell zum portugiesischen Einfluss auf Ceylon Arasaratnam 1987b: 226 f. Hinsichtlich der Zahl der Portugiesen im Estado sei nochmals verwiesen auf Subrahmanyam 1993: 217 ff.
438 Vgl. dazu Disney 1981b: 150 ff. Als Standardwerk unverzichtbar bleibt Boxer 1978: 75 ff.; einige Ergänzungen und neue Perspektiven in Pearson 1987a: 116 ff.
439 Zusammengefasst in Disney 1981b: 154 f.
40 Boxer 1969a: 56 f.; Wallerstein 1974: 337; Disney 1981b: 155.
441 Als Einstieg weiterhin brauchbar Atwell 1982: 68 ff.; Vilar 1984: 91 ff.
442 Richards 1981: 302. Vgl. dazu auch Allchin 1962: 195 ff. und Habib 1982c: 363 ff.
443 Bahnbrechend zu diesem Thema mehrere Aufsätze von Frank Perlin; siehe insbesondere Perlin 1984: 97 ff. sowie ders. 1993. Eine vorzügliche, materialreiche Ergänzung dazu Barendse 2000: 194 ff.

444 Perlin 1980: 292 f.; Qaisar 1982.
445 Der gesamte Fragenkomplex wird wohl noch lange überaus umstritten bleiben. Die vertretene Position stützt sich vor allem auf Subrahmanyam 1990a: 270 ff. und ders. 1994a+b; vgl. aber auch Richards 1981: 308; Barendse 2000: 198 f.; Rothermund 2002: 249-255.
446 Siehe dazu Atwell 1982: 80 ff.; Perlin 1983: 66; eine herbe Enttäuschung zu diesem zentralen Fragenkomplex sind die ziemlich empiriefreien, schablonenhaften Erörterungen in Frank 1998.
447 Perlin 1984: 100.
448 Perlin 1981: 287.
449 Subrahmanyam 1993: 276 f.
450 Die in den Pionierartikeln von Atwell 1982; ders. 1986 und ders. 1990 angesprochenen Fragen werden inzwischen umfassend diskutiert, beispielsweise in Flynn/Giráldez 2002, erfahren an dieser Stelle aber keine zulängliche Würdigung. Diese bleibt einem gesonderten Büchlein zum frühneuzeitlichen China in der Startphase der europäischen Expansion vorbehalten. Als Einstieg in eine weiterführende Beschäftigung sei immerhin empfohlen Chaudhuri 1985; ders. 1990a; ders. 1990b; Adshead 1988; ders. 1997; Klein 1989; Glahn 1998; Frank 1998; Pomeranz 2000. – Zur frühen Irritation von Weltordnung und Handelssystem Chinas durch die portugiesische Okkupation von Malakka vgl. Souza 1987: 318 f.
451 Atwell 1982: 89 f. – Vgl. auch Glahn 1998: 51 ff., wo ein intensiver und folgenreicher, aber grundsätzlich von China geprägter Edelmetall-Nexus zwischen Amerika, China, Europa und Japan postuliert wird, sowie die Erörterung der Macao-Manila-Route in D'Ávila Lourido 2000: 212 ff.
452 Bezüglich der These einer fast absoluten Folgenlosigkeit der portugiesischen Präsenz in Indonesien sei nochmals verwiesen auf das vorzügliche Werk von Lombard 1990a: 51 f. Zum Niedergang von Majapahit siehe unter anderem Zainu'ddin 1971: 290; Ricklefs 1993: 22 ff. sowie Shaffer 1996: 99 ff., die dem portugiesischen Ausgreifen nach Malakka und Südostasien aber keine signifikante Rolle zuweist.
453 Vgl. Reid 1993a, passim und bes. 208 ff.; Shaffer 1996: 99 ff.; Ptak 1999: 120 f.
454 Vorzüglich dazu Lombard 1990a+b, passim sowie ders. 1990c: 36 ff.
454 Knapp und zuverlässig dazu Kumar 1980: 29 f.; Kubitschek/Wessel 1981: 42 f. und 58 ff.; Das Gupta 1987a: 259 f. und 263; Watson Andaya 1992: 431 f.; Ricklefs 1993: 37 ff. und Goor 1999: 152 f.
456 Lombard 1967: 36 f.; Reid 1993a: 212.
457 Siehe dazu Kumar 1980: 12.
458 Zu der Konkurrenz zwischen Estado und Atjeh sowie zum militärischen Aufstieg des indonesischen Küstensultanats vorzüglich und einander ergänzend Manguin 1993: 205-212; Reid 1993a: 147 f., 212, 222 f., 232 f.; Subrahmanyam 1993: 133 ff. und Parker 1996: 105; zum Angriff auf Malakka siehe auch Manguin 1988, bes. 619 ff. Zur Rolle der Osmanen für militärtechnologische Verbesserungen vgl. Andaya 1992: 383 f.
459 Diese Ansicht, die bereits Boxer 1969b: 416 ff. und 426 f. mit guten Argumen-

ten vertrat, wird unter anderem durch viele Hinweise in Subrahmanyam 1990a; ders. 1990b sowie ders. 1993 weiter untermauert.
460 Siehe dazu Lombard 1967; Watson Andaya 1992: 430; Reid 1975: 47.
461 Lombard 1967: 99 f. und insbesondere Reid 1993a: 256 ff.
462 Siehe dazu Kumar 1980: 17 ff.; Watson Andaya 1992: 430; Reid 1993a: 274 ff.
463 Siehe dazu Villiers 1965: 279 f. und 293 ff.; Bastin/Benda 1968: 18 f.; Reid 1969: 400 ff.; ders. 1993a, passim; Zainu'ddin 1971: 290 sowie Subrahmanyam 1993, passim.
464 Kumar 1980: 43.
465 Tate 1977: 57 ff.; Kumar 1980: 24 ff.; Das Gupta 1987a: 263 f.; Andaya 1992: 384; Ricklefs 1993: 48 f. und Reid 1993a: 213, 230 ff.
466 Kumar 1980: 25.
467 Tapala 1975: 159 ff.
468 Siehe dazu Reid 1993a: 213 ff. und 278 ff. Eine ungewohnte Sicht des niederländischen Aufstiegs, der hier nicht weiter interessiert, bietet Kirsch 1998. Vgl. dazu auch Bethencourt 1998e; Chaudhuri 1998c und Magalhães 1998b.
469 Ptak 1999: 130 f.
470 Dieses Urteil stützt sich sowohl auf Fallbeispiele als auch auf Überblicksdarstellungen. Siehe etwa Tate 1977: 43 ff.; Abdurachnam 1978: 185 f.; ders. 1988; Ptak 1985b: 198 ff.; ders. 1987c; Villiers 1988 sowie insbesondere Reid 1988 und 1993a.
471 Grundlegend die vorzüglichen Arbeiten von Boxer 1961: 41; ders. 1969a: 79; ergänzend zur Dominikanermission auf Solor und Timor sowie zur letztlich eher erfolglosen Jesuitenmission auf der Molukkeninsel Moro siehe auch Ptak 1985b: 199 f. und Villiers 1988, bes. 606. Eine vorzügliche Analyse des vielfältig aufeinander bezogenen Islamisierungs- und Christianisierungsprozesses und seiner Konsequenzen in Südostasien vom 15. bis ins frühe 17. Jahrhundert bietet Reid 1993a: 132–201.
472 Siehe dazu Ricklefs 1993: 25 und Reid 1993a: 133 und 147.
473 Grundlegend Friedberg 1982: 161 ff. Ergänzend vgl. auch Ptak 1985b: 198 ff. Für das Verständnis der Entwicklung Timors sehr hilfreich die um angemessene Theoriekonzepte bemühte, auf Hawaii bezogene Fallstudie von La Croix/Roumasset 1984.
474 Wallerstein 1974: 336.
475 Vgl. dazu die Diskussion um die Inkorporation Südasiens ins Weltsystem zwischen Palat u. a. 1986; Wallerstein 1987; Subrahmanyam 1989. Zum Konzept eines nichtkapitalistischen Weltsystems im Großraum des Indischen Ozeans von Westasien bis Japan vgl. Palat/Wallerstein 1999 sowie die Kritik daran in Barendse 2000.
476 Vgl. dazu etwa Chaudhuri 1998e: 248-270, bes. 257.
477 Subrahmanyam 1990a; ders. 1990b; ders. 1993; ders. 1995.
478 Siehe Atwell 1982; ders. 1986; ders. 1997; ergänzend wiederum Subrahmanyam 1990 a: 368 f. sowie Barendse 2000.
479 Vgl. Frank 1998 und die Kritik seiner alten ›Weltsystem-Freunde‹ Amin 1999; Arrighi 1999; Wallerstein 1999. Wesentlich überzeugender wirkt der Vorschlag

von Barendse 1998 bzw. 2000, ganz Westasien von Indien bis Persien und dem Osmanischen Reich mit Russland, Afrika und Europa zu einem globalen Handelsnetzwerk zu verknüpfen, das noch keine dominante Zentrumsregion kannte und noch nicht auf ungleichem Tausch sowie internationaler Arbeitsteilung basierte.
480 Erneut dargelegt in Rothermund 2002: 252.
481 Die beste Zusammenfassung in Reid 1992b: 447 ff.; ders. 1993a: 212 ff. und 219 ff. Zur Frage der Militärtechnologie siehe auch Manguin 1985; ders. 1993; Lombard 1990b: 178 ff. sowie Andaya 1992: 372 ff. und 379 ff.
482 Vorzüglich dazu wiederum Reid 1993a: 267-325, bes. 270 ff. und 298 ff.
483 McPherson 1993: 167 und 138.
484 Morineau 1999: 129 ff. warnt in einer resümierenden Diskussion davor, das Entstehen eines Ungleichgewichts zwischen Asien und Europa, ungeachtet der späteren europäischen Dominanz, zu früh anzusetzen.
485 Subrahmanyam 1993: 277.
486 McPherson 1993: 139 f.; Chaudhury/Morineau 1999: 8 f. Die beiden Etikettierungen stammen aus Subrahmanyam 1990a bzw. von Kling/Pearson 1979.
487 Reid 1992b: 457 ff.

LITERATUR

Abdurachnam 1978 = Paramita R. Abdurachnam, Moluccan Responses to the First Intrusions of the West, in: Haryati Soebadio/Carine A. du Marchie Sarvaas (Hg.), Dynamics of Indonesian History, Amsterdam-New York-Oxford 1978, 161–188.

Abdurachnam 1988 = Paramita R. Abdurachnam, ›Niachile Pokaraga‹. A Sad Story of a Moluccan Queen, in: Modern Asian Studies 22/3, 1988, 571–592.

Adas 1981 = Michael Adas, From Avoidance to Confrontation. Peasant Protest in Precolonial and Colonial Southeast Asia, in: Comparative Studies in Society and History 23/2, 1981, 217–247.

Adshead 1988 = Sam. A. M. Adshead, China in World History, Basingstoke-London 1988.

Adshead 1997 = Sam. A. M. Adshead, Material Culture in Europe and China 1400–1800. The Rise of Consumerism, Basingstoke-London-New York 1997.

Alam/Subrahmanyam 1998a = Muzaffar Alam/Sanjay Subrahmanyam (Hg.), The Mughal State 1526–1750, Delhi 1998.

Alam/Subrahmanyam 1998b = Muzaffar Alam/Sanjay Subrahmanyam, Introduction, in: dies. (Hg.), The Mughal State 1526–1750, Delhi 1998, 1–71.

Albuquerque 1986 = Luis de Albuquerque (Hg.), Crónica de Descobrimento e primeiras conquistas da Índia pelos Portugueses, Lissabon 1986.

Allchin 1962 = F. R. Allchin, Upon the Antiquity and Methods of Gold Mining in Ancient India, in: Journal of the Economic and Social History of the Orient 5, 1962, 195–211.

Amin 1999 = Samír Amin, History Conceived as an Eternal Cycle, in: Review 22/3, 1999, 291–326.

Andaya 1992 = Leonard Y. Andaya, Interactions with the Outside World and Adaptation in Southeast Asian Society 1500–1800, in: Nicholas Tarling (Hg.), The Cambridge History of Southeast Asia 1: From Early Times to c.1800, Cambridge 1992, 345–401.

Arasaratnam 1987a = Sinnappah Arasaratnam, India and the Indian Ocean in the Seventeenth Century, in: Ashin Das Gupta/Michael N. Pearson (Hg.), India and the Indian Ocean 1500–1800, Calcutta 1987, 94–130.

Arasaratnam 1987b = Sinnapah Arasaratnam, Ceylon in the Indian Ocean Trade 1500–1800, in: Ashin Das Gupta/Michael N. Pearson (Hg.), India and the Indian Ocean 1500–1800, Calcutta 1987, 224–239.

Arrighi 1999 = Giovanni Arrighi, The World According to Andre Gunder Frank, in: Review 22/3, 1999, 327–354.

Ashtor 1971 = Eliyahu Ashtor, Les métaux précieux et la balance des payements du Proche – Orient à la basse époque, Monnaie. Prix. onjoncture 10, Paris 1971.

Attman 1981 = Artur Attman, The Bullion Flow Between Europe and the East 1000–1750, in: Acta Regiae Societatis Scientiarum et Litterarum Gothoburgensis. Humaniora 20, Göteborg 1981.

Atwell 1982 = William S. Atwell, International Bullion Flows and the Chinese Economy. Circa 1530–1650, in: Past and Present 95, 1982, 68–90.

Atwell 1986 = William S. Atwell, Some Observations on the ›Seventeenth-Century Crisis‹ in China and Japan, in: The Journal of Asian Studies 45/2, 1986, 223–244.
Atwell 1990 = William S. Atwell, A Seventeenth-Century ›General Crisis‹ in East Asia, in: Modern Asian Studies 24/4, 1990, 661–682.
Atwell 1997 = William S. Atwell, A Seventeenth-Century ›General Crisis‹ in East Asia, in: Geoffrey Parker/Lesley M. Smith (Hg.), The General Crisis of the Seventeenth Century, London-New York ²1997, 235–254.
Aubin 1987 = Jean Aubin, L'apprentissage de l'Inde. Cochin 1503–1504, in: Moyen Orient et Océan Indien 4, 1987, 1–96.
Banerjee 1982 = Anil Chandra Banerjee, The State and Society in Northern India 1206–1526, Calcutta-New Delhi 1982.
Barbosa 1918–1921 = Duarte Barbosa, The Book of Duarte Barbosa, übersetzt von Mansel L. Dames, 2 Bde., London 1918–1921.
Barendse 1998 = René J. Barendse, The Arabian Sea 1640–1700, Leiden 1998.
Barendse 2000 = René J. Barendse, Trade and State in the Arabian Seas. A Survey from the Fifteenth to the Eighteenth Century, in: Journal of World History 11/2, 2000, 173–225.
Barendse 2002 = René J. Barendse, The Arabian Seas. The Indian Ocean World of the Seventeenth Century, Armonk/N. Y.-London 2002.
Bastin/Benda 1968 = John Bastin/Harry J. Benda, A History of Modern Southeast Asia. Colonialism, Nationalism and Decolonization, Englewood Cliffs/N. J. 1968.
Berthe 1970 = Louis Berthe, Parenté, pouvoir et mode de production. Pour une typologie des sociétés agricoles de l'Indonesie, in: Jean Pouillon/Pierre Maranda (Hg.), Echanges et communications. Mélanges offerts à Claude Lévi-Strauss à l'occasion de son 60ème anniversaire, Paris 1970, 703–738.
Bethencourt 1998a = Francisco Bethencourt, A admínistração do Coroa, in: Francisco Bethencourt/Kirti Chaudhuri (Hg.), História de Expansão Portuguesa 1: A Formação do Império 1415–1570, Navarra 1998, 387–407.
Bethencourt 1998b = Francisco Bethencourt, A Igreja, in: Francisco Bethencourt/Kirti Chaudhuri (Hg.), História de Expansão Portuguesa 1: A Formação do Império 1415–1570, Navarra 1998, 369–386.
Bethencourt 1998c = Francisco Bethencourt, As câmaras e as misericórdias, in: Francisco Bethencourt/Kirti Chaudhuri (Hg.) História de Expansão Portuguesa 1: A Formação do Império 1415–1570, Navarra 1998, 353–368 und 2: Da Índico ao Atlântico 1570–1697, Navarra 1998, 343–360.
Bethencourt 1998d = Francisco Bethencourt, O Estado da Índia, in: Fancisco Bethencourt/Kirti Chaudhuri (Hg.), História de Expansão Portuguesa 2: Da Índico ao Atlântico 1570–1697, Navarra 1998, 284–314.
Bethencourt 1998e = Francisco Bethencourt, Competição entre impérios europeus, in: Francisco Bethencourt/Kirti Chaudhuri (Hg.), História de Expansão Portuguesa 2: Da Índico ao Atlântico 1570–1697, Navarra 1997, 361–382.
Bethencourt/Chaudhuri 1998a = Francisco Bethencourt/Kirti Chaudhuri (Hg.), História de Expansão Portuguesa 1: A Fromação do Imperio 1415–1570, Navarra 1998.

Bethencourt/Chaudhuri 1998b = Francisco Bethencourt/Kirti Chaudhuri (Hg.), História de Expansão Portuguesa 2: Da Indico ao Atlântico 1570–1697, Navarra 1998.
Black 1998 = Jeremy Black, War and the World. Military Power and the Fate of Continents 1450–2000, New Haven-London 1997.
Black 1999 = Jeremy Black (Hg.), War in the Early Modern World, London 1999.
Boschi 1998 = Caio Boschi, As missões na África e no Oriente, in: Francisco Bethencourt/Kirti Chaudhuri (Hg.), História de Expansão Portuguesa 2: Da Índico ao Atlântico 1570–1697, Navarra 1998, 403–418.
Bouchon 1971 = Geneviève Bouchon, Les rois de Kotte au début du XVIe siècle, in: Mare Luso-Indicum 1, 1971, 65–96.
Bouchon 1977 = Geneviève Bouchon, Navires et cargaisons retour de l'Inde en 1518, Paris 1977.
Bouchon 1985 = Geneviève Bouchon, Glimpses of the Beginnings of the *Carreira Da India* (1500–1518), in: Teotonio R. de Souza (Hg.), Indo-Portuguese History. Old Issues – New Questions, New Delhi 1985, 40–55.
Bouchon 1987a = Geneviève Bouchon, L'Asie du Sud à l'époque des Grandes Découvertes, Collected Studies Series 260, London 1987.
Bouchon 1987b = Geneviève Bouchon, Sixteenth Century Malabar and the Indian Ocean, in: Ashin Das Gupta/Michael N. Pearson (Hg.), India and the Indian Ocean 1500–1800, Calcutta 1987, 162–184.
Bouchon 1988a = Geneviève Bouchon, ›Regents of the Sea‹. Cannanore's Response to Portuguese Expansion 1507–1528, French Studies in South Asian Culture and Society 2, Delhi-Oxford-New York 1988.
Bouchon 1988b = Geneviève Bouchon, Un microcosme. Calicut au 16e siècle, in: Denys Lombard/Jean Aubin (Hg.), Marchands et hommes d'affaires asiatiques dans l'Océan Indien et la Mer de Chine. 13e–20e siècles, Ports. Routes. Trafics 29, Paris 1988, 49–57.
Bouchon 1992 = Geneviève Bouchon, Albuquerque. Le lion des mers d'Asie, Paris 1992.
Bouchon 1994 = Geneviève Bouchon, Le sud-ouest de l'Inde dans l'imaginaire européen au début du XVIe siècle. Du mythe à la réalité, in: Denys Lombard/Roderich Ptak (Hg.), Asia Maritima. Images et réalité – Bilder und Wirklichkeit 1200–1800, South China and Maritime Asia 1, Wiesbaden 1994, 3–11.
Bouchon 1997 = Geneviève Bouchon, Vasco da Gama, Paris 1997.
Bouchon 1999 = Geneviève Bouchon, Trade in the Indian Ocean at the Dawn of the Sixteenth Century, in: Sushil Chaudhury/Michel Morineau (Hg.), Merchants, Companies and Trade. Europe and Asia in the Early Modern Era, Cambridge-New York-Melbourne 1999, 42–51.
Bouchon/Lombard 1987 = Geneviève Bouchon/Denys Lombard, The Indian Ocean in the Fifteenth Century, in: Ashin Das Gupta/Michael N. Pearson (Hg.), India and the Indian Ocean 1500–1800, Calcutta 1987, 46–70.
Boxer 1953 = Charles R. Boxer, The Portuguese in the East, in: Harold Victor Livermore (Hg.), Portugal and Brazil – an Introduction, London-New York 1953, 185–247.

Boxer 1959 = Charles R. Boxer, The Great Ship from Amacon. Annals of Macao and the Old Japan Trade 1555–1640, Lissabon 1959.
Boxer 1961 = Charles R. Boxer, Four Centuries of Portuguese Expansion 1415–1825. A Succint Survey, Johannesburg 1961.
Boxer 1969a = Charles R. Boxer, The Portuguese Seaborne Empire 1415–1825, London 1969.
Boxer 1969b = Charles R. Boxer, A Note on Portuguese Reactions to the Revival of the Red Sea Spice Trade and the Rise of Atjeh 1540–1600, in: Journal of Southeast Asian History 10/3, 1969, 415–428.
Boxer 1975 = Charles R. Boxer, Mary and Misogyny. Women in Iberian Expansion Overseas 1415–1815. Some Facts, Fancies and Personalities, London 1975.
Boxer 1978 = Charles R. Boxer, The Church Militant and Iberian Expansion 1440–1770, Baltimore-London 1978.
Boxer 1980 = Charles R. Boxer, Portuguese India in the Mid-Seventeenth Century, Delhi 1980.
Boxer 1984 = Charles R. Boxer, From Lisbon to Goa 1500–1750. Studies in Portuguese Maritime Enterprise, London 1984.
Boxer 1985 = Charles R. Boxer, Portuguese Conquest and Commerce in Southern Asia 1500–1750, London 1985.
Boyajian 1983 = James C. Boyajian, Portuguese Bankers at the Court of Spain 1620–1650, New Brunswick 1983.
Boyajian 1993 = James C. Boyajian, Portuguese Trade in Asia under the Habsburgs 1580–1640, Baltimore 1993.
Braudel 1976 = Fernand Braudel, The Mediterranean and the Mediterranean World in the Age of Philipp II., 2 Bde., London ²1976.
Braudel 1982 = Fernand Braudel, Civilization and Capitalism 15th-18th Century 2: The Wheels of Commerce, London 1982.
Braudel 1984 = Fernand Braudel, Civilization and Capitalism 15th-18th Century 3: The Perspective of the World, London 1984.
Breman 1982 = Jan Breman, The Village on Java and the Early-Colonial State, in: The Journal of Peasant Studies 9/4, 1982, 189–240.
Brühne 1992 = Wolfgang Brühne, Kreuzzug und Asienhandel. Genua, Portugal und die europäische Expansion 1290–1520, in: Periplus. Jahrbuch für außereuropäische Geschichte 2, 1992, 142–151.
Brummet 1994 = Palmira Brummet, Ottoman Seapower and Levantine Diplomacy in the Age of Discovery, Albany/N. Y. 1994.
Bulbeck et al 1998 = D. Bulbeck/Anthony Reid/Tan Lay Chang/Wu Yiqi, Southeast Asian Exports since the Fourteenth Century: Cloves-Pepper-Coffee-Sugar, Singapur 1998.
Caldwell/Utrecht 1979 = Malcolm Caldwell/Ernst Utrecht, Indonesia. An Alternative History, Sydney 1979.
Cartier 1981 = Michel Cartier, Les importations de métaux monétaires en Chine. Essai sur la conjoncture chinoise, in: Annales E.S.C. 36/3, 1981, 454–466.
Catz 1994 = Rebecca Catz, The Portuguese in the Far East, in: Cecil H. Clough/P. E. H. Hair (Hg.), The European Outthrust and Encounter. The First Phase

c.1400–c.1700. Essays in Tribute to David Beers Quinn, Liverpool 1994, 97–117.
Chandra 1987 = Satish Chandra (Hg.), The Indian Ocean. Explorations in History, Commerce and Politics, New Delhi-Newbury Park-London 1987.
Chaudhuri 1981 = Kirti N. Chaudhuri, The World-System East of Longitude 20°: The European Role in Asia 1500–1750, in: Review 5/2, 1981, 219–245.
Chaudhuri 1985 = Kirti N. Chaudhuri, Trade and Civilisation in the Indian Ocean. An Economic History from the Rise of Islam to 1750, Cambridge 1985.
Chaudhuri 1990a = Kirti N. Chaudhuri, Asia before Europe. Economy and Civilisation of the Indian Ocean from the Rise of Islam to 1750, Cambridge 1990.
Chaudhuri 1990b = Kirti N. Chaudhuri, The Historical Roots of Capitalism in the Indian Ocean. A Comparative Study of South Asia, the Middle East, and China during the Pre-Modern Period, in: Sugata Bose (Hg.), South Asia and World Capitalism, Delhi 1990, 87–111.
Chaudhuri 1998a = Kirti N. Chaudhuri, O estabelecimento no Oriente, in: Francisco Bethencourt/Kirti Chaudhuri (Hg.), História de Expansão Portuguesa 1: A Formação do Império 1415–1570, Navarra 1998, 163–171.
Chaudhuri 1998b = Kirti N. Chaudhuri, O impacte da expansão portuguesa no Oriente, in: Francisco Bethencourt/Kirti Chaudhuri (Hg.), História de Expansão Portuguesa 1: A Formação do Império 1415–1570, Navarra 1998, 487–511.
Chaudhuri 1998c = Kirti Chaudhuri, A concorrência holandesa e inglesa, in: Francisco Bethencourt/Kirti Chaudhuri (Hg.), História de Expansão Portuguesa 2: Da Índico ao Atlântico 1570–1697, Navarra 1998, 82–106.
Chaudhuri 1998d = Kirti N. Chaudhuri, O comércio asiático, in: Francisco Bethencourt/Kirti Chaudhuri (Hg.), História de Expansão Portuguesa 2: Da Índico ao Atlântico 1570–1697, Navarra 1998, 194–212.
Chaudhuri 1998e = Kirti Chaudhuri, O império na economia mundial, in: Francisco Bethencourt/Kirti Chaudhuri (Hg.), História de Expansão Portuguesa 2: Da Índico ao Atlântico 1570–1697, Navarra 1998, 248–270.
Chaudhury/Morineau 1999 = Sushil Chaudhury/Michel Morineau (Hg.), Merchants, Companies and Trade. Europe and Asia in the Early Modern Era, Cambridge-New York-Melbourne 1999.
Chaunu 1977 = Pierre Chaunu, Conquête et exploitation des nouveaux mondes (XVIe siècle), Nouvelle Clio 26 bis, Paris ²1977.
Chittick 1974 = Neville Chittick, Kilwa. An Islamic Trading City on the East African Coast, 2 Bde., Nairobi 1974.
Cipolla 1965 = Carlo M. Cipolla, Guns and Sails in the Early Phase of European Expansion 1400–1700, London 1965.
Coornaert 1967 = Emil L. J. Coornaert, European Economic Institutions and the New World: The Chartered Companies, in: Edwin E. Rich/Charles H. Wilson (Hg.), The Cambridge Economic History of Europe 4: The Economy of Expanding Europe in the Sixteenth and Seventeenth Centuries, Cambridge 1967, 220–274.
Cortesão 1960 + 1962 = Jaime Cortesão, Os descobrimentos portuguêses, 2 Bde., Lissabon 1960–1962.

Cremer 1987 = Rolf Dieter Cremer, From Portugal to Japan. Macau's Place in the History of the World Trade, in: Ders. (Hg.), Macau. City of Commerce and Culture, Hong Kong 1987, 23–37.
Curtin 1984 = Philip D. Curtin, Cross-cultural Trade in Word History, Cambridge 1984.
Dale 1980 = Stephen Frederic Dale, Islamic Society on the South Asian Frontier. The Mappilas of Malabar 1498–1922, Oxford 1980.
Das Gupta 1987a = Ashin Das Gupta, The Maritime Trade of Indonesia 1500–1800, in: Ashin Das Gupta/Michael N. Pearson (Hg.), India and the Indian Ocean 1500–1800, Calcutta 1987, 240–275.
Das Gupta 1987b = Ashin Das Gupta, Introduction 2. The Story, in: Ashin Das Gupta/Michael N. Pearson (Hg.), India and the Indian Ocean 1500–1800, Calcutta 1987, 25–45.
Das Gupta/Pearson 1987 = Ashin Das Gupta/Michael N. Pearson (Hg.), India and the Indian Ocean 1500–1800, Calcutta 1987.
Daus 1983 = Ronald Daus, Die Erfindung des Kolonialismus, Wuppertal 1983.
D'Ávila Lourido 2000 = Rui D'Ávila Lourido, The Impact of the Macao – Manila Silk Trade from the Beginning to 1640, in: Vadime Elisseeff (Hg.), The Silk Roads. Highways of Culture and Commerce, New York-Oxford-Paris 2000, 209–246.
Day 1978 = John Day, The Great Bullion Famine of the Fifteenth Century, in: Past and Present 79, 1978, 3–54.
De Matos 1982 = Artur Teodore De Matos, O Estado da Índia nos Anos de 1581–1588. Estrutura Administrativa e Económica. Alguns elementos para o seu estudo, Ponta Delgado 1982.
De Matos 1985 = Artur Teodore De Matos, The Financial Situation of the State of India During the Philippine Period 1581–1635, in: Teotonio R. de Souza (Hg.), Indo-Portuguese History. Old Issues – New Questions, New Delhy 1985, 90–101.
De Silva 1989 = Chandra Richard De Silva, The Portuguese Impact on the Production and Trade in Sri Lanka Cinnamon in Asia in the Sixteenth and Seventeenth Centuries, in: Indica 26/1–2, 1989.
Diffie/Winius 1977 = Bailey W. Diffie/George D. Winius, Foundations of the Portuguese Empire 1415–1580, Europe and the World in the Age of Expansion 1, Minneapolis 1977.
Digby 1971 = Simon Digby, War-Horse and Elephant in the Delhi Sultanate. A Study of Military Supplies, Oxford 1971.
Digby 1982a = Simon Digby, Northern India under the Sultanate. The Currency System, in: Tapan Raychaudhuri/Irfan Habib (Hg.), The Cambridge Economic History of India 1: c.1200–c.1750, Cambridge 1982, 93–101.
Digby 1982b = Simon Digby, The Maritime Trade of India, in: Tapan Raychaudhuri/Irfan Habib (Hg.), The Cambridge Economic History of India 1: c.1200–c.1750, Cambridge 1982, 125–159.
Disney 1978 = Anthony R. Disney, Twilight of the Pepper Empire. Portuguese Trade in Southwest India in the Early Seventeenth Century, Cambridge/Mass.-London 1978.

Disney 1981a = Anthony Disney, A Decadência do Império da Pimenta. Comércio português na Índia no inicio do século XVII, Lissabon 1981.
Disney 1981b = Anthony Disney, The Portuguese Empire in India c.1550–1650. Some Suggestions for a Less Seaborne, More Landbounded Approach to Its Socio-Economic History, in: John Correia-Afonso (Hg.), Indo-Portuguese History. Sources and Problems, Bombay 1981, 148-162.
Duby/Mantran 1982 = Georges Duby/Robert Mantran (Hg.), L'Eurasie. XIe-XIIIe Siècles, Peuples et Civilisations 6, Paris 1982.
Duncan 1975 = T. Bentley Duncan, Niels Steensgaard and the Europe-Asia Trade of the Early Seventeenth Century, in: The Journal of Modern History 47/3, 1975, 512-518.
Duncan 1986 = T. Bentley Duncan, Navigation Between Portugal and Asia in the Sixteenth and Seventeenth Century, in: E. J. Van Kley/C. K. Pullapilly (Hg.), Asia and the West. Encounters and Exchanges from the Age of Explorations, Notre Dame 1986, 3-25.
Dunn 1984 = Malcolm Dunn, Kampf um Malakka. Eine wirtschaftsgeschichtliche Studie über den portugiesischen und niederländischen Kolonialismus in Südostasien, Beiträge zur Südasienforschung 91, Wiesbaden 1984.
Dunn 1987 = Malcolm Dunn, Pfeffer, Profit und *Property Rights*. Zur Entwicklungslogik des *Estado da India* im südostasiatischen Raum, in: Roderich Ptak (Hg.), Portuguese Asia. Aspects in History and Economic History. Sixteenth and Seventeenth Centuries, Beiträge zur Südasienforschung 117, Stuttgart 1987, 1-36.
Edelmayer/Feldbauer/Wakounig 2002 = Friedrich Edelmayer/Peter Feldbauer/Marija Wakounig (Hg.), Globalgeschichte 1450–1620. Anfänge und Perspektiven, Edition Weltregionen 4, Wien 2002.
Ekholm/Friedman 1980 = Kasja Ekholm/Jonathan Friedman, Towards a Global Anthropology, in: Léonard Blussé/Hendrik L. Wesseling/George D. Winius (Hg.), History and Underdevelopment – Histoire et Sous-Développement, Leiden 1980, 61-76.
Embree/Wilhelm 1967 = Ainslie T. Embree/Friedrich Wilhelm, Indien. Geschichte des Subkontinents von der Induskultur bis zum Beginn der englischen Herrschaft, Fischer Weltgeschichte 17, Frankfurt am Main 1967.
Emmer 2002 = Pieter C. Emmer, Die europäische Expansion und ihre Folgen im atlantischen Raum 1500–1800, in: Jahrbuch für Europäische Überseegeschichte 2, Wiesbaden 2002, 7-17.
Feldbauer 2002 = Peter Feldbauer, Globalgeschichte 1450–1620. Von der Expansions- zur Interaktionsgeschichte, in: Friedrich Edelmayer/Peter Feldbauer/Marija Wakounig (Hg.), Globalgeschichte 1450–1620. Anfänge und Perspektiven, Edition Weltregionen 4, Wien 2002, 23-32.
Feldbauer/Liedl/Morrissey 2001 = Peter Feldbauer/Gottfried Liedl/John Morrissey (Hg.), Vom Mittelmeer zum Atlantik. Die mittelalterlichen Anfänge der europäischen Expansion, Querschnitte 6, Wien-München 2001.
Feldbauer/Morrissey 2002 = Peter Feldbauer/John Morrissey, Venedig 800–1600. Wasservögel als Weltmacht, Expansion. Interaktion. Akkulturation 1, Wien 2002.

Fieldhouse 1965 = David K. Fieldhouse, Die Kolonialreiche seit dem 18. Jahrhundert, Fischer Weltgeschichte 29, Frankfurt am Main 1965.

Flores 1990 = Jorge Manuel Flores, The Straits of Ceylon and the Maritime Trade in Early Sixteenth Century India. Commodities, Merchants and Trading Networks, in: Moyen Orient et Océan Indien 7, 1990, 27-58.

Flores 1994 = Jorge Manuel Flores, Portuguese Entrepreneurs in the Sea of Ceylon. Mid Sixteenth Century, in: Karl Anton Sprengard/Roderich Ptak (Hg.), Maritime Asia. Profit Maximisation, Ethics and Trade Structure c.1300–1800, South China and Maritime Asia 2, Wiesbaden 1994, 125-150.

Flores 1998 = Jorge Manuel Flores, Os Portugueses e o Mar de Ceilão. Trato, diplomacia e guerra 1498–1543, Cosmos História 23, Lissabon 1998.

Flynn 1991 = Dennis O. Flynn, Comparing the Tokugawa Shogunate with Hapsburg Spain. Two Silver-Based Empires in a Global Setting, in: James D. Tracy (Hg.), The Political Economy of Merchant Empires. State Power and World Trade 1350–1750, Cambridge 1991, 332-359.

Flynn/Giráldez 1994 = Dennis O. Flynn/Arturo Giráldez, China and the Manila Galleons, in: A. J. H. Latham/H. Kawakatsu (Hg.), Japanese Industrialisation and the Asian Economy, London-New York 1994, 71-90.

Flynn/Giráldez 1995 = Dennis O. Flynn/Arturo Giráldez, Born with a ›Silver Spoon‹. The Origin of World Trade in 1571, in: Journal of World History 6/2, 1995, 201-221.

Flynn/Giráldez 2002 = Dennis O. Flynn/Arturo Giráldez, Silver and Ottoman Monetary History in Global Perspective, in: The Journal of European Economic History 31/1, 2002, 9-43.

Foran 1989 = John Foran, The Making of an External Arena. Iran's Place in the World-System 1500–1722, in: Review 12/1, 1989, 71-119.

Frank 1978 = Andre Gunder Frank, World Accumulation 1492–1789. New York-London 1978.

Frank 1998 = Andre Gunder Frank, ReORIENT. Global Economy in the Asian Age, Berkeley-Los Angeles 1998.

Friedberg 1974 = Claudine Friedberg, Agricultures timoraises, in: Etudes rurales 53-56, 1974, 375-405.

Friedberg 1982 = Claudine Friedberg, The Development of Traditional Agricultural Practises in Western Timor. From the Ritual Control of Consumes Goods Production to the Political Control of Prestige Goods, in: Jonathan Friedman/Michael J. Rowlands (Hg.), The Evolution of Social Systems, London ²1982, 137-171.

Gascon 1960 = Richard Gascon, Un siècle du commerce des épices à Lyon: Fin XVe-fin XVIe siècles, in: Annales E. S. C. 15/4, 1960, 638-666.

Gascon 1971 = Richard Gascon, Grand commerce et vie urbaine au XVIe siècle. Lyon et ses marchands, Civilisations et sociétés 22, Paris-Den Haag 1971.

Glahn 1998 = Richard von Glahn, Money – Use in China and Changing Patterns of Global Trade in Monetary Metals 1500–1800, in: Dennis O. Flynn/Michel Morineau/Richard von Glahn (Hg.), Monetary History in Global Perspective, Proceedings of the Twelfth International Economic History Congress B 6, Ciencias Económicas y Empresariales 40, Sevilla 1998, 51-59.

Glamann 1979 = Kristof Glamann, Der europäische Handel 1500–1750, in: Carlo M. Cipolla/Knut Borchardt (Hg.), Europäische Wirtschaftsgeschichte 2: Sechzehntes und siebzehntes Jahrhundert, Stuttgart-New York 1979, 271-333.
Glete 1999 = Jan Glete, Warfare at Sea 1450–1815, in: Jeremy Black (Hg.), War in the Early Modern World, London 1999, 25-52.
Goor 1999 = Jurrien van Goor, Unter Europas Herrschaft, in: Bernhard Dahm/Roderich Ptak (Hg.), Südostasien-Handbuch. Geschichte, Gesellschaft, Politik, Wirtschaft, Kultur, München 1999, 141-167.
Guangqi 2000 = Sun Guangqi, The Development of China's Navigation Technology and of the Maritime Silk Route, in: Vadime Elisseeff (Hg.), The Silk Roads. Highways of Culture and Commerce, New York-Oxford-Paris 2000, 288-303.
Guilmartin 1974 = John Francis Guilmartin, Gunpowder and Galleys. Changing Technology and Mediterranean Warfare at Sea in the Sixteenth Century, London-New York 1974.
Guilmartin 2002 = John F. Guilmartin, Galleons and Galleys, London 2002.
Habib 1982a = Irfan Habib, Northern India under the Sultanate. Agrarian Economy, in: Tapan Raychaudhuri/Irfan Habib (Hg.), The Cambridge Economic History of India 1: c.1200–c.1750, Cambridge 1982, 48-76.
Habib 1982b = Irfan Habib, Northern India under the Sultanate. Now-Agricultural Production and Urban Economy, in: Tapan Raychaudhuri/Irfan Habib (Hg.), The Cambridge Economic History of India 1: c.1200–c.1750, Cambridge 1982, 76-93.
Habib 1982c = Irfan Habib, Monetary Systems and Prices, in: Tapan Raychaudhuri/Irfan Habib (Hg.), The Cambridge Economic History of India 1: c.1200–c.1750, Cambridge 1982, 360-381.
Hall 1992 = Kenneth R. Hall, Economic History of Early Southeast Asia, in: Nicholas Tarling (Hg.), The Cambridge History of Southeast Asia 1: From Early Times to c.1800, Cambridge 1992, 183-275.
Harrison 1968 = J. B. Harrison, Colonial Development and International Rivalries Outside Europe 2: Asia and Africa, in: R. B. Wernham (Hg.), The New Cambridge Modern History 3: The Counter-Reformation and Price Revolution 1559-1610, Cambridge 1968.
Hess 1970 = Andrew C. Hess, The Evolution of the Ottoman Seaborne Empire in the Age of the Oceanic Discoveries 1453–1525, in: American Historical Review 85/7, 1970, 1892–1919.
Hess 1974 = Andrew C. Hess, Piri Reis and the Ottoman Response to the Voyages of Discovery, in: Terrae Incognitae 6, 1974, 19-37.
Hess 1978 = Andrew C. Hess, The Forgotten Frontier. A History of the Sixteenth-Century Ibero-African Frontier, Chicago-London 1978.
Hildebrandt 1970 = Reinhard Hildebrandt, Wirtschaftsentwicklung und Konzentration im 16. Jahrhundert. Konrad Rot und die Finanzierungsprobleme seines interkontinentalen Handels, in: Scripta Mercaturae 4/1, 1970, 25-50.
Hourani 1951 = George Fadlu Hourani, Arab Seafaring in the Indian Ocean in Ancient and Early Medieval Times, Princeton/N. J. 1951.
Kahl 1983 = Hubert Kahl, Grundeigentümer, Bauern und Landarbeiter in Südeuro-

pa. Vergleichende Studie zur Entwicklung landwirtschaftlicher Produktionsverhältnisse in Spanien, Portugal und Italien vom Mittelalter bis in die Gegenwart, Soziologie und Anthropologie 2, Frankfurt am Main-Bern 1983.

Kellenbenz 1956 = Hermann Kellenbenz, Autour de 1600: Le commerce du poivre des Fugger et le marché international du poivre, in: Annales E. S. C. 11/1, 1956, 1-28.

Kellenbenz 1970 = Hermann Kellenbenz, Wirtschaftsgeschichtliche Aspekte der überseeischen Expansion Portugals, in: Scripta Mercaturae 4/2, 1970, 1-39.

Khachikian 1967 = Levon Khachikian, Le registre d'un marchand arménien en Perse, en Inde et au Tibet 1682–1693, in: Annales E. S. C. 22/2, 1967, 231-278.

Kieniewicz 1986 = Jan Kieniewicz, Pepper Gardens and Market in Precolonial Malabar, in: Moyen Orient et Océan Indien 3, 1986, 1-36.

Kirsch 1994 = Peter Kirsch, VOC-Trade without Ethics?, in: Karl Anton Sprengard/ Roderich Ptak (Hg.), Maritime Asia. Profit Maximisation, Ethics and Trade Structure c.1300–1800, South China and Maritime Asia 2, Wiesbaden 1994, 189-202.

Kirsch 1998 = Peter Kirsch, Niederländische Augenzeugenberichte aus Portugiesisch-Indien, in: Periplus. Jahrbuch für außereuropäische Geschichte 8, 1998, 46-75.

Klein 1989 = Peter W. Klein, The China Seas and the World Economy between the Sixteenth and Nineteenth Centuries. The Changing Structures of Trade, in: Carl-Ludwig Holtfrerich (Hg.), Interactions in the World Economy. Perspectives from International Economic History, New York-London 1989, 61-89.

Kling/Pearson 1979 = Blair B. Kling/Michael N. Pearson (Hg.), The Age of Partnership. Europeans in Asia Before Dominion, Honolulu 1979.

Kobata 1965 = Atsushi Kobata, The Production and Uses of Gold and Silver in Sixteenth and Seventeenth Century Japan, in: Economic History Review 18/2, 1965, 245-266.

Kobata 1981 = Atsushi Kobata, Production and Trade in Gold, Silver and Copper in Japan 1450–1750, in: Hermann Kellenbenz (Hg.), Precious Metals in the Age of Expansion. Papers of the XIVth International Congress of the Historical Sciences, Beiträge zur Wirtschaftsgeschichte 2, Stuttgart 1981.

Kondo 1987 = Osamu Kondo, Japan and the Indian Ocean at the Time of the Mughal Empire, with Special Reference to Gujarat, in: Satish Chandra (Hg.), The Indian Ocean. Explorations in History, Commerce and Politics, New Delhi-Newbury Park-London 1987, 174-190.

Kriegel/Subrahmanyam 2000 = Maurice Kriegel/Sanjay Subrahmanyam, The Unity of Opposites. Abraham Zacut, Vasco da Gama and the Chronicler Gaspar Correia, in: Anthony Disney/Emily Booth (Hg.), Vasco da Gama and the Linking of Europe and Asia, New Delhi-Oxford-New York 2000, 48-71.

Kubitschek/Wessel 1981 = Hans Dieter Kubitschek/Ingrid Wessel, Geschichte Indonesiens. Vom Altertum bis zur Gegenwart, Berlin/DDR 1981.

Kulke/Rothermund 1998 = Hermann Kulke/Dietmar Rothermund, Geschichte Indiens. Von der Induskultur bis heute, München ²1998.

Kumar 1980 = Ann Kumar, Developments in Four Societies over the Sixteenth to Eighteenth Centuries, in: Harry Aveling (Hg.), The Development of Indonesian Society. From the Coming of Islam to the Present Day, New York 1980, 1-44.

Lach 1965 = Donald F. Lach, Asia in the Making of Europe 1: The Century of Discovery, 2 Bde., Chicago 1965.
La Croix/Roumasset 1984 = Sumner J. La Croix/James Roumasset, An Economic Theory of Political Change in Premissionary Hawaii, in: Explorations in Economic History 21/2, 1984, 151-168.
Lane 1966 = Frederic Lane, Venice and History: The Collected Papers, Baltimore 1966.
Lane 1968 = Frederic C. Lane, The Mediterranean Spice Trade: Further Evidence of its Revival in the Sixteenth Century, in: Brian Pullan (Hg.), Crisis and Change in the Venetian Economy in the Sixteenth and Seventeenth Centuries, London 1968, 47-58.
Lane 1979 = Frederic C. Lane, Profits from Power, Albany 1979.
Lane 1980 = Frederic C. Lane, Seerepublik Venedig, München 1980.
Lang 1979 = James Lang, Portuguese Brazil. The King's Plantation, New York-London 1979.
Lelievre 1998 = Dominique Lelièvre, Mer et Révolution. Le Portugal pionnier fin XIVe – début XVe siècle, Saint-Cyr 1998.
Levathes 1994 = Louise Levathes, When China Ruled the Seas. The Treasure Fleet of the Dragon Throne 1405–1433, New York 1994.
Lewis 1973 = Archibald R. Lewis, Maritime Skills in the Indian Ocean 1368-1500, in: Journal of the Economic and Social History of the Orient 16/2-3, 1973, 238-264.
Lewis 1976 = Archibald R. Lewis, Les marchands dans l'océan Indien, in: Revue d'histoire économique et sociale 54/4, 1976, 441-475.
Lombard 1967 = Denys Lombard, Le Sultanat d'Atjeh au temps d'Iskandar Muda 1607–1636, Paris 1967.
Lombard 1990a = Denys Lombard, Le Carrefour javanais. Essai d'histoire globale 1: Les limites de l'occidentalisation, Civilisations et Sociétés 79, Paris 1990.
Lombard 1990b = Denys Lombard, Le Carrefour javanais. Essai d'histoire globale 2: Les réseaux asiatiques, Civilisations et Sociétés 79, Paris 1990.
Lombard 1990c = Denys Lombard, Le Carrefour javanais. Essai d'histoire globale 3: L'héritage des royaumes concentriques, Civilisations et Sociétés 79, Paris 1990.
Lombard/Aubin 2000 = Denys Lombard/Jean Aubin (Hg.), Asian Merchants and Businessman in the Indian Ocean and the China Sea, Oxford-New York 2000.
Lorge 1999 = Peter Lorge, War and Warfare in China 1450–1815, in: Jeremy Black (Hg.), War in the Early Modern World, London 1999, 87-103.
McPherson 1993 = Kenneth McPherson, The Indian Ocean. A History of People and the Sea, Delhi-Oxford-New York 1993.
Madeíra Santos 1999 = Catarina Madeíra Santos, Goa é a chave de toda a Índia. Perfil político da capital do Estado da Índia 1505–1570, Lissabon 1999.
Magalhães 1998a = Joaquim Romero Magalhães, Articulações interregionais e economias-mundo, in: Francisco Bethencourt/Kirti Chaudhuri (Hg.), História de Expansão Portuguesa 1: A Formação do Império 1414–1570, Navarra 1998, 308-334.
Magalhães 1998b = Joaquim Romero Magalhães, Os limites da expansão asiática, in:

Francisco Bethencourt/Kirti Chaudhuri (Hg.), História de Expansão Portuguesa 2: Do Índico ao Atlântico 1570–1697, Navarra 1998, 8-27.

Magalhães-Godinho 1969 = Vitorino Magalhães-Godinho, L'économie de l'empire portugais aux XVe et XVIe siècles, Ports – routes – trafic 26, Paris 1969.

Magalhães-Godinho 1981–83/1, 2, 3, 4 = Vitorino Magalhães-Godinho, Os Descobrimentos e a Economia Mundial, 4 Bde., Lissabon ²1981–1983.

Magalhães-Godinho 1982 = Vitorino Magalhães-Godinho, Les finances de l'État portugais des Indes orientales 1517–1635. Materiaux pour une étude structurale et conjuncturelle, Paris 1982.

Magalhães-Godinho 1992 = Vitorino Magalhães-Godinho, Portuguese Emigration from the Fifteenth to the Twentieth Century. Constants and Changes, in: Pieter C. Emmer/Magnus Mörner (Hg.), European Expansion and Migration. Essays on the Intercontinental Migration from Africa, Asia, and Europe, New York-Oxford 1992, 13-48.

Magalhães-Godinho 1993 = Vitorino Magalhães-Godinho, The Portuguese and the *Carreira da India* 1497–1810, in: Jaap R. Bruijn/Femme S. Gaastra (Hg.), Ships, Sailors and Spices. East India Companies and their Shipping in the 16th, 17th and 18th Centuries, Amsterdam 1993, 1-47.

Magalhães-Godinho 1994 = Vitorino Magalhães-Godinho, O papel de Portugal nos séculos XV-XVI – Que significa descobrir? Os Novos Mundos e um Mundo Novo, Lissabon 1994.

Magalhães-Godinho 2001 = Vitorino Magalhães-Godinho, The Portuguese Empire 1565–1665, in: The Journal of European Economic History 30/1, 2001, 49-104.

Manguin 1985 = Pierre-Yves Manguin, Late Mediaeval Asian Shipbuilding in the Indian Ocean. A Reappraisal, in: Moyen Orient et Océan Indien 2/2, 1985, 1-30.

Manguin 1988 = Pierre-Yves Manguin, Of Fortresses and Galleys. The 1568 Acehnese Siege of Melaka, after a Contemporary Bird's-eye View, in: Modern Asian Studies 22/3, 1988, 607-628.

Manguin 1993 = Pierre-Yves Manguin, The Vanishing *Jong*. Insular Southeast Asian Fleets in Trade and War (Fifteenth to Seventeenth Centuries), in: Anthony Reid (Hg.), Southeast Asia in the Early Modern Era. Trade, Power and Belief, Ithaca-London 1993, 197-213.

Mantran 1970 = Robert Mantran, L'empire ottoman et le commerce asiatique aux 16e et 17e siècles, in: Donald S. Richards (Hg.), Islam and the Trade of Asia. A Colloquium, Papers on Islamic History 2, Oxford 1970, 169-179.

Martiniere 1994 = Guy Martiniere, Le Portugal à la rencontre de *Trois Mondes*. Afrique, Asie, Amérique aux XV-XVIe siècles, Paris 1994.

Masters 1988 = Bruce Masters, The Origins of Western Economic Dominance in the Middle East. Mercantilism and the Islamic Economy in Aleppo 1600–1750, New York University Studies in Near Eastern Civilization 12, New York-London 1988.

Mathew 1983 = K. S. Mathew, Portuguese Trade with India in the Sixteenth Century, New Delhi 1983.

Mathew 1986 = K. S. Mathew, Trade in the Indian Ocean and the Portuguese System of Cartazes, in: Malyn Newitt (Hg.), The First Portuguese Colonial Empire, Exeter Studies in History 11, Exeter 1986, 69-83.

Mathew 1988 = Kalloor M. Mathew, History of the Portuguese Navigation in India 1497–1600, Delhi 1988.
Meilink-Roelofsz 1962 = Maria A. P. Meilink-Roelofsz, Asian Trade and European Influence in the Indonesian Archipelago between 1500 and about 1630, Den Haag 1962.
Meilink-Roelofsz 1980 = Maria A. P. Meilink-Roelofsz, The Structures of Trade in Asia in the Sixteenth and Seventeenth Centuries. Niels Steensgaard's ›Carracks, Caravans and Companies‹. The Asian Trade Revolution. A Critical Appraisal, in: Mare Luso-Indicum 4, 1980, 1-43.
Miskimin 1977 = Harry A. Miskimin, The Economy of Later Renaissance Europe 1460–1600, Cambridge 1977.
Morineau 1999 = Michel Morineau, Eastern and Western Merchants from the Sixteenth to the Eighteenth Centuries, in: Sushil Chaudhury/Michel Morineau (Hg.), Merchants, Companies and Trade. Europe and Asia in the Early Modern Era, Cambridge-New York-Melbourne 1999, 116-144.
Musgrave 1999 = Peter Musgrave, The Early Modern European Economy, Basingstoke-London 1999.
Needham 1970 = Joseph Needham, Abstract of Material Presented to the International Maritime History Commission in Beirut, in: Michel Mollat (Hg.), Sociétés et compagnies de commerce en Orient et dans l'océan indien. Actes du huitième colloque international d'histoire maritime, Paris 1970, 139-165.
Newitt 1987 = Malyn D. D. Newitt, East Africa and Indian Ocean Trade 1500–1800, in: Ashin Das Gupta/Michael N. Pearson (Hg.), India and the Indian Ocean 1500–1800, Calcutta 1987, 201-223.
Oliveira-Marques 1976 = Antonio Henrique de Oliveira-Marques, History of Portugal, New York ²1976.
Oliveira-Marques 2001 = Antonio Henrique de Oliveira-Marques, Geschichte Portugals und des portugiesischen Weltreichs, Stuttgart 2001.
Padfield 1979 = Peter Padfield, Tide of Empires. Decisive Naval Campaigns in the Rise of the West 1: 1481–1654, London-Henley 1979.
Palat u. a. 1986 = Ravi Palat/Kenneth Barr/James Matson/Vinay Bahl/Nesar Ahmad, The Incorporation and Peripheralization of South Asia 1600–1950, in: Review 10/1, 1986, 171-208.
Palat/Wallerstein 1999 = Ravi Arvind Palat/Immanuel Wallerstein, Of what Worldsystem was pre –1500 ›India‹ a Part?, in: Sushil Chaudhury/Michel Morineau (Hg.), Merchants, Companies and Trade. Europe and Asia in the Early Modern Era, Cambridge-New York-Melbourne 1999, 21-41.
Panikkar 1954 = Kavalam Madhava Panikkar, Asia and Western Dominance. A Survey of the Vasco da Gama Epoch of Asian History 1498–1945, London 1954.
Parker 1996 = Geoffrey Parker, The Military Revolution. Military Innovations and the Rise of the West 1500–1800, Cambridge ²1996.
Parry 1967 = John H. Parry, Transport and Trade Routes, in: Edwin E. Rich/Charles H. Wilson (Hg.), The Cambridge Economic History of Europe 4: The Economy of Expanding Europe in the Sixteenth and Seventeenth Centuries, Cambridge 1967, 155-219.

Parry 1978 = John H. Parry, Das Zeitalter der Entdeckungen, Kindlers Kulturgeschichte des Abendlandes 12, München 1978.
Pearson 1976 = Michael N. Pearson, Merchants and Rulers in Gujarat. The Response to the Portuguese in the Sixteenth Century, Berkeley-Los Angeles-London 1976.
Pearson 1979 = Michael N. Pearson, Corruption and Corsairs in Sixteenth-century Western India. A Functional Analyses, in: Blair B. Kling/Michael N. Pearson (Hg.), The Age of Partnership. Europeans in Asia before Dominion, Honolulu 1979, 15-41.
Pearson 1987a = Michael N. Pearson, The Portuguese in India, The New Cambridge History of India 1/1, Cambridge-New York 1987.
Pearson 1987b = Michael N. Pearson, India and the Indian Ocean in the Sixteenth Century, in: Ashin Das Gupta/Michael N. Pearson (Hg.), India and the Indian Ocean 1500–1800, Calcutta 1987, 71-93.
Pearson 1987c = Michael N. Pearson, Introduction 1. The State of the Subject, in: Ashin Das Gupta/Michael N. Pearson (Hg.), India and the Indian Ocean 1500–1800, Calcutta 1987, 1-24.
Pearson 1988 = Michael N. Pearson, Brokers in Western Indian Port Cities. Their Role in Servicing Foreign Merchants, in: Modern Asian Studies 22/3, 1988, 455-472.
Pearson 1996 = Michael N. Pearson (Hg.), Spices in the Indian Ocean World, An Expanding World. The European Impact on World History 1450–1800, Bd. 1, Aldershot-Brookfield/Verm. 1996.
Pearson 2000 = Michael N. Pearson, The East African Coast in 1498. A Synchronic Study, in: Anthony Disney/Emily Booth (Hg.), Vasco da Gama and the Linking of Europe and Asia, New Delhi-Oxford-New York 2000, 116-130.
Pedreira 1998 = Jorge M. Pedreira, ›To Have and to Have Not‹. The Economic Consequences of Empire. Portugal 1414–1822, in: Patrick O'Brien/Leandro Prados de la Escasura (Hg.), The Costs and Benefits of European Imperialism from the Conquest of Ceuta 1415 to the Treaty of Lusaka 1974, Revista de Historia Económica 16/1, 1998, 93-122.
Perlin 1980 = Frank Perlin, Precolonial South Asia and Western Penetration in the Seventeenth to Nineteenth Centuries: A Problem of Epistemological Status, in: Review 4/2, 1980, 267-306.
Perlin 1981 = Frank Perlin, The Precolonial Indian State in History and Epistemology. A Reconstruction of Societal Formation in the Western Deccan from the Fifteenth to the Early Nineteenth Centuries, in: Henri J. M. Claessen/Peter Skalnik (Hg.), The Study of the State, New Babylon. Studies in the Social Sciences 35, Den Haag-Paris-New York 1981, 275-302.
Perlin 1983 = Frank Perlin, Proto-Industrialization and Pre-Colonial South Asia, in: Past and Present 98, 1983, 30-95.
Perlin 1984 = Frank Perlin, Growth of Money Economy and Some Questions of Transition in Late Pre-colonial India, in: The Journal of Peasant Studies 11/3, 1984, 96-107.
Perlin 1993 = Frank Perlin, The Invisible City. Monetary, Administrative and Popular Infrastructures in Asia and Europe 1500–1900,Collected Studies Series 387, Aldershot-Brookfield 1993.

Perlin 1994 = Frank Perlin, Unbroken Landscape. Commodity, Category, Sign and Identity. Their Production as Myth and Knowledge from 1500, Collected Studies Series 447, Aldershot-Brookfield 1994.

Perlin 1999 = Frank Perlin, The Other ›Species‹ World. Speciation of Commodities and Moneys, and the Knowledgebase of Commerce 1500–1900, in: Sushil Chaudhury/Michel Morineau (Hg.), Merchants, Companies and Trade. Europe and Asia in the Early Modern Era, Cambridge-New York-Melbourne 1999, 145-172.

Pires 1944 = Tomé Pires, The Suma Oriental. An Account of the East. From the Red Sea to Japan. Written in Malacca and India in 1512–1515, herausgegeben und übersetzt von Armando Cortesão, 2 Bde., London 1944.

Pomeranz 2000 = Kenneth Pomeranz, The Great Divergence. Europe, China, and the Making of the Modern World Economy, Princeton/N. J. 2000.

Prakash 1987 = Om Prakasch, The Dutch East India Company in the Trade of the Indian Ocean, in: Ashin Das Gupta/Michael N. Pearson (Hg.), India and the Indian Ocean 1500–1800, Calcutta 1987, 185-200.

Prakash 1991 = Om Prakasch, Portugiesen und Niederländer im asiatischen Seehandel 1500–1700, in: Periplus. Jahrbuch für außereuropäische Geschichte 1, 1991, 25-36.

Prakash 1997 = Om Prakasch (Hg.), European Commercial Expansion in Early Modern Asia, An Expanding World. The European Impact on World History 1450–1800, Bd. 10, Aldershot-Brookfield/Verm. 1997.

Prakash 1999 = Om Prakasch, The Portuguese and the Dutch in Asian Maritime Trade. A Comparative Analysis, in: Sushil Chaudhury/Michel Morineau (Hg.), Merchants, Companies and Trade. Europe and Asia in the Early Modern Era, Cambridge-New York-Melbourne 1999, 175-188.

Prakash 2000 = Om Prakasch, The Portuguese in the Far East 1540–1640, in: Anthony Disney/Emily Booth (Hg.), Vasco da Gama and the Linking of Europe and Asia, New Delhi-Oxford-New York 2000, 131-141.

Ptak 1985a = Roderich Ptak, Die Portugiesen in Macau und Japan. Aufstieg und Niedergang des Fernosthandels 1513–1640, in: ders. (Hg.), Portugals Wirken in Übersee. Atlantik, Afrika, Asien. Beiträge zur Geschichte, Geographie und Landeskunde, Bemmental/Heidelberg 1985, 171-196.

Ptak 1985b = Roderich Ptak, Die Portugiesen auf Solor und Timor. Europas Sandelholzposten in Südostasien im 16. und 17. Jahrhundert, in: ders. (Hg.), Portugals Wirken in Übersee. Atlantik, Afrika, Asien. Beiträge zur Geschichte, Geographie und Landeskunde, Bammental/Heidelberg 1985, 197-214.

Ptak 1987a = Roderich Ptak (Hg.), Portuguese Asia. Aspects in History and Economic History. Sixteenth and Seventeenth Centuries, Beiträge zur Südasienforschung 117, Stuttgart 1987.

Ptak 1987b = Roderich Ptak, China, Portugal und der Malediven-Handel vom frühen 15. bis zum 16. Jahrhundert. Einige Bemerkungen zur Wirtschaftsgeschichte Südasiens, in: ders. (Hg.), Portuguese Asia. Aspects in History and Economic History. Sixteenth and Seventeenth Centuries, Beiträge zur Südasienforschung 117, Stuttgart 1987, 111-142.

Ptak 1987c = Roderich Ptak, The Transportation of Sandalwood from Timor to China and Macao c. 1350–1600, in: ders. (Hg.), Portuguese Asia. Aspects in History and Economic History. Sixteenth and Seventeenth Centuries, Beiträge zur Südasienforschung 117, Stuttgart 1987, 87-109.
Ptak 1991a = Roderich Ptak, Chinesische und portugiesische Quellen zum asiatischen Seehandel ca. 1400 bis 1600, in: Periplus. Jahrbuch für außereuropäische Geschichte 1, 1991, 69-83.
Ptak 1991b = Roderich Ptak, Pferde auf See. Ein vergessener Aspekt des maritimen chinesischen Handels im frühen 15. Jahrhundert, in: Journal of the Economic and Social History of the Orient 34/2, 1991, 199-233.
Ptak 1991c = Roderich Ptak, Südchina und der Seehandel in Ost- und Südostasien 1600–1750, in: Periplus. Jahrbuch für außereuropäische Geschichte 1, 1991, 37-50.
Ptak 1992a = Roderich Ptak, Die chinesische maritime Expansion im 14. und 15. Jahrhundert, Kleine Beiträge zur europäischen Überseegeschichte 14, Bamberg 1992.
Ptak 1992b = Roderich Ptak, The Northern Trade Route to the Spice Islands. South China Sea-Sulu Zone-North Moluccas. 14th to Early 16th Century, in: Archipel 43, 1992, 27-55.
Ptak 1993 = Roderich Ptak, Piracy along the Coasts of Southern India and Ming-China. Comparative Notes on two Sixteenth Century Cases, in: Artur Teodoro de Matos/Luís Filipe F. R. Thomaz (Hg.), As relações entre a India portuguesa, a Ásia do sudeste e o Extremo Oriente. Actas do VI Seminário Internacional de História Indo-Portuguesa, Macao-Lissabon 1993, 255-273.
Ptak 1994a = Roderich Ptak, Die Rolle der Chinesen, Portugiesen und Holländer im Teehandel zwischen China und Südostasien ca. 1600–1750, in: Jahrbuch für Wirtschaftsgeschichte 1994/1, 89-106.
Ptak 1994b = Roderich Ptak, Merchants and Maximization. Notes on Chinese and Portuguese Entrepreneurship in Maritime Asia c.1350–1600, in: Karl Anton Sprengard/Roderich Ptak (Hg.), Maritime Asia. Profit Maximisation, Ethics and Trade Structure c.1300–1800, South China and Maritime Asia 2, Wiesbaden 1994, 29-59.
Ptak 1999 = Roderich Ptak, Südostasiens allmähliche Einbindung in die Weltwirtschaft, in: Bernhard Dahm/Roderich Ptak (Hg.), Südostasien-Handbuch. Geschichte, Gesellschaft, Politik, Wirtschaft, Kultur, München 1999, 112-140.
Ptak 2000 = Roderich Ptak, Camphor in East and Southeast Asian Trade c.1500. A Synthesis of Portuguese and Asian Sources, in: Anthony Disney/Emily Booth (Hg.), Vasco da Gama and the Linking of Europe and Asia, New Delhi-Oxford-New York 2000, 142-166.
Ptak/Rothermund 1991 = Roderich Ptak/Dietmar Rothermund (Hg.), Emporia. Commidities and Entrepreneurs in Asian Maritime Trade c.1450–1750, Stuttgart 1991.
Qaisar 1982 = Ahsan Jan Qaisar, The Indian Response to European Technology and Culture 1498–1707, Delhi 1982.
Qaisar 1987 = Ahsan Jan Qaisar, From Port to Port. Life on Indian Ships in the Six-

teenth and Seventeenth Centuries, in: Ashin Das Gupta/Michael N. Pearson (Hg.), India and the Indian Ocean 1500–1800, Calcutta 1987, 331-349.

Radulet 1984 = Carmen M. Radulet, Girolamo Sernigi e a importância económica do Oriente, in: Revista da Universidade de Coimbra, 1984, 67-77.

Radulet 1990 = Carmen M. Radulet, La filière italienne, in: Michel Chandeigne (Hg.), Lisbonne hors les murs 1415–1580. L'invention du monde par les navigateurs portugais, Paris 1990, 118-127.

Randles 1975 = W. G. L. Randles, L'empire du Monomotapa du XVe au XIX siècle, Civilisations et Sociétés 46, Paris-Den Haag 1975.

Ray 1987 = Haraprasad Ray, China and the ›Western Ocean‹ in the Fifteenth Century, in: Satish Chandra (Hg.), The Indian Ocean. Explorations in History, Commerce and Politics, New Delhi-Newbury Park-London 1987, 109-124.

Reid 1969 = Anthony Reid, Sixteenth Century Turkish Influence in Western Indonesia, in: Journal of Southeast Asian History 10/3, 1969, 395-414.

Reid 1975 = Anthony Reid, Trade and the Problem of Royal Power in Aceh. Three Stages c.1550–1700, in: Anthony Reid/Lance Castles (Hg.), Pre-colonial State Systems in Southeast Asia: The Malay Peninsula. Sumatra. Bali. Lombok. South Celebes, Monographs of the Malaysian Branch of the Royal Asiatic Society 6, Kuala Lumpur 1995.

Reid 1988 = Anthony Reid, Southeast Asia in the Age of Commerce 1450–1680/1: The Land Below the Winds, New Haven-London 1988.

Reid 1992a = Anthony Reid, Economic and Social Change c.1400–1800, in: Nicholas Tarling (Hg.), The Cambridge History of Southeast Asia 1: From Early Times to c.1800, Cambridge 1992, 460-507.

Reid 1992b = Anthony Reid, Some Effects on Asian Economies of the European Maritime Discoveries, in: José Casas Pardo (Hg.), Economic Effects of the European Expansion 1492–1824, Beiträge zur Wirtschafts- und Sozialgeschichte 51, Stuttgart 1992, 435-462.

Reid 1993a = Anthony Reid, Southeast Asia in the Age of Commerce 1450–1680/2: Expansion and Crisis, New Haven-London 1993.

Reid 1993b = Anthony Reid (Hg.), Southeast Asia in the Early Modern Era. Trade, Power, and Belief, Ithaca-London 1993.

Reid 2000 = Anthony Reid, Five Centuries, Five Modalities. European Interaction with Southeast Asia 1497–1997, in: Anthony Disney/Emily Booth (Hg.), Vasco da Gama and the Linking of Europe and Asia, New Delhi-Oxford-New York 2000, 167-177.

Reinhard 1983 = Wolfgang Reinhard, Geschichte der europäischen Expansion 1: Die alte Welt bis 1818, Stuttgart 1983.

Reparaz 1969 = Gonzalo de Reparaz, Der Welthandel der Portugiesen im Vizekönigtum Peru im 16. und 17. Jahrhundert, Kölner Vorträge zur Sozial- und Wirtschaftsgeschichte 4, Köln 1969.

Rich 1967 = Edwin E. Rich, Colonial Settlement and Its Labour Problems, in: Edwin E. Rich/Charles H. Wilson (Hg.), The Cambridge Economic History of Europe 4. The Economy of Expanding Europe in the Sixteenth and Seventeenth Centuries, Cambridge 1967, 302-373.

Richards 1981 = John F. Richards, Mughal State Finance and the Premodern World Economy, in: Comparative Studies in Society and History 23/2, 1981, 285-308.
Richards 1983 = John F. Richards, Outflows of Precious Metals form Early Islamic India, in: ders. (Hg.), Precious Metals in the Later Medieval and Early Modern Worlds, Durham/N. C. 1983, 231-268.
Richards 1987 = John F. Richards (Hg.), The Imperial Monetary System of Mughal India, Delhi 1987.
Richards 1993 = John F. Richards, The Mughal Empire, The New Cambridge History of India 1/5, Cambridge-New York 1993.
Richards 1997 = John F. Richards, Early Modern India and World History, in: Journal of World History 8/2, 1997, 197-209.
Ricklefs 1979 = Merle C. Ricklets, Six Centuries of Islamization in Java, in: Nehemia Levtzion (Hg.), Conversion to Islam, New York-London 1979, 100-128.
Ricklefs 1993 = Merle C. Ricklets, A History of Modern Indonesia since c.1300, Stanford/Cal. ²1993.
Riley 1998 = Carlos Riley, Ilhas atlânticas e costa africana, in: Francisco Bethencourt/ Kirti Chaudhuri (Hg.), História de Expansão Portuguesa 1: A Formação do Império 1414–1570, Navarra 1998, 137-162.
Risso 1995 = Patricia Risso, Merchants and Faith. Muslim Commerce and Culture in the Indian Ocean, Boulder-San Francisco-Oxford 1995.
Romano/Tenenti/Tucci 1970 = Ruggiero Romano/Alberto Tenenti/Ugo Tucci, Venise et la route du Cap 1499–1517, in: Manlio Cortelazzo (Hg.), Mediterraneo e Oceano Indiano. Atti del Sesto Colloquio Internazionale di Storia Marittima, Florenz 1970, 109-132.
Rooney 1994 = Peter Thomas Rooney, Habsburg Fiscal Policies in Portugal 1580– 1640, in: The Journal of European Economic History 23/3, 1994, 545-562.
Rosenberger 1993 = Bernard Rosenberger, Le croisade africaine et le pouvoir royal au Portugal au XVe siècle, in: Genèse de l'État moderne en Mediterranée. Approches historiques et anthropologique des pratiques et des représentations, Collection de l'École Française de Rome 168, Rom 1993, 329-348.
Rothermund 1978 = Dietmar Rothermund, Europa und Asien im Zeitalter des Merkantilismuns, Erträge der Forschung 80, Darmstadt 1978.
Rothermund 1985 = Dietmar Rothermund, Die Portugiesen in Indien. Aufstieg und Niedergang der portugiesischen Herrschaft im ›Estado da India‹, in: Roderich Ptak (Hg.), Portugals Wirken in Übersee. Atlantik, Afrika, Asien. Beiträge zur Geschichte, Geographie und Landeskunde, Bammental/Heidelberg 1985, 155-170.
Rothermund 1986 = Dietmar Rothermund, Grundzüge der indischen Geschichte, Grundzüge 30, Darmstadt ²1986.
Rothermund 1991 = Dietmar Rothermund, Asiatische Emporien und europäische Brückenköpfe, in: Periplus. Jahrbuch für außereuropäische Geschichte 1, 1991, 1-6.
Rothermund 1998 = Dietmar Rothermund, Einleitung. Der Seeweg nach Indien, in: Periplus. Jahrbuch für außereuropäische Geschichte 8, 1998, 1-7.
Rothermund 2002 = Dietmar Rothermund, Das ›Schießpulverreich‹ der Großmo-

guln und die europäischen Seemächte, in: Friedrich Edelmayer/Peter Feldbauer/ Marija Wakounig (Hg.), Globalgeschichte 1450–1620. Anfänge und Perspektiven, Edition Weltregionen 4, Wien 2002, 249-260.
Russell-Wood 1998a = Anthony J. R. Russell-Wood, The Portuguese Empire 1414–1808. A World on the Move, Baltimore-London 1998.
Russell-Wood 1998b = Anthony J. R. Russell-Wood, Fluxos de emigração, in: Francisco Bethencourt/Kirti Chaudhuri (Hg.), Historia de Expansão Portuguesa 1: A Formação do Império 1415–1570, Navarra 1998, 224-237.
Russell-Wood 1998c = Anthony J. R. Russell-Wood, Os Portugueses fora do império, in: Francisco Bethencourt/Kirti Chaudhuri (Hg.), Historia de Expansão Portuguesa 1: A Formação do Império 1415–1570, Navarra 1998, 256-265.
Russell-Wood 1998d = Anthony J. R. Russell-Wood, A sociedade portuguesa no ultramar, in: Francisco Bethencourt/Kirti Chaudhuri (Hg.), Historia de Expansão Portuguesa 1: A Formação do Império 1415–1570, Navarra 1998, 266-279.
Russell-Wood 1998e = Anthony J. R. Russell-Wood, Politicas de fixação e integração, in: Francisco Bethencourt/Kirti Chaudhuri (Hg.), História de Expansão Portuguesa 2: Da Índico ao Atlântico 1570–1697, Navarra 1998, 126-150.
Russell-Wood 2000 = Anthony J. R. Russell-Wood, For God, King and Mammon. The Portuguese Outside of Empire. 1480–1580, in: Anthony Disney/Emily Booth (Hg.), Vasco da Gama and the Linking of Europe and Asia, New Delhi-Oxford-New York 2000, 261-279.
Sahilliog?lu 1983 = Halil Sahilliog?lu, The Role of International Monetary and Metal Movements in Ottoman History 1300–1750, in: John F. Richard (Hg.), Precious Metals in the Later Medieval and Early Modern Worlds, Durham/North Carolina 1983, 269-304.
Salentiny 1977 = Fernand Salentiny, Aufstieg und Fall des portugiesischen Imperiums, Wien-Köln-Graz 1977.
Santos 1996 = João Marinho dos Santos, Os Portugueses em Viagem pelo Mundo. Representações Quinhentistas de Cidades e Vilos, Lissabon 1996.
Santos Lopes 1998 = Marilia dos Santos Lopes, Dom Manuel oder das Projekt eines glücklichen Königs, in: Periplus. Jahrbuch für außereuropäische Geschichte 8, 1998, 8-17.
Sardesai 1969 = Damodar R. Sardesai, The Portuguese Administration in Malacca 1511–1641, in: Journal of Southeast Asian History 10/3, 1969, 501-512.
Scammell 1981a = Geoffrey V. Scammell, The World Encompassed. The First European Maritime Empires c.800–1650, London-New York 1981.
Scammell 1981b = Geoffrey V. Scammell, Indigenous Assistance in the Establishment of Portuguese Power in the Indian Ocean, in: John Correia-Afonso (Hg.), Indo-Portuguese History. Sources and Problems, Bombay 1981, 163-173.
Scammell 1988 = Geoffrey V. Scammell, The Pillars of Empire. Indigenous Assistance in the Survival of the ›Estado da India‹ c.1600–1700, in: Modern Asian Studies 22/3, 1988, 473-489.
Schmitt 1997 = Eberhard Schmitt, Atlantische Expansion und maritime Indienfahrt im 16. Jahrhundert, Übersee. Kleine Beiträge zur europäischen Überseegeschichte 13, Hamburg 1997.

Serrão 1969 = Joel Serrão (Hg.), Dicionário de história de Portugal 3, Lissabon 1969.
Shaffer 1996 = Lynda Norene Shaffer, Maritime Southeast Asia to 1500, Armonk/N. Y.-London 1996.
Simkin 1968 = Colin F. G. Simkin, The Traditional Trade of Asia, London 1968.
Souza 1981 = Teotonio R. de Souza, The Vioceless in Goan Historiography. A Case for the Source-Value of Church Records in Goa, in: John Correia-Afonso (Hg.), Indo-Portuguese History. Sources and Problems, Bombay 1981, 114-131.
Souza 1985 = Teotonio R. de Souza (Hg.), Indo-Portuguese History. Old Issues – New Questions, New Delhi 1985.
Souza 1986 = George Bryan Souza, The Survival of Empire. Portuguese Trade and Society in the South China Sea 1630–1754, Cambridge-New York 1986.
Souza 1987 = George B. Souza, Maritime Trade and Politics in China and the South China Sea, in: Ashin Das Gupta/Michael N. Pearson (Hg.), India and the Indian Ocean 1500–1800, Calcutta 1987, 317-330.
Spooner 1972 = Frank C. Spooner, The International Economy and Monetary Movements in France 1493–1725, Cambridge/Mass. 1972.
Steensgaard 1974 = Niels Steensgaard, The Asian Trade Revolution of the Seventeenth Century. The East India Companies and the Decline of the Caravan Trade, Chicago-London 1974.
Steensgaard 1981 = Niels Steensgaard, Violence and the Rise of Capitalism: Frederic C. Lane's Theory of Protection and Tribute, in: Review 5/2, 1981, 247-273.
Steensgaard 1985 = Niels Steensgaard, The Return Cargo of the *Carreira* in the 16th and Early 17th Century, in: Teotonio R. de Souza (Hg.), Indo-Portuguese History. Old Issues – New Questions, New Delhi 1985, 13-31.
Steensgaard 1987 = Niels Steensgaard, The Indian Ocean Network and the Emerging World Economy c.1500–1700, in: Satish Chandra (Hg.), The Indian Ocean. Explorations in History, Commerce and Politics, New Delhi-Newbury Park-London 1987, 125-150.
Stein 1982 = Burton Stein, Vijayanagara c.1350–1564, in: Tapan Raychaudhuri/Irfan Habib (Hg.), The Cambridge Economic History of India 1: c.1200–c.1750, Cambridge 1982, 102-124.
Stein 1989 = Burton Stein, Vijayanagara, The New Cambridge History of India 1/2, Cambridge-New York 1989.
Stella 1956 = Aldo Stella, La crisi economica veneziana della seconda metà del secolo XVI, in: Archivio veneto 58/59, 1956, 17-69.
Subrahmanyam 1987a = Sanjay Subrahmanyam, The *Kagemusha* Effect. The Portuguese, Firearms and the State in Early Modern South India, in: Moyen Orient et Océan Indien 4, 1987, 97-123.
Subrahmanyam 1987b = Sanjay Subrahmanyam, ›Um Bom Homen de Tratar‹. Piero Strozzi, a Florentine in Portuguese Asia 1510–1522, in: The Journal of European Economic History 16/3, 1987, 511-526.
Subrahmanyam 1987c = Sanjay Subrahmanyam, Cochin in Decline 1600–1650. Myth and Manipulation in the *Estado da India*, in: Roderich Ptak (Hg.), Portuguese Asia. Aspects in History and Economic History. Sixteenth and Seventeenth Centuries, Beiträge zur Südasienforschung 117, Stuttgart 1987, 59-85.

Subrahmanyam 1989 = Sanjay Subrahmanyam, ›World-Economies‹ and South Asia 1600-1750. A Skeptical Note, in: Review 12/1, 1989, 141-148.
Subrahmanyam 1990a = Sanjay Subrahmanyam, The Political Economy of Commerce. Southern India 1500-1650, Cambridge South Asian Studies 45, Cambridge 1990.
Subrahmanyam 1990b = Sanjay Subrahmanyam, Improvising Empire. Portuguese Trade and Settlement in the Bay of Bengal 1500-1700, Delhi 1990.
Subrahmanyam 1993 = Sanjay Subrahmanyam, The Portuguese Empire in Asia 1500-1700. A Political and Economic History, London-New York 1993.
Subrahmanyam 1994a = Sanjay Subrahmanyam (Hg.), Money and the Market in India 1100-1700, Delhi 1994.
Subrahmanyam 1994b = Sanjay Subrahmanyam, Precious Metal Flows and Prices in Western and Southern Asia 1500-1750. Some Comparative and Conjunctural Aspects, in: ders. (Hg.), Money and the Market in India 1100-1700, Delhi 1994, 186-218.
Subrahmanyam 1995 = Sanjay Subrahmanyam, Of *Imârat* and *Tijârat*. Asian Merchants and State Power in the Western Indian Ocean 1400-1740, in: Comparative Studies in Society and History 37/4, 1995, 750-780.
Subrahmanyam 1996a = Sanjay Subrahmanyam, Institutions, Agency and Economic Change in South Asia. A Survey and Some Suggestions, in: Burton Stein/Sanjay Subrahmanyam (Hg.), Institutions and Economic Change in South Asia, Delhi 1996, 14-47.
Subrahmanyam 1996b = Sanjay Subrahmanyam, Noble Harvest from the Sea. Managing the Pearl Fishery of Mannor 1500-1925, in: Burton Stein/Sanjay Subrahmanyam (Hg.), Institutions and Economic Change in South Asia, Delhi 1996, 134-172.
Subrahmanyam 1997 = Sanjay Subrahmanyam, The Career and Legend of Vasco da Gama, Cambridge 1997.
Subrahmanyam 2001 = Sanjay Subrahmanyam, Du Tage au Gange au XVIe siècle. Une conjoncture millénariste à l'échelle eurasiatique, in: Annales HSS 56/1, 2001, 51-84.
Subrahmanyam/Thomaz 1991 = Sanjay Subrahmanyam/Luis Filipe F. R. Thomaz, Evolution of Empire. The Portuguese in the Indian Ocean during the Sixteenth Century, in: James D. Tracy (Hg.), The Political Economy of Merchant Empires, Cambridge 1991, 298-331.
Tapala 1975 = La Side'Daeng Tapala, L'expansion du royaume de Goa et sa politique maritime au XVI et XVII siècles, in: Archipel 10, 1975, 159-171.
Tate 1977 = D. J. M. Tate, The Making of Modern South-East Asia 1: The European Conquest, Kuala Lumpur ²1977.
Taylor 1992 = Keith W. Taylor, The Early Kingdoms, in: Nicholas Tarling (Hg.), The Cambridge History of Southeast Asia 1: From Early Times to c.1800, Cambridge 1992, 137-182.
Thomaz 1975 = Luis Filipe F. R. Thomaz, Maluco e Malaca, in: Avelino Teixeira da Mota (Hg.), A viagem de Fernão de Magalhães e a questão das Molucas, Centro de estudios de cartografia antiga. Memórias 16. Actas do II. Colóquio Luso-espanhol de historia ultramarina, Lissabon 1975, 27-48.

Thomaz 1979 = Luis Filipe F. R. Thomaz, Les Portugais dans les mers de l'Archipel au XVIe siècle, in: Archipel 18, 1979, 105-125.
Thomaz 1981 = Luis Filipe F. R. Thomaz, Portuguese Sources on Sixteenth Century Indian Economic History, in: John Correia-Afonso (Hg.), Indo-Portuguese History. Sources and Problems, Bombay 1981, 99-113.
Thomaz 1985 = Luis Filipe F. R. Thomaz, The Indian Merchant Communities in Malacca Under the Portuguese Rule, in: Teotonio R. de Souza (Hg.), Indo-Portuguese History. Old Issues – New Questions, New Delhi 1985, 56-72.
Thomaz 1988 = Luis Filipe F. R. Thomaz, Malaka et ses communautés marchandes au tournant du 16e siècle, in: Denys Lombard/Jean Aubin (Hg.), Marchands et hommes d'affaires asiatiques dans l'Océan Indien et la Mer de Chine. 13e-20e siècles, Ports – Routes – Trafics 29, Paris 1988, 31-48.
Thomaz 1990a = Luis Filipe F. R. Thomaz, L'idée impériale manuéline, in: Jean Aubin (Hg.), La Decouverte, Le Portugal et l'Europe. Actes du Colloque Paris 1988, Paris 1990, 35-103.
Thomaz 1990b = Luis Filipe F. R. Thomaz, The Economic Policy of the Sultanate of Malacca. XVth–XVIth Centuries, in: Moyen Orient et Océan Indien 7, 1990, 1-12.
Thomaz 1991 = Luis Filipe F. R. Thomaz, Factions, Interests and Messianism. The Politics of Portuguese Expansion in the East 1500–1521, in: The Indian Economic and Social History Review 28/1, 1991, 97-109.
Thomaz 1993 = Luis Filipe F. R. Thomaz, The Malay Sultanate of Melaka, in: Anthony Reid (Hg.), Southeast Asia in the Early Modern Era. Trade, Power, and Belief, Ithaca-London 1993, 69-90.
Thomaz 1994 = Luis Filipe F. R. Thomaz, De Ceuta a Timor, Lissabon 1994.
Thomaz 1995 = Luis Filipe F. R. Thomaz, A crise de 1565–1575 na historia do Estado da Índia, in: Mare Liberum 9, 1995, 481-519.
Tichelman 1980 = Fritjof Tichelman, The Social Evolution of Indonesia: The Asisatic Mode of Production and its Legacy, Den Haag 1980.
Tjandrasasmita 1978 = Uka Tjandrasasmita, The Introduction of Islam and the Growth of Moslem Coastal Cities in the Indonesian Archipelago, in: Haryati Soebadio/Carine A. du Marchie Sarvaas (Hg.), Dynamics of Indonesian History, Amsterdam-New York-Oxford 1978, 141-160.
Van der Wee 1963 = Herman Van der Wee, The Growth of the Antwerp Market and the European Economy. Fourteenth – Sixteenth Centuries 2: Interpretation, Den Haag 1963.
Van Houtte 1952 = Jan A. Van Houtte, Bruges et Anvers: marches ›nationaux‹ ou ›internationaux‹ du XIVe au XVIe siècles, in: Revue du Nord 34, 1952, 89-108.
Van Houtte 1961 = Jan A. Van Houtte, Anvers au XVe et XVIe siècles : Expansion et apogée, in: Annales E. S. C. 16/2, 1961, 248-278.
Van Leur 1955 = Jacob C. Van Leur, Indonesian Trade and Society. Essays in Asian Social and Economic History, Den Haag-Bandung 1995.
Varley 1999 = Paul Varley, Warfare in Japan 1467–1600, in: Jeremy Black (Hg.), War in the Early Modern World, London 1999, 53-86.
Veinstein 1999 = Gilles Veinstein, Commercial Relations between India and the Ot-

toman Empire (Late Fifteenth to Late Eighteenth Centuries). A Few Notes and Hypotheses, in: Sushil Chaudhury/Michel Morineau (Hg.), Merchants, Companies and Trade. Europe and Asia in the Early Modern Era, Cambridge-New York-Melbourne 1999, 95-115.

Vergé-Franceschi 1998 = Michel Vergé-Franceschi, Henri le Navigateur. Un découvreur au XVe siècle, Paris 1998.

Vergé-Franceschi 2000 = Michel Vergé-Franceschi, Un prince portugais. Henri le Navigateur (1394–1460), Paris 2000.

Verlinden 1987 = Charles Verlinden, The Indian Ocean. The Ancient Period and the Middle Ages, in: Satish Chandra (Hg.), The Indian Ocean. Explorations in History, Commerce and Politics, New Delhi-Newbury Park-London 1987, 27-53.

Vilar 1984 = Pierre Vilar, Gold und Geld in der Geschichte. Vom Ausgang des Mittelalters bis zur Gegenwart, München 1984.

Villiers 1965 = John Villiers, Südostasien vor der Kolonialzeit, Fischer Weltgeschichte 18, Frankfurt am Main 1965.

Villiers 1986 = John Villiers, The Estado da India in Southeast Asia, in: Malyn Newitt (Hg.), The First Portuguese Colonial Empire, Exeter Studies in History 11, Exeter 1986, 37-67.

Villiers 1987 = John Villiers, Portuguese Malacca and Spanish Manila. Two Concepts of Empire, in: Roderich Ptak (Hg.), Portuguese Asia. Aspects in History and Economic History. Sixteenth and Seventeenth Centuries, Beiträge zur Südasienforschung 117, Stuttgart 1987, 37-57.

Villiers 1988 = John Villiers, Las Yslas de Esperar en Dios. The Jesuit Mission in Moro 1546–1571, in: Modern Asian Studies 22/3, 1988, 593-606.

Villiers 1994 = John Villiers, Doing Business with the Infidel. Merchants, Missionaries and Monarch in Sixteenth Century Southeast Asia, in: Karl Anton Sprengard/Roderich Ptak (Hg.), Maritime Asia. Profit Maximisation, Ethics and Trade Structure c.1300–1800, South China and Maritime Asia 2, Wiesbaden 1994, 151-170.

Wake 1979 = Christopher H. H. Wake, The Changing Pattern of Europe's Pepper and Spice Imports ca. 1400–1700, in: The Journal of European Economic History 8/2, 1979, 361-403.

Wake 1986 = Christopher H. H. Wake, The Volume of European Spice Imports at the Beginning and End of the Fifteenth Century, in: The Journal of European Economic History 15/2, 1986, 621-635.

Wallerstein 1974 = Immanuel Wallerstein, The Modern World System. Capitalist Agriculture and the Origins of the European World-Economy in the Sixteenth Century, New York-London 1974.

Wallerstein 1986 = Immanuel Wallerstein, Das moderne Weltsystem. Die Anfänge kapitalistischer Landwirtschaft und die europäische Weltökonomie im 16. Jahrhundert, Frankfurt am Main 1986.

Wallerstein 1987 = Immanuel Wallerstein, The Incorporation of the Indian Subcontinent into the Capitalist World-Economy, in: Satish Chandra (Hg.), The Indian Ocean. Explorations in History, Commerce and Politics, New Delhi-Newbury Park-London 1987, 222-253.

Wallerstein 1999 = Immanuel Wallerstein, Frank Proves the European Miracle, in: Review 22/3, 1999, 355-371.

Watson Andaya 1992 = Barbara Watson Andaya, Political Development between the Sixteenth and Eighteenth Centuries, in: Nicholas Tarling (Hg.), The Cambridge History of Southeast Asia 1: From Early Times to c.1800, Cambridge 1992, 402-459.

Wills 1993 = John E. Wills, Maritime Asia 1500–1800. The Interactive Emergence of European Domination, in: The American Historical Review 98/1, 1993, 83-105.

Wills 2000 = John E. Wills, Was There a Vasco da Gama Epoch? Recent Historiography, in: Anthony Disney/Emily Booth (Hg.), Vasco da Gama and the Linking of Europe and Asia, New Delhi-Oxford-New York 2000, 350-360.

Winius 1971 = George D. Winius, The Fatal History of Portuguese Ceylon. Transition to Dutch Rule, Cambridge/Mass. 1971.

Winius 1981 = George D. Winius, Two Lusitanian Variations on a Dutch Theme. Portuguese Companies in Times of Crisis 1628–1662, in: Leonard Blussé/Femme Gaastra (Hg.), Companies and Trade. Essays on Overseas Trading Companies During the Ancien Régime, Comparative Studies in Overseas History 3, Den Haag 1981, 119-134.

Winius 1991 = George D. Winius, ›Shadow‹ Empire in the Bay of Bengal, in: Revista de Cultura 13/14, 1991, 270-284.

Winius 2000 = George D. Winius, Few Thanks to the King. The Building of Portuguese India, in: Anthony Disney/Emily Booth (Hg.), Vasco da Gama and the Linking of Europe and Asia, New Delhi-Oxford-New York 2000, 484-495.

Wolf 1982 = Eric R. Wolf, Europe and the People without History, Berkeley-Los Angeles-London 1982.

Wolters 1967 = O. W. Wolters, Early Indonesian Commerce. A Study of the Origins of Srivijaya, Ithaca/N. Y. 1967.

Yamamoto 1981 = Tatsuro Yamamoto, Chinese Activities in the Indian Ocean Before the Coming of the Portuguese, Diogenes III, 1981, 19-34.

Yamamura/Kamiki 1983 = Kozo Yamamura/Tetsuo Kamiki, Silver Mines and Sung Coins. A Monetary History of Medieval and Modern Japan in International Perspective, in: John F. Richards (Hg.), Precious Metals in the Later Medieval and Early Modern Worlds, Durham/North Carolina 1983, 329-362.

Zainu'ddin 1971 = Ailsa Zainu'ddin, The Trading Empires and Island Kingdoms of South East Asia, in: Douglas Johnson (Hg.), The Making of the Modern World 1: Europe Discovers the World, London-New York 1971, 246-291.

PERSONEN-, ORTS- UND STICHWORTREGISTER

Abu-Lughod, Janet 9
Aden 13, 27, 32, 34, 37, 39, 42f., 46, 60, 62, 68, 79, 109f., 125
Affaitadi, Handelshaus 155f.
Afrika 9, 13, 66, 85, 92ff., 100, 107, 175
Agra 19
Agrarkommerzialisierung 19, 178
Ägypten 48, 52, 61, 66, 77, 149
Akbar, Großmogul v. Indien (1556–1605) 20, 54, 108, 111, 122, 179f.
Alaun 120
Albuquerque, Afonso de (1453–1515) 60–64, 67f., 70, 72, 75f., 82, 84, 90, 92ff., 103, 120, 124, 147, 185
Aleppo 71, 158, 161
Alexandrien 13, 41, 70, 144, 157f.
Almeida, Francisco de 59f., 103, 135
Amber 40
Amboina 11
Ambon 30, 40, 42, 75, 81, 113–116, 176, 189f.
Amerika 9, 98, 100, 122, 138, 168, 174, 179, 191f.
Amsterdam 157
Angola 13
Antwerpen 29, 137f., 149, 155ff., 167
Araber 26, 37f., 47, 51, 58, 64, 81, 100, 102, 107, 110, 129, 132, 175
Arabien 11, 24, 42, 55, 60, 65, 75, 90, 108, 110, 113, 128
Archipel, Indonesischer 27, 29f., 32f., 53, 66
Armenier 110, 171
Artillerie 51, 79, 186, 193
Asienhandel 14, 23, 27, 37, 41, 44–47, 62, 67f., 83ff., 98ff., 103f., 106, 113, 121, 124, 127ff., 135f., 138f., 165, 171f., 183, 188
Äthiopien 11, 16, 65
Atjeh 19, 33f., 80f., 112f., 116, 126, 169, 184–188, 193

Atwell, William, Historiker 183
Ayuthaya 28
Azoren 120, 141f., 151

Bagdad 79
Baltikum 170
Banda 30, 116
Bandainseln 30, 37, 39f., 42, 70, 75, 105, 107, 113, 115f., 176, 189
Bantam 33, 81, 112f., 169, 184f., 193
Barendse, René J., Historiker 158, 160
Basra 71, 79
Batavia 185, 187
Baumwollprodukte 43, 63, 110f., 144, 147, 149
Beirut 70f., 144, 157f.
Bengalen 19, 28f., 37–43, 71, 82, 93, 105, 108, 110, 112f., 122f., 125, 147, 176, 186
Bernstein 109
Bhatkal 62, 111, 119
Bijapur 55, 61, 81, 111
Binnenhandel, asiatischer 38, 42, 54f., 61, 127
Blei 120, 148
Blockadepolitik, portugiesische 58ff., 66–71, 79, 99, 109, 124, 128, 139, 142, 149, 158f., 167, 186
Boxer, Charles R., Historiker 57, 170, 175
Boyajian, James C., Historiker 127, 146
Brahmanen 21, 119
Brasilholz 134, 143
Brasilien 82, 93, 140
Braudel, Fernand, Historiker 32, 45f., 100, 157
Brunei 114ff.
Burma 42, 183

Cabral, Pedro Álvarez 52, 56–59, 103, 120, 135

Calicut 7, 13, 16f., 22, 34, 37, 40, 52f., 55, 57, 59, 62, 68, 71, 77, 81, 103, 118, 120, 134
Cambay 27, 34, 37, 39, 51, 62, 70, 108, 125, 147, 178
Cananore 62
Cannanore 40, 59, 119
Carreira da India 99, 104, 109, 124, 127f., 133, 136f., 140, 142, 145f., 149, 151f., 154, 158–168, 179
Casa da India 133, 135, 152, 155f.
Casa de Ceuta 133
Casa de Guiné 133
Casa de Guiné e Mina 133
casados 91, 93, 106–109, 112, 127, 131f., 162, 167, 178
Ceylon 37, 39–42, 53f., 58, 60, 63, 75, 82, 84, 112, 126, 177f.
Chaul 60, 84, 125
Chaunu, Pierre, Historiker 175
China 9, 18, 24, 26f., 29, 32ff., 36, 38–42, 47, 49, 51, 54f., 62f., 66f., 75, 90, 93, 99f., 103, 105, 107, 110, 113, 115ff., 122f., 126, 144, 147, 150f., 161, 168f., 176f., 180f., 183f. 189, 192f.
Chinesen 26, 29, 38, 94, 107
Christen 36, 93, 120
Cipolla, Carlo M., Historiker 52
Cochin 53, 59f., 62f., 82, 89, 106f., 110, 119f., 141, 148, 153
Colombo 63, 75f., 89
commenda 44
Covilhã, Pero de 13
Curtin, Philip D., Historiker 39, 130, 163

Damaskus 71, 157
Daus, Ronald, Historiker 17
Dekkan 20, 41f., 55, 62f., 111, 122f.
Delhi 19ff., 28, 122
Dhau (chin. Schiff) 39f.
Diamanten 41, 111, 147
Días, Bartolomeu 13
Días, Catarina 134

Diu 53, 60, 62f., 66, 70, 76f., 79, 84, 89, 125, 129
Drogen 40, 107, 110, 121, 164
Dschunke (chin. Schiff) 32, 37, 40, 42, 51, 126

Ebenholz 109, 117
Edelsteine 23, 41, 107, 146f., 156
Einfluss, jüdischer 14
Eisenwaren 39
Elefanten 42, 112
Elfenbein 41, 109, 112, 117, 153
encomienda 178
England 84, 132, 149, 158, 182
Engländer 8, 131, 162, 166, 168, 171, 173f., 178, 192
Estado da India 3f., 8f., 11, 18, 61–99, 103–134, 142, 144, 150, 152, 154, 158, 162, 164–169, 175, 177f., 182, 184, 187, 191–195
Eurasien 8
Expansion, atlantische 7f., 11, 51, 94
Expansion, europäische 7, 12, 52, 102, 181
Expansion, iberische 9, 177, 181, 192
Expansion, islamische 20, 23
Expansion, portugiesische 9, 134, 169, 187
Exportproduktion, agrarische 12

Faktorei 18, 59, 61ff., 66, 75f., 81f., 87, 114, 119, 121, 135, 137, 149, 156
Fernhandel, asiatischer 21ff., 26f., 30f., 33, 37, 39f., 42, 45, 47, 77, 80, 98f., 113, 118, 169, 185, 187f., 193
Feuerwaffen 21, 52, 114
Fidalgo 57, 87, 89, 106
Florentiner 135f., 155
Florenz 16, 154
Frank, Andre Gunder, Historiker 99, 193
Frankreich 24, 132
Franz I., König v. Frankreich (1515–1547) 11
Fugger, Handelshaus 44, 135f., 138, 149, 155

Galeere 30, 49, 51f., 77, 148
Gama, Vasco da (um 1469–1524) 7, 11–18, 21, 51f., 56–61, 76, 103, 120, 133ff., 173
Ganges 19, 37
Genua 58, 135, 142, 154
Genuesen 48, 72, 135f., 154
Gewürze 14, 23, 25, 28, 30, 36f., 40f., 58, 66, 68, 70f., 100, 103, 107, 110, 113ff., 117f., 120f., 125f., 136–147, 152–159, 164
Gewürzhandel, asiatischer 30, 39, 64, 72, 116, 172–190
Gewürzhandel, levantinischer 164, 166
Gewürzhandel, portugiesischer 61, 67, 73, 105, 112, 116, 133, 135, 137, 139, 145, 147f., 151
Gewürzhandel, venezianischer 157
Gewürzinseln 26, 29f., 40, 42, 53, 62, 66, 75, 82, 99, 105, 108, 113f., 118, 126, 146, 176, 186, 188, 193
Gewürzmonopol 58, 67, 70, 98, 151, 153, 163
Gewürznelken 40f., 115f., 143, 146
Glas 34
Goa 53, 55, 61ff., 67, 70, 81–86, 89–95, 97, 100, 102, 104ff., 108–115, 120f., 125, 127ff., 133, 140ff., 148, 150, 158, 176–179, 188
Golconda 183
Gold (als Zahlungsmittel) 23, 30, 35, 41, 59, 110, 120–123, 146–150, 179f.
Gold, afrikanisches 32, 63, 109, 149f., 179
Gold, asiatisches 41, 113, 117
Goldhandel 134, 148
Golf, Persischer 32, 39, 41, 49, 51, 60, 62, 66, 70f., 79f., 102, 124ff., 128, 157f., 161
Golkonda 81, 111
governo do norte (Gujarat) 178
Großmoguln 20, 55
Guinea 12, 65
Gujarat 19, 22f., 28f., 33–39, 42f., 46, 48, 53, 59f., 63, 66, 70f., 76–80, 82, 84, 108, 110f., 124f., 129f., 144, 171, 176ff.
Gujaratis 37f., 47, 51, 58, 64, 77, 79, 102, 110, 125, 129, 132

Hamburg 138, 156
Handelsblockade 98, 163, 165
Hanse 170
Heinrich der Seefahrer 133
Hindureich 20, 42, 111
Hindus 20, 33, 36, 53, 92, 95, 105, 147
Hindustan 122, 176
Höchstetter, Handelshaus 136
Holländer, siehe Niederländer 11
Hormuz 11
Hovhannes, armen. Kaufmann 46

Inder 26, 33, 94, 110
Indien 7, 9, 11–42, 45f., 53ff., 57, 59, 61f., 64ff., 70, 75, 79, 81, 84, 86, 88, 90, 92, 99–126, 129, 131–153, 157, 160f., 165, 168, 171–184, 189, 192
Indien-Expedition 14
Indien-Programm 14
Indigo 110, 143–147
Indochina 43, 126
Indonesien 27, 37, 43, 46, 53, 80, 88, 108, 113f., 125f., 174, 177, 184, 189
Indus 19, 37, 122
Ingwer 22, 40f., 65, 68, 138, 143f., 146
Invasion, turko-mongolische 20
Irak 71, 77
Iran 183
Istanbul 77, 79
Italien 149, 159
Iwami 184

Japan 18, 32f., 39, 49, 55, 63, 66f., 75, 80, 94, 99, 105, 107, 110, 116ff., 122, 124, 128, 144, 161, 168f., 173, 176, 179, 181, 183, 189, 192, 195
Japara 112

Java 24f., 27–31, 38, 42, 51, 113ff., 125f., 184f., 187
Jesuiten 75, 96f., 195
Johann II., König v. Portugal (1455–1495) 13f., 133
Johann III., König v. Portugal (1521–1557) 76
Johannes, Priester von Äthiopien 16
Johore 81, 112, 185, 187
Juden 14, 16, 36, 95, 105, 134

Kalimantan 24, 29, 114
Kampfer 35, 40
Kanara 22, 42, 71, 110, 119, 147
Kanarische Inseln 142
Kanone 32, 51, 56
Kanton 34, 37, 62, 75
Kap der Guten Hoffnung 13, 18, 58, 100, 118, 124, 135, 165
Kap Komorin 40, 62, 66, 76, 108, 129
Kap Verde 142
Kaproute 14, 59, 61, 64ff., 72, 80–84, 91, 98, 104f., 109f., 115–121, 126f., 134–154, 157–168, 186
Kapumrundung 13, 195
Karacke (port. Schiff) 38, 51, 53, 105, 140f.
Karavelle (port. Schiff) 38, 51, 87, 140
Karawanenrouten 9, 32f., 41, 157–161, 165, 183
Kardamom 143
Karimi 46
Karl V., König v. Spanien (seit 1516) und Kaiser (1519–1556) 75, 155
Kastilien 80, 91
Kauri-Muschel *(cauri)* 122f., 179
Kavallerie 21, 42, 53, 55
Kirche, katholische 63, 94ff., 108, 178
Kolonialsystem, port. 17f., 54, 61, 63, 67f., 72, 80, 84, 88, 92, 99, 106, 108, 112, 131, 133f., 168, 182, 191
Kolumbus 13f., 16
Konkan 22
Korallen 41, 111, 120, 136, 148f.
Koromandel 33, 37, 39, 43

Koromandelküste 22, 28f., 32, 37ff., 42f., 71, 105, 107, 112
Korruption 86, 88, 128, 137
Kreuzzug 11, 14, 56, 58, 76, 98, 130, 134
Kriegsflotte 48–52, 59, 139
Kriegsschiff 48, 51, 129, 142, 193
Krishnadeva, König v. Vijayanagar (1509–1529) 21, 55
Kupfer 41, 66, 111, 120f., 124, 136f., 148ff., 155f., 176, 180
Kupfer (als Zahlungsmittel) 35, 100, 119, 122f., 151, 179
Küste, ostafrikanische 13
Küste, westafrikanische 12, 133
Kyoto 19

Lagos 133
Lane, Frederic C., Historiker 130f., 157f., 162f.
Levante 26, 58, 64, 70, 110, 113, 121, 126, 139, 144, 148f., 157, 160
Levantehandel 14, 18, 41, 57, 62, 67, 70, 77, 104, 128, 157–161, 164ff.
Levanteroute 37, 40f., 58f., 66, 68, 80, 121, 124, 132, 137, 145, 149f., 157, 167, 180, 195
Lewis, Archibald, Historiker 44
lingua franca 28, 29, 183
Lissabon 12, 14, 16, 57–61, 64f., 67, 70f., 75, 82f., 86, 88, 99, 103, 105, 108f., 115, 119–124, 127, 133, 135, 137–160, 165, 167f., 186
Lübeck 157
Luxusgüter 12, 21, 27, 29f., 39ff., 44f., 58, 65, 72, 99, 108f., 113, 121, 132, 141, 144, 148, 159, 163, 184, 190, 192

Macao 11, 75, 89, 91, 95, 100, 104f., 116ff., 178
Magalhães-Godinho, Vitorino, Historiker 68, 80, 121, 143, 152, 175
Magellan, Fernando (um 1480–1521) 75

Maghreb 12
Majapahit 25-29, 31, 184f.
Makassar 115f., 188, 193
Malabar 22, 29, 33, 36f., 41, 55, 59f., 71, 75, 110, 147
Malabarküste 32, 37, 39f., 42, 52f., 59, 62, 67f., 71, 76, 93, 110f., 119, 125, 153
Malabarpfeffer 110, 124, 152
Malakka 26-34, 37ff., 42, 46, 51, 53, 60, 62f., 66ff., 75, 81, 84, 89f., 93, 100, 103f., 107, 110-116, 123, 125f., 129, 161, 176, 184-188, 193
Malaya 27, 113
Malindi 16, 32, 53, 57
Mamluken 48f., 53, 55, 58, 60, 66, 70, 77
Mamlukenreich 14, 37, 51, 70, 132, 157, 167
Manila 118, 121, 140, 151
Manuel I., König v. Portugal (1495-1521) 11, 13f., 16, 56f., 60ff., 65, 76, 84, 86, 121, 133, 164
Mappilas 53, 55, 75, 129
Marchione, Florent. Kaufmann 135
Marokko 13f., 37, 57f., 138
Marseille 158
Massel-Bay 13
Masulipatnam 111
Mataram 25, 184f., 187f.
McPherson, Kenneth, Historiker 169
Meer, Arabisches 32, 40, 108, 160, 176
Meer, Chinesisches 24, 34, 55, 62, 112, 169, 183
Meer, Rotes 32, 34, 36, 39, 49, 51, 59f., 66-71, 77, 79f., 109f., 113, 124ff., 128, 139, 149, 157f., 161, 186
Meer, Südchinesisches 11
Meilink-Roelofsz, Maria A. P., Historiker 45, 100, 169, 176
Mekka 61, 125
Mendes de Vasconcelos, Diego 135
Mexiko 97, 124, 150
Minangkabau 186, 188
Ming-Dynastie 27, 38, 116

Möbel 147
Moçambique 16, 109, 153
Mogulreich 19f., 22, 54, 80f., 107, 111, 122, 176, 179ff., 183, 192f.
Molukken 11, 26, 28, 30f., 37, 39f., 42, 70, 75, 81, 104, 107, 112-116, 126, 161, 176, 189f.
Mombasa 16, 53
Monetarisierung 19, 21, 111, 176, 181, 183, 190
Mongolen 9
Monomotapa 150
Monopol, Monopolsystem 47, 57, 61, 64ff., 70f., 96, 98f., 103ff., 107, 109f., 114f., 118, 121, 124-139, 142, 145f., 152, 154, 157, 162-165, 171, 187
Moskau 158
Moslems, s. auch Muslime 26, 29, 37, 53, 93, 114
Muda, Iskandar, Sultan v. Atjeh 187
Muscat (Stadt) 79
Muskat 40, 65, 115f., 138, 146
Muskatblüten 41, 143
Muskatnuss 41
Muslime, s. auch Moslems 33, 36, 38, 134, 191
Myrrhe 143

Nagasaki 104, 116ff.
Niederlande 84, 138, 149, 156
Niederländer 7, 11, 31, 61, 81, 85, 93, 113, 116, 127, 131, 146, 151, 159, 162, 166, 168-174, 178, 183, 185, 187f., 191-194
Nigeria 13
Nil 77
Nordafrika 11, 13, 57, 77, 82, 149
Nordafrika-Politik 11
Nordindien 19, 36, 111, 122
Nordjava 26, 27f., 123
Nordsee 170

Opium 40, 107, 113, 117, 120
Ormuz 32, 37, 39, 42f., 46, 51, 58, 60,

252 PERSONEN-, ORTS- UND STICHWORTREGISTER

62f., 66f., 70f., 76, 79f., 84, 86, 95, 104, 107, 109f., 125, 129, 157f., 161, 178
Osmanen 37, 49, 53, 55, 60, 66, 70f., 77, 79, 81, 110, 124, 158, 167, 170
Osmanisches Reich 66, 70, 77, 80, 115, 158, 161, 186f.
Ostafrika 24, 32f., 37, 39–43, 53, 59, 75, 81, 93, 109, 140f., 161, 173, 175, 179
Ostasien 9, 28, 33, 36, 40, 43, 53, 55, 80, 103, 177, 189, 191, 194
Ostindienkompanie, englische 131
Ostindienkompanie, niederländische 131, 141, 161, 174
Ostindienkompanie, portugiesische 110, 140
Ostindienkompanien, nordwesteurop. 154, 159, 161f., 164–168, 175, 182, 189
Ostroute 16, 37
Ozean, Indischer 7f., 13f., 17, 19, 23f., 27f., 32–39, 42–70, 73, 75–82, 98–103, 112ff., 125, 127f., 132, 139, 142, 145, 159, 169–176, 182, 186, 188, 194

Panikkar, Kavatam M., Historiker 7, 18, 99f.
Parry, John H., Historiker 52, 114
Pax Mongolica 9
Pearson, Michael N., Historiker 130f., 152, 163, 171f.
Peddling-Handel 44ff.
pedlar 45f.
Pegu 161
Perlen 41, 58, 107, 109, 147
Perlin, Frank, Historiker 172, 177
Perser 37, 51, 53, 58, 64, 102, 110, 129, 132
Persien 11, 13, 42, 54f., 65f., 70f., 80, 108ff., 115, 122, 147, 157f., 161, 180, 192
Peru 124, 150, 184
Pfeffer 14, 22, 25, 28, 40f., 58, 65–72, 110, 113, 117–121, 125, 135ff., 143–147, 152–159, 164, 175, 185f.
Pfefferhandel 39, 44, 59, 61, 64, 67f., 89, 105, 120f., 133, 137f., 146, 150, 152, 155f., 160, 162, 165, 186, 187
Pfeffermärkte 98, 105, 118, 122, 154, 159
Pfeffermonopol 58, 67, 70, 119f., 151, 153
Pferde 21, 39, 42f., 53, 55, 62, 102, 109
Philipp II., König v. Spanien u. Portugal (1527–1598) 138
Philippinen 28, 62, 75, 97, 118
Pires, Tomé 34
Plünderung, Plünderungssystem 14, 57f., 61, 65, 84, 86f., 96, 98, 100, 120f., 125, 128, 131, 134, 162f., 168
Polo, Marco 41
Portugal 7, 9, 11–14, 51f., 58f., 64–68, 71–77, 80–86, 88, 91–95, 98f., 102f., 110, 113, 116, 118–126, 129–133, 136–152, 154–169, 172, 174–179, 185, 189, 194f.
Portugiesisch-Asien (Asia Portuguesa) 79f., 84, 86, 88, 96, 112, 121, 128, 132, 150, 152, 157, 178
Portugiesisch-Indien 61, 67, 83, 85, 97, 165
Porzellan 34, 41, 147
Ptak, Roderich, Historiker 108
Pulicat 111

Quecksilber 111, 148f.

Ragusa 158
Rajasthan 19, 179
Rama Raja, König v. Vijayanagar 80
Rassen, Rassenfrage 92ff.
Reid, Anthony, Historiker 176, 195
Reinhard, Wolfgang, Historiker 46, 152, 154
Reis 19, 35, 40, 42f., 46, 106, 112f., 119, 187

Reisanbau 24, 26, 176, 185
Reisanbau (Ladang-Anbaukultur) 29
Reisanbau (Saweh-Anbaukultur) 24
Rhodos 77
Richards, John F., Historiker 23, 177
Rom 58, 96
Rosenwasser 41
Rott, Konrad, Kaufmann 138

Safran 120
Salpeter 111
Salz 40f., 149
Sandelholz 30, 40, 111, 117, 143, 190f.
Santa Bárbara 76
São Jorge da Mina 133
Scammell, Geoffrey V., Historiker 159, 176
Schmuggelhandel 75, 122, 126, 140
Schutzbriefe etc., Schutzsystem 23, 34f., 58, 68, 72, 76, 80, 82, 84f., 109, 111, 118, 121, 125, 128–131, 142, 162–165
Sebastian, König v. Portugal (gest. 1578) 137f., 156
Seehandel 29, 36, 38, 44, 49, 52, 79, 84, 99, 102, 132, 177
Seide, Seidenprodukte 9, 40f., 63, 65, 109ff., 117, 138, 143f., 147, 151, 164, 176
Seidenstraße 9
Sequeira, Lopes de 75
Sernigi, Flor. Kaufmannsfamilie 135
Sevilla 121, 151, 156
Siam 28, 42, 105, 107
Silber (als Zahlungsmittel) 20, 23, 30, 35, 41, 100, 110, 117, 120–123, 151, 176, 179, 180
Silber, amerikanisches 117f., 121, 151, 156, 179
Silber, europäisches 122, 156
Silber, japanisches 117, 151, 179, 195
Silber, spanisches 122, 151
Sklaven 12, 41f., 44, 92f., 107, 109f., 122, 133f., 148
Soares, Lopo (1515–1518) 76, 134

Sofala 11, 32, 63
soldados 91
Solor 190
Sousa, Afonso de (1542–1545) 75
Spanien 14, 24, 75, 82, 89, 122, 132, 149, 151, 168
Sri Lanka 104, 110, 112, 146, 161, 176, 184
Steensgaard, Niels, Historiker 44ff., 85f., 137, 143, 153, 159, 162, 165
Stein, Burton, Historiker 21
Steuern, Steuersystem 20, 23, 26, 54f., 62, 65, 67f., 71, 76f., 82, 84, 87, 90, 99, 103, 109, 111, 118, 121f., 125, 128f., 150, 158, 160, 164, 171f., 176, 178, 180f., 184
Subrahmanyam, Sanjay, Historiker 21, 47, 80, 130, 159f., 173, 180, 182, 193
Südarabien 77, 109
Südasien 55, 80, 88, 102f., 122, 150, 162, 166, 170, 172, 174f., 179, 182, 189, 191f.
Südindien 20, 41, 48, 54, 81, 102, 181
Südostasien 9, 18, 31, 33, 35, 40, 43f., 60, 62f., 66, 68, 75, 88, 102f., 110, 122, 126, 145, 150f., 162, 166, 168ff., 174f., 185, 188f., 191ff.
Suez 79
Sulawesi 115, 188
Sumatra 24, 27ff., 40f., 68, 70f., 81, 114, 116, 125f., 184ff., 188
Sundastraße 126
Surabaya 184f.
Syrien 77, 149

Teppiche 109
Ternate 30, 54, 75, 81, 88, 115f., 176, 190
Textilien 23, 34, 37, 39, 41, 43, 59, 108, 110–113, 117, 136, 144, 146f., 149, 156
Thomaz, Luis Filipe, Historiker 80, 173
Tibet 46
Tidore 11, 30, 54, 75, 81, 115f., 176

Timor 29f., 40, 81, 117, 176, 189f.
Toleranz 93f.
Tribute, Tributsystem 30, 55, 58, 65, 84f., 99, 115, 128, 131, 162f., 165, 178, 179
Trindidade, Paulo de 97

Ungarn 149

Valignano, Jesuit 94
Van Leur, Jacob C., Historiker 26, 44f., 99, 169
velhas conquistas (Goa) 178
Venedig 14, 16, 37, 58, 70, 120, 128, 132, 135, 138, 144, 148f., 154–160, 164, 167f.
Venezianer 48, 64, 70, 72, 110, 131f., 149, 154, 158, 162f., 168
Vespucci, Americo 13
Vijayanagar, Hindureich 20ff., 42, 51, 54f., 59, 62, 71, 80f., 111, 119
Vilar, Pierre, Historiker 122
Vöhlin, Handelshaus 136

Waffen, Handel mit 34, 117f., 136, 149
Wake, G. H., Historiker 159f.
Wallerstein, Immanuel, Historiker 99, 174, 191f.
Weihrauch 143
Welser, Handelshaus 135f., 138, 155
Westafrika 86, 140, 149, 174
Westasien 43, 80, 158, 166, 179, 186, 193
Wien 77
Winius, George D., Historiker 108
Wollwaren 41, 110

Xaver, Franz (1506–1552) 95
Ximenes, Handelshaus 138

Zamorin, Titel d. Königs v. Calicut 17, 22, 53, 55, 59, 62, 81
Zimt 40f., 58, 63, 65, 75, 112, 126, 138, 143f., 146
Zinn 28, 41, 113
Zinnober 148
Zölle, Zollsystem 23, 47, 80, 84, 102, 110, 125f., 129, 132–138, 142, 145
Zucker 43, 109, 134, 149

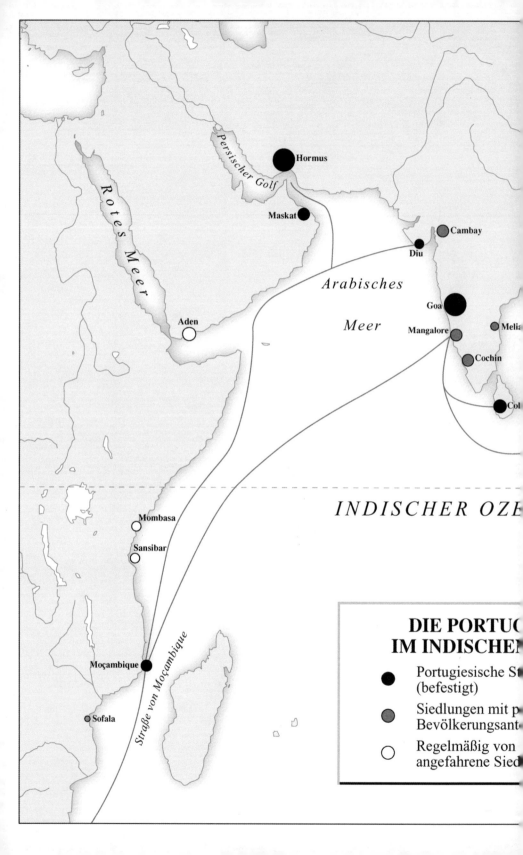